Franz Mittermair

Neue Helden braucht das Land

Persönliche Entwicklung und Heilung
durch Rituelle Gestalttherapie

Das Handbuch für die
„große Heldenreise“

Eagle Book

Korrigierte Neuausgabe 2011
1. Auflage
ISBN-13: 978-3-9813672-1-8

Bibliografische Information der Deutschen Nationalbibliothek:
Die Deutsche Bibliothek verzeichnet diese Publikation in der Deutschen Nationalbibliografie; detaillierte bibliografische Daten sind im Internet über http://dnb.d-nb.de abrufbar.

Eagle Books Verlag
Dipl.Päd. Franz Mittermair
Kormoranweg 23
D-83512 Wasserburg
info@eagle-books.de
www.eagle-books.de

Für
Stefanie, Johannes, Susanna,
Moritz und Leo,

meine Kinder,
Heldinnen und Helden
der nächsten Generation

Inhalt

Vorwort von Paul Rebillot

Ich könnte meine Entdeckung der Heldenreise metaphorisch so beschreiben, dass ich mich irgendwo draußen in der Wüste befand und einen ungewöhnlichen Flecken im Sand entdeckte. Als ich zu graben begann, fiel ich plötzlich in einen offenen Raum. Zu meiner Überraschung fand ich mich an einem Ort der Entdeckung wieder, in einer anderen Dimension jenseits meiner bisherigen Vorstellungen. Ich fand dort einen Schatz, eine Art von *Träumendem Juwel*, genannt die Heldenreise.

Zu Beginn arbeitete ich mit der Heldenreise, um Schauspieler zu trainieren. Dann schuf ich daraus eine ritualisierte Form der Schizophrenie, um Psychiatern, Krankenschwestern und Sozialarbeitern, die mit dieser Krankheit arbeiteten, eine ähnliche Erfahrung zu ermöglichen, wie sie Menschen, die durch eine schizophrene Episode gehen, wohl erleben. Ich entdeckte jedoch, dass die Reise weitaus größer ist als das, dass sie nicht nur mit einer schizophrenen Episode zu tun hat, sondern mit dem Prozess der Veränderung in jeder Hinsicht – kleine Veränderungen wie für sich selbst einzustehen, das Rauchen aufzuhören oder abzunehmen, oder große Veränderungen wie eine komplette Transformation des Blickwinkels, wie sie eine tiefe Krise bewirken kann. Diese Entdeckung öffnete meine Augen für die weiteren Möglichkeiten der Heldenreise.

So arbeitete ich damit in Kalifornien, dann in Europa und begann zu unterrichten. Ich gründete eine Schule, die „North American School for Gestalt and Experiental Teaching“, in der ich nicht nur den Heldenreiseprozess selbst lehrte, sondern die großartige Möglichkeit, Gruppenprozesse auf der Basis von mythischen Geschichten zu erschaffen. Und da erschien vor mir ein junger Mann, begeistert, engagiert und charismatisch, mit einem besonderen Interesse an der Tradition der nordamerikanischen Ureinwohner. Er kam, um an der Heldenreise teilzunehmen, und später, um mit mir zu arbeiten. Er war sehr an der Arbeit interessiert, und es wurde uns beiden klar, dass er die Fähigkeit erlangen wollte, sie weiterzutragen. An diesem Punkt wurde ich ziemlich streng mit ihm, denn ich wollte sicher sein, dass er die Arbeit nach besten Kräften tun würde und in einer Art und Weise, dass ich dahinter stehen konnte.

Nach einiger Zeit gründete Franz Mittermair zusammen mit Torsten Zilcher eine Schule, das „Institut für Gestalt und Erfahrung". Er begann mit der Heldenreise und bezog allmählich meine anderen Strukturen und seine eigenen mit ein, bis er schließlich in Deutschland eine der umfassendsten Schulen meiner Arbeit in Europa geschaffen hatte. Kürzlich arbeitete ich mit etwa 30 Leuten aus seinem Institut, die sich für fortgeschrittene Aspekte meiner Arbeit interessierten, und fand die Menschen aufgeweckt, intelligent und wirklich gut ausgebildet. Ich freute mich sehr, zu sehen, dass die Arbeit nicht mit mir aufhört und nicht einmal mit ihm, sondern dass sie weitergeht. Vor Kurzem erhielt ich einen Brief von einer Gruppe junger Leute. Sie sind seine Schüler und bieten eine besondere Form der Heldenreise an, bei der die Teilnahmegebühr sehr gering gehalten wird, um den Kurs möglichst vielen Menschen zugänglich zu machen. Für mich ist das eine schöne Fortführung meiner Arbeit, die ich Franz übermittelt habe und die er an seine Schüler weitergab und weitergibt. Ich habe den Eindruck, dass die Heldenreise in Süddeutschland gerade einen Boom erlebt. Es hat Feuer gefangen! Und das ist das Resultat der Arbeit von Franz Mittermair.

Vor einigen Jahren nahm ich am Mount Madonna Center in Kalifornien an einer Feier teil, die „Guru Parmina" hieß, einem Festival, das der Idee gewidmet war, dass jeder seinen Lehrer ehrt, der wiederum seinen Lehrer ehrt und so weiter und so fort. Jeder feierte die Quelle seines Wissens, das er über die Linie seiner Lehrer und deren Lehrer erhalten hatte.

Mir scheint, dass wir das, was wir von unseren Lehrern erhalten, anschließend durch unsere eigene Erfahrung filtern, durch unsere Gefühle, Visionen und Blickwinkel; dann geben wir es an andere weiter, die es wiederum filtern, und während es durch diese Filter der menschlichen Erfahrung wandert, wird es größer, breiter und umfassender.

Als ich anfing, schaute ich vor allem in das Meisterwerk von Joseph Campbell, *Der Heros in tausend Gestalten*. Campbell zeigt, wie sich die Reise des Helden immer und immer wieder in vielen Kulturen mit denselben grundlegenden Archetypen wiederholt. Eines der Themen der Reise des Helden ist, dass es ein Ungeheuer, einen Wächter am Tor gibt, mit dem sich der Held konfrontieren muss. Dieser Torwächter war Campbells Zugang, um den Monomythos der Heldenreise zu entschlüsseln, der sich in allen Kulturen zeigt. Campbell bemerkte, dass es zum Beispiel in der Ikonographie Indiens und des Ostens regelmäßig löwenartige Kreaturen mit großen Zähnen gibt, die am Eingangstor zu einem heiligen Ort stehen, ähnlich den Drachen, die über Schätze wachen. Es wurde ihm klar, dass sich diese Bilder immer ähnelten, dass es ein Muster gibt. So nahm er die Idee eines „Monomythos" aus James Joyces *Finnegan Wake* und begann die Gemeinsamkeiten aller Heldenmythen zu erforschen, wobei er die Form der Handlung mit dem Ablauf von Initiationsriten in Verbindung setzte. Diese Verbindung half ihm, das Bild der Heldenreise zu beschreiben, wie wir es in seinem Buch *Der Heros in tausend Gestalten* vorfinden. Die einzelnen Mythen setzen verschiedene Schwerpunkte, aber sie folgen alle derselben Geschichte. Und deshalb, so entschied er sich, muss es sich dabei um ein Abbild des menschlichen Bewusstseins handeln.

Bei der Entwicklung meines eigenen Heldenreiseprozesses arbeitete ich mit Joseph Campbell. Campbell, der mit John Weir Perry, dem Jungianischen Analytiker kooperierte, fand heraus, dass es viele Bilder aus Heldenmythen gibt, die bei ersten schizophrenen Episoden auftauchen. Ein Satz von Joseph Campbell beeindruckte mich tief: „Wenn die Heldenreise auf der inneren Bühne erlebt wird, handelt es sich um spirituelle Entwicklung; wenn sie auf der äußeren Bühne ausgelebt wird, ist es eine schizophrene Episode."

So erhielt ich von meinem Lehrer, was er über die Heldenreise erfahren hatte, dann gab ich es an Franz weiter, der es wieder seinen Schülern weitergab. Und bei jeder Weitergabe wurde es in meinen Augen größer.

Franz nimmt die Reise, die erst einen einfachen Prozess der Veränderung eines einzelnen Lebensaspektes beschrieb, und betrachtet sie als Lebensreise selbst. Seine Absicht in diesem Buch ist, jeden Aspekt der Heldenreise so umfassend wie möglich zu beschreiben, so dass jeder Schritt erfahren, erprobt und so weit wie möglich bearbeitet werden kann, bevor man zum nächsten schreitet.

Theoretiker beschrieben die Heldenreise als einen Übergangsritus der Jugendzeit, da der Held häufig mit dem Drachentöter identifiziert wird. So stellt sie den Zugang des Jugendlichen zur Akzeptanz seiner eigenen Macht dar. Ich wollte sie aus dieser Einschränkung befreien und entwickelte aus ihr einen Übergangsritus für jeden Menschen in jedem Alter und zu jedem Zweck. Wenn jemand bereits ein Drachentöter ist, so könnte sein Ruf sein, zu Hause zu sitzen und zu meditieren.

Diese Heldenreise wäre sehr verschieden. So erschuf ich aus ihr einen eher universellen Übergangsritus. Franz nimmt die Heldenreise nun als Rahmen, durch den man den gesamten Lebensprozess betrachten kann. In diesem Buch präsentiert er den ganzen Lebensweg als Heldenreise.

Und seine Schüler tragen sie weiter und machen sie für mehr und mehr Menschen zugänglich.

Das erinnert mich an das Ende des Mythos vom Träumenden Juwel. Die Hüter des Träumenden Juwels gaben dem Forscher, der es entdeckt hatte, ein Geschenk und sagten: „Bringe diese Belohnung zu den Menschen, und wenn sie gelernt haben, sie gut zu nutzen, dann komme zurück und wir geben dir ein weiteres, noch größeres Geschenk." Das erste Geschenk war das Geschenk der Macht. Das zweite das der Liebe.

San Francisco, Kalifornien, 12. April 2009 Paul Rebillot

EINFÜHRUNG

Ich war schon immer ein Sucher. Ich suchte auf der ganzen Welt: in der Psychologie und in der Religion, im Christentum, bei Indianern, im Buddhismus, in Büchern und auf Reisen, in Seminaren und Ritualen. Ich suchte nach Wissen und Erfahrung. Nach mir und nach Gott.

Viele Jahre war ich unruhig und unzufrieden. Nirgends wartete ein Don Juan auf mich wie auf Carlos Castaneda, östliche Gurus waren mir eher suspekt, und auch kein Sufi weihte mich ein. In den christlichen Kirchen suchte ich schon lange nicht mehr. Die Botschaft fand ich großartig, die Umsetzung nicht. Es gab durchaus faszinierende und erfüllende Erlebnisse auf meinem Weg: Ich lernte verschiedene Meditationstechniken kennen, machte Yoga und Tai Chi, bildete mich in Bioenergetik und Gestalttherapie aus, lernte und reifte durch Rituale der Lakota-Indianer, lernte die Djembe spielen und mich nach Sufi-Art zu drehen. Aber es war Stückwerk. Erst in der Reise des Helden fand ich, was ich gesucht hatte: einen umfassenden, verstehbaren, nicht immer leichten, aber lohnenden und erfüllenden Weg des persönlichen Wachsens. Eine umfassende Philosophie und Praxis der menschlichen Entwicklung, über alle Kulturen, Traditionen und Religionen hinweg, wie geschaffen für die heutige

Zeit, in der die alten Ankerpunkte nach und nach verschwinden und die Welt immer mehr zusammenwächst.

Dabei ist die Heldenreise nicht neu. Sie ist sogar sehr alt. Die ältesten schriftlichen Überlieferungen der Menschheit beschreiben bereits den Weg der Heldin und des Helden: die sumerischen Sagen von Inanna und Gilgamesch. Der große Mythologe Joseph Campbell entdeckte, dass den Heldenmythen, die es in allen Kulturen gibt, eine einheitliche Struktur zugrunde liegt: der „Monomythos" der Heldenreise. In allen Teilen der Welt, in allen Zeitaltern gleichen sich die Heldengeschichten in einem erstaunlichen Ausmaß. Die Ursache dafür liegt darin, dass alle Menschen von der Grundstruktur her gleich sind und die Heldenmythen ein zentrales menschliches Thema beschreiben. Trotz der verschiedenen kulturellen Ausformungen handeln alle Heldensagen und –märchen davon, wie der Mensch seine zentralen Krisen meistert und wie er dadurch wächst, reicher und reifer wird. Wir alle haben Übergangskrisen zu bewältigen, dürfen uns ein Leben lang weiter entwickeln, um unserer Bestimmung zu folgen. Der zentrale Übergang im spirituellen Sinn ist die Initiation, die Einweihung in eine Welt jenseits des Alltäglichen, in die spirituelle Erfahrung.

Auch wenn sie Jahrtausende alt ist, die Heldenreise ist absolut aktuell. Dies zeigt sich auf sehr verschiedenen Schauplätzen. Interessant ist zum Beispiel, dass die erfolgreichsten Filme bewusst ihrer Grundstruktur folgen. Christopher Vogler hat dies sehr anschaulich analysiert und daraus eine Handlungstheorie für Drehbuchautoren entwickelt. Natürlich gilt das auch für Bücher: Der einzige Roman, bei dem ich mich jemals mit dem Zug verfahren habe, der „Herr der Ringe", und das Werk, das eine unbekannte Frau zur reichsten Person Großbritanniens gemacht hat, „Harry Potter", sind lebendige Beispiele dafür.

Psychologische Ratgeber, vor allem für Männer, beziehen sich sehr häufig auf das Heldenthema. Beispiele sind Ton van der Kroon mit seinem Buch *Die Rückkehr des Löwen,* Sam Keen mit *Feuer im Bauch. Über das Mannsein*, Carol S. Pearson mit *Die Geburt des Helden in uns* und Robert Moore/Douglas Gilette mit *Der Magier im Mann*. Was nicht heißt, dass die Heldenreise für Frauen weniger wichtig wäre.

Schon im antiken Griechenland wurden die Mythen für Therapie eingesetzt. Im heilenden Theater von Epidauros konnten sich die Menschen mit den Helden, die ihre Dramen durchlebten, identifizieren und mit ihnen fiebern. Es ermöglichte ihnen Katharsis, Entladung von aufgestauter Energie und die Erfahrung der Verbindung mit einer göttlichen Kraft.

Paul Rebillot, Theaterregisseur und Gestalttherapeut aus San Francisco, hat eine moderne Version des heilenden Theaters entwickelt. In mehrtägigen Seminaren „inszenieren" die Teilnehmer ihre persönliche Heldenreise, nicht für das Publikum, sondern für sich, um durch diese Erfahrung zu wachsen, heil im Sinne von ganz zu werden. Inzwischen entstanden neben dem Hauptseminar, das die „Heldenreise" genannt wird, vier weitere Workshops zur Vertiefung wichtiger Themen und einige weitere, in denen konkreten Mythen wie der Argonautensage, irischen Heldensagen oder Goethes Faust gefolgt wird. Paul Rebillot bildete mich in seiner Arbeit aus, und ich mache seit Jahren hervorragende Erfahrungen damit. Ein großer Teil des Wissens und der Übungen in diesem Buch stammt von Paul Rebillot.

Ich möchte den Leser mit diesem Buch dazu einladen, dem Weg des Helden zu folgen. Zuerst einmal gedanklich, denn ein Ziel dieses Buches ist, die Philosophie, die hinter dem Weg des Helden steht, zu vermitteln. Dann möchte ich dem Leser aufzeigen, wie er den Heldenmythos für sich selbst und seinen Lebensweg nutzbar machen kann, und ihm zahlreiche Übungen an die Hand geben, mit denen er einzelne Phasen der Reise selbst erfahren kann. Ein Teil der Übungen eignet sich dafür, sie alleine durchzuführen, andere erfordern einen Partner oder eine Kleingruppe. Weil ohne sie das Bild nicht vollständig wäre, beschreibe ich auch einige Übungen, die nur unter erfahrener und therapeutisch geschulter Anleitung genützt werden sollten, damit sie ihre enorme Wirksamkeit entfalten können und nicht eher schaden als nützen. Diese Übungen sind besonders gekennzeichnet.

Im ersten Abschnitt beschreibe ich die grundlegenden Denkansätze und das Menschenbild, von denen die Heldenreise geprägt ist. Den theoretischen Hintergrund dieses Buches bilden Gedanken und Konzepte, die aus der „humanistischen Psychologie", vor allem aus der Gestalttherapie, stammen. Daneben fließen Ideen aus der Analytischen Psychologie von Carl Gustav Jung, aus den Werken von Wilhelm Reich, der Bioenergetik, der Transaktionsanalyse und verschiedenen anderen Konzepten ein. Näheres zur Gestalttherapie und Analytischen Psychologie findet sich im Anhang.

Dann folgen die zentralen Themen, die zu dem gehören, was ich die „große Heldenreise" nenne. Im Kapitel *Der Aufbruch* beschreibe ich den Konflikt zwischen dem Helden, dem Träger der Wünsche, Bedürfnisse und Sehnsüchte, dem Teil, der sich weiterentwickeln und der heil werden will, und dem Dämonen des eigenen Widerstandes, der sich dem Helden entgegenstellt. Und ich zeige, wie der Konflikt gelöst werden kann und so der Weg für den eigentlichen Wachstumsprozess frei wird. Ein Thema, das in jedem Heldenweg eine wichtige Rolle spielt, ist die Auseinandersetzung mit der *Herkunft*, mit den Prägungen aus unserer Kindheit. Der Abschnitt zur *Identität* beschreibt nach dem Thema der ersten Identitätsfindung den wichtigen Schritt der Integration von Anima und Animus, unseres inneren göttlichen Gegenübers und schließlich den Rückzug zur Entwicklung der spirituellen Identität. Das Kapitel zum *Schatten* handelt von der notwendige Auseinandersetzung mit der dunklen Seite unserer Persönlichkeit. *Tod und Auferstehung* stellt die elementarste Herausforderung der Heldenreise dar. Schließlich mache ich mit den Tücken der *Rückkehr* von der Reise des Helden in den Alltag vertraut.

Das Kapitel zum *Weg des Helden als Weg durch die Krise* ist eine Zusammenfassung der Heldenreise unter dem besonderen Aspekt der Krisenbewältigung. Für Gestalttherapeuten dürfte hier besonders die Parallele der Heldenreise zu den *Ganzheitlichen Veränderungsprozessen in der Gestalttherapie* nach Frank Stämmler und Werner Bock interessant sein.

Das Buch führt „so nebenbei" in das ein, was ich „Rituelle Gestaltarbeit", die Kurzform von „Ritueller Gestalttherapie und Gestaltpädagogik", nenne. Dabei handelt es sich um Gestaltarbeit, die in rituelle Formen eingebettet ist. Dieses Werk erhebt nicht den Anspruch, ein Lehrbuch in Ritueller Gestaltarbeit zu sein. Das bleibt einer späteren Veröffentlichung vorbehalten. Wer sich jedoch für diese Art von Gestaltarbeit interessiert, findet wertvolle Hinweise. Für alle, die bereits Seminare des Heldenreise-Zyklus gemacht haben, ist dieses Buch eine Fundgrube für den weiteren Weg. Für Menschen, die mit Gruppen arbeiten, ein Pool an Ideen und Methoden.

Kann die Heldenreise heilen? In den letzten Jahren führte ich mehrere empirische Untersuchungen durch, um die Auswirkungen der „Heldenreise" zu erforschen. Die Ergebnisse sind mehr als erstaunlich. Die Teilnehmer haben nach dem Seminar im Durchschnitt ein weitaus höheres Kohärenzgefühl, das ist (verkürzt gesagt) ein Gefühl, dass das Leben verstehbar ist, handhabbar ist und dass es Sinn hat, eine viel geringere psychische Belastung und auch eine wesentlich geringere Depressivität. Diese Verbesserung hält an. Die Heldenreise ersetzt keine medizinische Heilbehandlung, falls eine solche nötig ist. Sie hat aber erhebliche gesundheitliche Nebenwirkungen, die in diesem Fall sehr erwünscht sind. In diesem Sinne ist sie für viele Menschen sehr heilsam. Eine Darstellung der wichtigsten Ergebnisse findet sich im Anhang.

An dieser Stelle möchte ich noch einige Bemerkungen anbringen:

Damit der Text leichter lesbar ist, habe ich fast durchgängig die männliche Form gewählt, auch wenn in der Regel immer beide Geschlechter gemeint sind. Glücklicherweise sind im Deutschen im Gegensatz zum Englischen wenigstens die

Wörter für Mann und Mensch nicht identisch und die *Person* ist weiblich, so dass es einen gewissen Ausgleich zur männlichen Dominanz in der Sprache gibt.

Normalerweise wird im Deutschen der Leser eines Buches, wenn überhaupt, dann mit „Sie" angesprochen. In den Gruppen, aus denen viele der Übungen stammen, ist jedoch das „Du" üblich, und ich benütze in den Anleitungen, die ich in diesem Buch beschreibe, deshalb diese Form. Da ich nicht ständig zwischen „Du" und „Sie" wechseln möchte, habe ich durchgängig die Du-Form gewählt. Es ist in keiner Weise anbiedernd oder respektlos gemeint.

Und schließlich noch einige rechtliche Hinweise:

Ich gebe öfters Musikhinweise für Übungen. Sollen diese Übungen in Gruppen durchgeführt werden, ist es Aufgabe des Leiters dafür zu sorgen, dass die urheberrechtlichen Bestimmungen, vor allem in Bezug auf öffentliche Aufführung, eingehalten werden.

Die Übungen in diesem Buch sind zwar unter Umständen psychologisch sehr wirksam, sie stellen aber keine Heilbehandlung dar und können eine solche auch nicht ersetzen.

Ich habe sehr viele positive Erfahrungen mit den beschriebenen Übungen gemacht, kann aber keine Haftung für eventuelle negative Auswirkungen übernehmen. Dafür sind die Bedingungen zu mannigfaltig, unter denen sie eingesetzt werden können. Wer die Übungen anwendet, tut dies also in eigener achtsamer Verantwortung.

GRUNDÜBERLEGUNGEN

Die Suche nach Verantwortung, Ganzheit und Spiritualität

Ich lebe mein Leben in wachsenden Ringen,
die sich über die Dinge ziehn.
Der letzte wird mir vielleicht niemals gelingen,
aber versuchen will ich ihn.
Ich kreise um Gott, den uralten Turm,
ich kreise jahrtausendelang
und ich weiß nicht bin ich ein Falke, ein Sturm
oder ein großer Gesang.

- Rainer Maria Rilke

Ich bin davon überzeugt, dass das Leben einen Sinn hat. Dass wir Menschen dazu angelegt sind, uns ständig weiter zu entwickeln. Die Entwicklung geschieht in Kreisen, oder genauer gesagt in Form einer Spirale, in „wachsenden Ringen“. Wir entwickeln uns weiter in Richtung Eigenverantwortung, Vollständigkeit und Spiritualität.

Es gibt immer wieder Konflikte, Rückschläge, Probleme. Es gibt keine Garantie für Erfolg. Doch gerade in Krisen wachsen wir. Und ich bin mir sicher, dass wir begleitet und geleitet werden. Wir bekommen Unterstützung und Hilfestellung.

Der erste Schritt: Unabhängigkeit – Eigenverantwortung - Erwachsen werden - Identität

Zu Beginn unseres Lebens, im Mutterleib, ist unsere Umgebung im Normalfall paradiesisch. Wir schweben schwerelos, werden gewiegt, brauchen uns um nichts zu sorgen. Dann kommt die erste große Krise, die Geburt. Immer heftigere Wehen vertreiben uns aus dem Schlaraffenland. Es ist eine erste Erfahrung von Tod und Auferstehung. Meistern wir diese Krise, gibt uns der Erfolg eine erste Grunderfahrung, dass wir auch sehr schwierige Situationen durchstehen können.

Dann leben wir noch eine Weile in völliger Abhängigkeit. Doch sehr bald, mit etwa einem Jahr, entzweien wir uns von der Mutter (bzw. von der nächsten Bezugsperson, wer immer das ist). Unser wichtigstes Wort wird „Nein". Damit beginnen wir, unsere Identität zu entwickeln und Verantwortung für uns zu übernehmen. Gelingt uns die erste Trotzphase, können wir freiwillig in die Sicherheit der Mutterliebe zurückkehren. Mit fünf oder sechs Jahren versuchen wir uns (im herkömmlichen Familienmodell) vom Vater zu lösen, und setzen ihm unseren eigenen Willen entgegen. In der Pubertät wiederholen wir das mit der ganzen Familie. Jeder Schritt bedeutet erst mal eine Trennung, einen Weg in die Unsicherheit. Wenn alles gut geht, kehren wir zurück in die Beziehung zu den Eltern, versöhnen uns wieder. Mit jedem Schritt bilden wir unsere Identität mehr aus, werden immer mehr zu der Person, die wir sein wollen.

Unterbinden die Eltern die Ablösung oder setzen sie andererseits zu wenig Grenzen, an denen wir uns reiben können, gelingen diese ersten Schritte zur Selbstständigkeit nur unvollständig. Dann bleiben wir in der Anpassung, in der Abhängigkeit, bleiben im Trotz oder können unsere Persönlichkeit nur unvollständig ausbilden, „hängen in der Luft".

Tatsächlich erwachsen sind wir, wenn wir die ersten Reifeschritte, einschließlich der Pubertät, erfolgreich abgeschlossen haben, und wenn wir wissen, was wir wollen, tun, was wir für richtig halten, und voll und ganz die Verantwortung für unser Denken und Handeln übernehmen. Die meisten Menschen sind zwar volljährig, aber nicht wirklich erwachsen. Sie tun immer noch bewusst oder unbewusst das, was die Eltern von ihnen erwarten oder genau das Gegenteil davon, passen sich vollständig ihrem Umfeld an oder leben in dauerndem Hickhack, wissen nicht, wer sie sind und was sie wollen, halten sich für das Opfer der Umstände statt für den Verantwortlichen des eigenen Lebens.

Aufgabe der Heldin, des Helden egal welchen Alters ist meist, erst einmal die Reifeschritte nachzuholen, die nicht vollständig abgeschlossen wurden. Sich von den Eltern zu lösen, um seinen eigenen Weg zu gehen, die Autoritätskonflikte zu lösen und sich vom Trotz zu befreien oder die eigene Identität zu festigen. Dazu kann auch gehören, Verletzungen zu heilen, die in der Kindheit und der Jugend entstanden sind. Denn diese Verletzungen sind es, die der Reife im Wege stehen.

Der zweite Schritt: Vollständig werden – Integration abgespaltener Anteile

Wir bilden unsere Identität erst einmal in der Abgrenzung, im Herausfinden, was wir nicht sein wollen und möglichst auch nicht sind. In der Abgrenzung einmal zur Umwelt, aber auch zu eigenen Antrieben. In der Regel verbannen wir all das, was in unserem Umfeld nicht gut ankommt, aus unserer Persönlichkeit. Wir sind nicht aggressiv, weil das die Mama nicht mag, wir zeigen uns nicht schwach, weil das dem Papa nicht gefällt, wir sind nicht ehrgeizig, weil wir nicht als Streber gelten wollen, sind nicht fröhlich oder traurig, weil das nicht cool ist usw. Sind wir eher im Trotz verhaftet, läuft das ganze natürlich genau andersherum. Wir entscheiden uns, genau das nicht sein zu wollen, was von uns erwartet wird. Das schränkt uns allerdings nicht weniger ein.

Wenn wir unsere Identität gebildet haben, ist sehr wahrscheinlich, dass nur mehr ein kleiner Teil unseres Potentials übrig ist und wir den größten Teil abgespalten haben. Wir leben nur einen Bruchteil dessen, was uns möglich wäre.

Oft machen sich die fehlenden Anteile bereits im jungen Erwachsenenalter bemerkbar, spätestens aber in der „Midlife Crisis“. Wenn der erste Lebensentwurf mehr oder weniger erfolgreich abgeschlossen wurde, Beruf, Familie, Haus und Auto im Trockenen sind, wird spürbar, was bisher auf der Strecke blieb.

Spätestens dann ist die zweite große Aufgabe der Heldin oder des Helden, sich all diese abgespaltenen Anteile nach und nach zurückzuholen und das zu entwickeln, was sie bzw. er bisher vernachlässigt hatte.

Der dritte Schritt: Spiritualität

Die dritte und vielleicht eigentliche Aufgabe der Heldin und des Helden ist die Entdeckung der Spiritualität. Wir meinen damit nicht die Religionen, die in kulturellen Ausformungen den Glauben an die göttliche Kraft weitergeben, sondern das eigene Erwachen, die eigene Erfahrung des Göttlichen, das Finden des „heiligen Grals".

Diese spirituelle Erfahrung ist erst (gefahrlos) möglich, wenn die ersten Stufen des Heldenweges gemeistert sind: wenn ich ein stabiles Ich-Bewusstsein habe, Verantwortung für mein Leben übernehme und meine verschiedenen Anteile weitgehend integriert habe, mich also auch mit meinem Schatten auseinandergesetzt habe und wenn ich mit beiden Beinen auf dem Boden stehe.

Ein sehr wichtiger Schritt bei der spirituellen Entwicklung ist die Überwindung des „kleinen Egos", unseres recht selbstsüchtigen, narzistischen und von allem anderen abgetrennten Bewusstseins und seine Integration in das, was der amerikanische Theoretiker Ken Wilber „transpersonales Bewusstsein" nennt. Das Bild der Mythen für diesen Schritt ist das von Tod und Auferstehung oder Wiedergeburt. Die jahrtausende alten Geschichten von Inanna, von Jesus oder vom Phönix aus der Asche beschreiben die Geschichte von der Notwendigkeit des Todes als Voraussetzung für wirkliches Leben.

In der westlichen Kultur war alles Spirituelle lange Zeit verpönt. Es wurde als Aberglaube abgetan, als unwissenschaftlich, als Unsinn oder sogar als Wahn. Mit dieser Entwicklung ging unter anderem einher, dass Mythen für Kindergeschichten, Rituale für Unfug und Sichtweisen, die besagen, dass die Welt beseelt ist, für primitiv und völlig überholt gehalten wurden. Für Ken Wilber ist notwendig und positiv, dass sich die Menschheit von einem „prärationalen" Zustand, in dem sie dem Universum und sich selbst metaphysische Kräfte zuschrieb, zum rationalen Weltbild weiterentwickelte, in dem die Gesetze der positivistischen Wissenschaft gelten.

Hier bleibt die Entwicklung jedoch nicht stehen. Auf das rationale Weltbild folgt das transrationale, in dem das rationale integriert ist, das jedoch weiter geht und die Erfahrung der Einheit von Materie und Geist integriert. Dieser Zustand ist nach Wilber letzten Endes nur durch Meditation erreichbar. Die derzeitige Renaissance der Spiritualität in der New-Age-Bewegung und in der so genannten Esoterik-Bewegung hält er größtenteils nicht für transrational, sondern für einen Rückfall in die präpersonale Weltsicht[1].

---

[1] Vergleiche dazu vor allem Wilber, Ken: Einfach „Das"

Ich teile Wilbers Sicht weitgehend, kann mich aber mitunter nicht des Eindrucks erwehren, dass er „das Kind mit dem Bade ausschüttet". Wenn Geist und Materie eins sind, wenn der allumfassende Geist die Materie erschaffen hat, weil es „auf Dauer langweilig ist, alleine zu frühstücken" (buddhistisches Bonmot), dann ist erst einmal alles möglich. Dann können Gebete etwas verändern, dann kann es unterstützende Geistwesen geben und so weiter und so fort. Was tatsächlich materielle Realität ist und was nur Einbildung oder Phantasie, ist sehr schwer zu unterscheiden.

Wir versuchen in unserer Arbeit und ich versuche in diesem Buch, Spiritualität so offen zu halten, dass sie für jeden nachvollziehbar ist, gleichgültig, ob er einer Religion angehört oder nicht, ob er an einen persönlichen Gott (oder eine Göttin) glaubt oder nicht, ob er die Materie für beseelt hält oder nicht. Sehr hilfreich für den Weg der Heldenreise und der persönlichen und spirituellen Entwicklung ist allerdings, wenn wir erfahren und erkennen können, dass es in uns einen (göttlichen) Kern gibt, über den wir mit allem verbunden sind.

Mythen sind für uns nicht wörtlich zu nehmen, sondern Abbilder psychischer oder spiritueller Wahrheiten, Rituale können wirken, einerlei, ob sie es auf psychischer oder spiritueller Ebene tun.

Der Entwicklungsweg als Spirale nach innen – die Bedeutung der Emotionen

Eine sehr schöne und meiner Meinung nach gut nachvollziehbare Beschreibung des Weges der Persönlichkeitsentwicklung findet sich bei George Pierrakos, einem der Begründer der Bioenergetik. Wir Menschen entwickeln uns nach seinem Modell einer Art Spirale von außen nach innen, wie auf der von Hans Rosenkranz[2] bearbeiteten Grafik sichtbar wird, die auf der nächsten Seite abgebildet ist.

Die äußere und erste Ebene bildet die auf Abwehr ausgerichtete „Ego-Maske". Sie bildet den Abwehrpanzer der Person. Die meisten Menschen identifizieren sich mit dieser Schicht, da sie gelernt haben, ihre Emotionen zu unterdrücken. Sie verlassen diese Ebene auch ungern, da sie sich vor den „negativen" Emotionen des „Niederen Selbst" fürchten. Dadurch ist ihnen aber auch der Zugang zum Höheren Selbst versperrt.

[2] Aus einem Handout von Team Dr. Rosenkranz, Gräfelfing

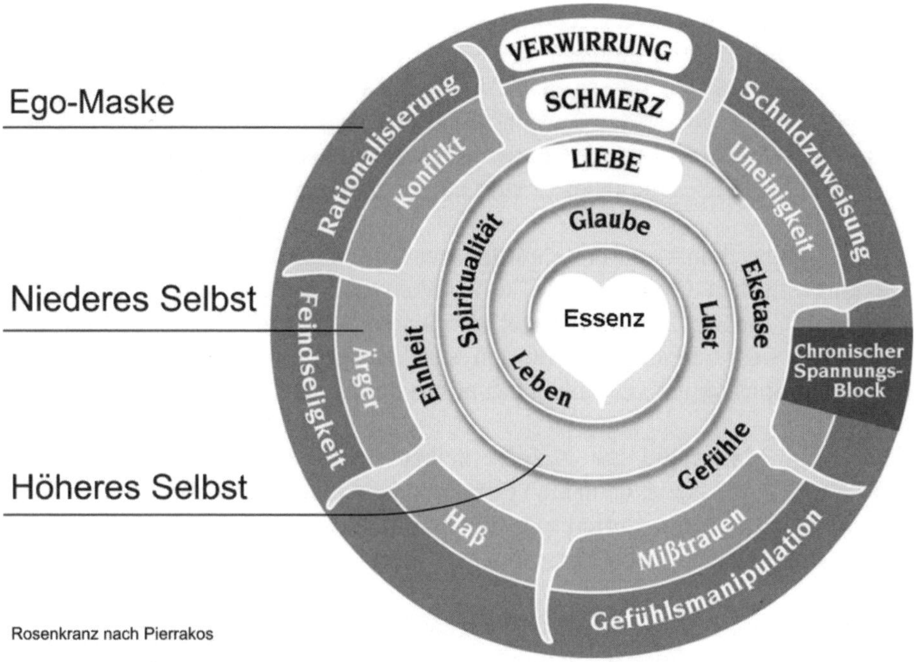

Rosenkranz nach Pierrakos

Diese Ego-Maske als nur negativ anzusehen, führt meiner Meinung nach nicht weit. Sie kann für das Überleben in einer mehr oder weniger feindseligen Umgebung notwendig sein. Da die Gefühle aber nicht frei fließen können, ist der Energiefluss unterbrochen und die Kraft des Höheren Selbst steht nicht zur Verfügung. Emotionen sind sehr sinnvoll. Sie sind ein direkter Energieausdruck, um das Gleichgewicht des Organismus zu bewahren oder wiederherzustellen. Wenn wir zum Beispiel angegriffen werden, ist Ärger oder Wut eine natürliche Reaktion, um uns zu verteidigen oder Genugtuung zu verschaffen. Verlieren wir etwas, das uns wichtig ist, so ist Trauer die Emotion, die das Gleichgewicht wieder herstellt. Wenn wir unsere Emotionen unterdrücken, müssen wir auf andere Weise dafür sorgen, dass wir zu dem kommen, was wir brauchen, und dass wir im Gleichgewicht bleiben. Aus unterdrücktem Ärger kann so latente Feindseligkeit werden, emotionale Themen werden rationalisiert, wir übernehmen keine Verantwortung für uns und unsere Situation, sondern sehen die Schuld nur bei anderen usw. Das Ergebnis ist Verwirrung.

Das „Niedere Selbst" besteht aus Emotionen, die im Großen und Ganzen das Ergebnis von Missachtung und Verletzung des Menschen in Laufe seiner Entwicklung entstanden sind. Folgt man der Transaktionsanalyse, so haben wir Grundgefühle wie Wut, Trauer, Freude, Furcht und vielleicht noch einige mehr; da streiten sich die Gelehrten. Diese Grundgefühle sind natürlich und jedem Menschen angeboren. Dürfen diese Grundgefühle – vor allem in der Kindheit - nicht ausgedrückt werden, oder werden wir so stark verletzt, dass wir den Schmerz darüber nicht ertragen, so entwickeln wir Ersatzgefühle wie zum Beispiel Neid, Missgunst, Eifersucht, Beleidigtsein usw., die wir selbst als authentische Emotionen empfinden, die von anderen aber oft als nicht echt und negativ wahrgenommen werden.

Das „Hohe Selbst" ist das Zentrum der wahren Lebenskraft. Es beginnt damit, die authentischen Grundgefühle zu befreien und auszudrücken. Ein Gefühl der Einheit mit anderen Menschen oder der ganzen Schöpfung ermöglicht immer mehr Vertrauen. Lust und Ekstase befreien den Energiefluss und verstärken ihn. Reine Liebe und Spiritualität sind uns im Zentrum der Spirale eigen.

Die Ego-Maske und das „Niedere Selbst" erschweren den Zugang zum „Höheren Selbst", zur Essenz, denn sie verhindern eine realistische Sicht der Wirklichkeit und Wahrheit. Wir konstruieren unsere Wirklichkeit so, dass sie unsere Ego-Maske und unser „Niederes Selbst" bestätigt.

Viele würden gerne auf dem Weg nach innen das „Niedere Selbst" umgehen oder überspringen. Doch das ist nicht möglich. Deshalb ist mir sehr wichtig, immer wieder zu betonen, dass auf dem Weg der Heldenreise *alle* Emotionen ihre Berechtigung haben und Platz haben müssen. Ohne Tränen und ohne Wutausbrüche ist keine Heldenreise möglich. Das heißt aber nicht, dass man mit seinen Emotionen, nur weil sie sich authentisch anfühlen mögen, beliebig die Umwelt traktieren kann. Wie man mit seinen Gefühlen liebevoll umgehen kann, ohne sie zu unterdrücken und ohne andere damit zu belasten oder ihnen zu schaden, werde ich an mehreren Stellen dieses Buches deutlich machen.

Der Katalysator des Entwicklungsweges: Kontakt

Wir können uns nur weiter entwickeln, wenn wir in „Kontakt" gehen. Was ist damit gemeint? Kontakt kommt vom lateinischen „contingere", was „berühren" heißt[3]. Wenn wir mit etwas in Kontakt gehen, berühren wir es und lassen uns berühren. „Kontakt" ist ein zentraler Begriff der Gestalttherapie.

---

[3] Vergleiche Blankertz/Dubrawa: Lexikon der Gestalttherapie, Wuppertal 2005, Stichwort Kontakt

Wir können durch unsere Sinne mit allem in Kontakt gehen, was außerhalb von uns selbst ist, mit Gegenständen, mit Tieren, mit Nahrung, mit der gesamten Natur, aber auch mit Bildern oder Musik, wir können andere Menschen berühren, körperlich, emotional oder geistig und vielleicht auch Wesen oder Kräfte, die außerhalb von uns liegen. Wir können durch unsere Wahrnehmung aber auch mit uns selbst in Kontakt gehen, mit unserem Körper, unseren Gefühlen, unseren Teilpersönlichkeiten (siehe nächster Abschnitt) oder unserem inneren Kern.

Das sollte eigentlich selbstverständlich sein und kein Problem darstellen. Tatsächlich aber gehen die meisten Menschen so gut wie gar nicht in Kontakt. Sie vermeiden ihn. Man kann natürlich auch den Kontakt mit Dingen vermeiden und zum Beispiel beim Essen lesen oder in Gedanken sein, statt zu sehen, zu riechen und zu schmecken. Vor allem vermeiden sie aber den Kontakt mit sich selbst und mit anderen Menschen. Sie nehmen nicht wahr, wenn ihr Körper Ruhe braucht oder Bewegung will, wenn sie traurig oder wütend sind, sie schauen andere Menschen nicht wirklich an, hören nicht zu und sind statt dessen mit dem beschäftigt, was sie selbst als nächstes sagen wollen, verstecken sich hinter einer Mauer, statt sich wirklich berühren zu lassen und Interesse für sich und andere zu zeigen, und so weiter und so fort.

Um zu berühren und sich berühren zu lassen, sind „Kontaktfähigkeit“ und eine „Kontaktgrenze“ nötig. Ich muss dazu bereit und fähig sein, etwas anzufassen oder genau anzuschauen. Dazu ist ein gewisses Maß an „Aggression“ nötig. Aggression kommt vom lateinischen „aggredi“, „herangehen, angreifen“. Fritz Perls, einer der Begründer der Gestalttherapie, hat einmal sinngemäß gesagt, ohne Aggression könne man nicht einmal einen Apfel essen. Viele Menschen haben im Laufe ihres Aufwachsens gelernt, mit der destruktiven Seite der Aggression auch die positive Seite des „Anpackens“ zu unterdrücken.

Neben der „Kontaktfähigkeit“ ist es nötig, sich abgrenzen zu können, die „Kontaktgrenze“ zu halten, um kontaktfähig zu sein. Das bedeutet, dass ich eine Grenze zwischen mir und der Umwelt, mir und anderen Menschen, meinen und deren Bedürfnissen wahrnehmen und halten kann, dass ich mich als eigenständiger Organismus mit eigener Identität behaupten kann. Zahlreiche Menschen haben Angst, sich zu „verlieren“ oder verletzt zu werden, wenn sie sich wirklich auf Kontakt einlassen.

Wir können Kontakt auch unter der Perspektive von Energie betrachten. Bei einem elektrischen Schalter fließt nur dann Energie, wenn Kontakt zwischen den beiden Polen besteht. Wenn man zwei elektrische Leiter einander nähert, entsteht Spannung. Kommen sie miteinander in Berührung, kann die Energie in Fluss kommen. Wenn ich an einem Menschen vorbeigehe oder vorbeisehe, der mir eigentlich wichtig wäre oder für den ich irgendwie bedeutsam bin, baut sich Spannung auf. Sehe ich ihm direkt in die Augen, ohne mich hinter einer inneren Mauer zu verstecken, kann ein mächtiger Strom an Energie fließen, und es wird sich irgendetwas in der Beziehung verändern. Dazu brauche ich den Wunsch und den Mut, mich auf den Kontakt einzulassen, aber auch die Kraft und die Klarheit, meine eigenen Grenzen zu setzen.

Bin ich nicht kontaktfähig, dann übe ich mich in Kontaktvermeidung. In der Gestalttherapie spricht man von verschiedenen Vermeidungsmechanismen.

Eine erste, beliebte Methode ist Ablenkung (Deflektion). Statt über die Dinge, die anstehen, rede ich über das Wetter, statt zu fühlen denke ich, statt einen Konflikt einzugehen, kehre ich ihn unter den Teppich. Diese Methode der Kontaktvermeidung bedeutet oft auch eine Abschwächung. In den Worten von E. u. M. Polster, die den Begriff geprägt haben: »Die Deflektion ist eine Methode, sich dem direkten Kontakt mit einem anderen Menschen zu entziehen. Es ist eine Art, den aktuellen Kontakt abzuschwächen. Dies wird durch Weitschweifigkeit erreicht, durch eine übertriebene Ausdrucksweise, dadurch, dass man stets im scherzhaften Ton spricht, dass man den Gesprächspartner nicht direkt ansieht, dass man nie zur Sache kommt, dass man schlechte Beispiele heranzieht, die nichts besagen, dass man höflich statt direkt ist, dass man sich einer stereotypen Sprache bedient, dass man über die Vergangenheit spricht, wo doch die Gegenwart relevant ist, dass man seine eigenen Worte in Frage stellt. Alle diese Deflektionen führen nur dazu, das Leben zu verwässern.“[4]

Die nächste Methode, Kontakt zu vermeiden, ist das „Schlucken“ (Introjektion). Gemeint ist damit, dass Nahrung, aber auch Normen, Wertvorstellungen, Vorgaben aller Art unzerkleinert und unverdaut aufgenommen werden und einem dann meist „im Magen liegen“. Als Kind sind wir noch nicht in der Lage, die Normen und Werte, die unsere Eltern vermittelten oder vorlebten, zu hinterfragen, „durchzukauen“ und nur das aufzunehmen, was für uns gut war. So bringen wir aus der Kindheit eine Menge an „Introjekten“ mit, wie diese „geschluckten“ Einstellungen usw. genannt werden. Aber auch als Erwachsene können wir weiter introjizieren, statt in Kontakt zu gehen. Dieses „Schlucken“ ist tatsächlich eine Kontaktvermeidung,

---

[4] Erving und Miriam Polster, Gestalttherapie, 1975, S. 97ff, zitiert nach Blankertz/Doubrawa 2005

weil ich mich nicht wirklich mit der Nahrung oder der Vorstellung auseinandersetze, mit der ich es zu tun habe. Ich schlucke es schnell hinunter, um es nicht berühren zu müssen. Dann liegt es mir im Magen. Und mir ist eventuell „zum Kotzen“. Im Abschnitt über die „Herkunft“ des Helden gehen wir noch weiter auf die Introjektion ein.

Sehr häufig vermeiden wir Menschen Kontakt, indem wir uns zurückhalten und das, was wir eigentlich nach außen tun wollen, uns selbst antun (Retroflektion). Statt unsere Wut nach außen zu bringen, was unser wirkliches Bedürfnis wäre, verspannen wir uns und verletzen uns eventuell sogar selbst. Statt jemanden anzusprechen, der uns interessiert, halten wir uns zurück und legen uns Gedanken zurecht, mit denen wir es scheinbar begründen. Statt unsere Liebe zu fühlen und zu zeigen, verschließen wir uns und panzern uns ein. Dieses Zurückhalten führt zu chronischen Muskelspannungen. Und diese summieren sich mit der Zeit zu dem, was Wilhelm Reich, Stammvater der humanistischen Körpertherapien, den „Charakterpanzer“ genannt hat. Im Abschnitt zum Widersacher des „Helden“, dem Dämon, beschreibe ich den Mechanismus der Retroflektion ausführlich.

Wer sich nicht eingehend damit beschäftigt hat, kann sich nicht vorstellen, wie mächtig die „Projektion“, die nächste Methode der Kontaktvermeidung, ist. Dabei nehme ich mein Gegenüber, in diesem Fall einen Menschen, nicht so wahr, wie er tatsächlich ist, sondern ich blende Unterstellungen (Interpretationen, Phantasien, Halluzinationen usw.) darüber. Besonders problematisch wird das, wenn ich dem anderen genau das unterstelle, was ich mir selbst verbiete oder an mir nicht mag. Wenn ich zum Beispiel eigentlich wütend bin, es mir aber nicht erlaube, da ich es ablehne, wütend zu sein, ist die Wahrscheinlichkeit sehr groß, dass ich die Phantasie habe, der andere sei wütend. Man kann negative Dinge projizieren, wie es zum Beispiel geschieht, wenn jemand zum Sündenbock gemacht wird, aber auch Positives. Bestes Beispiel dafür ist das, was Verliebte tun. Sie sehen den anderen in den rosigsten Farben. Tatsächlich projizieren sie meist ihre eigene nicht gelebte Großartigkeit. Auf die Projektion gehe ich vor allem in den Abschnitten zur „Identität“ und zum „Schatten“ ausführlich ein.

Die letzte Kontaktvermeidungsstrategie, die ich hier beschreibe, ist die Verschmelzung („Konfluenz“). Dazu kommt es, wenn ich den Unterschied zwischen mir und der Umwelt, mir und dem anderen Menschen nicht sehen will, wenn die „Kontaktgrenze“ fehlt. Wer um jeden Preis Harmonie und Nähe herstellen will, sich immer nach den Erwartungen anderer richtet, jeden Konflikt vermeidet, ist „konfluent“. Er grenzt sich nicht ab. Die Kontaktfunktion der Aggression fehlt wie bei der Deflektion. Aber das Mittel der Konfliktvermeidung ist nicht Ausweichen, sondern der Versuch, Gleichklang mit der Umgebung herzustellen, ist „Schwimmen mit dem Strom“. Wenn man dagegen meint, sich ständig abgrenzen und immer auf dem eigenen Standpunkt beharren zu müssen, ist man ebenfalls konfluent, allerdings in der Verneinung. Denn auch dann orientiert man sich am Maßstab der anderen und nicht an dem eigenen, ist man abhängig und nicht selbstbestimmt.

Ein interessanter Aspekt der Konfluenz ist, dass die meisten Menschen nicht mit ihren eigenen Gedanken in Kontakt gehen können, weil sie keine Kontaktgrenze zu ihnen ziehen. Sie identifizieren sich voll und ganz mit ihren Gedanken und sehen sich nicht unabhängig davon. In der Meditation wird diese Grenze aufgebaut. Wenn ich mich mit dem „inneren Zeugen“ identifiziere, kann ich erleben, dass ich unabhängig von meinen Gedanken existiere und dass die Gedanken kommen und gehen, während ich selbst unveränderlich bin. Dann kann ich auch entscheiden, welche Gedanken ich einlade: negative, mit denen ich mir schlechte Gefühle machen und mich blockieren kann, oder positive, die mir gut tun und mir weiter helfen. Dann bin Herrscher über meine Gedanken, nicht ihr Opfer.

Alle Möglichkeiten der Kontaktunterbrechung haben auch ihre positiven Seiten, da es manchmal nötig oder ratsam ist, keinen Kontakt zu haben. Manchmal ist es besser, „diplomatisch“ zu sein (Deflektion), als Konflikte direkt anzugehen, manchmal hat man keine Zeit, zu kauen, und es ist notwendig, Vorgegebenes einfach zu übernehmen (Introjektion), manchmal ist es gut, sich zurückzuhalten (Retroflektion) usw.

Kontakt ist anstrengend. Wir brauchen immer wieder Zeiten, in denen wir aus der Beziehung zu anderen gehen, um uns zu erholen, zu entspannen, wiederzufinden. Auch in diesem Fall ist Kontaktunterbrechung hilfreich. Vor allem, wenn sie bewusst geschieht und dazu führt, dass wir mit uns selbst in Kontakt treten.

Kontakt kann benützt werden, um Macht auszuüben. Der Satz „Schau mich an, wenn ich mit dir rede!“ drückt aus, dass man seine Überlegenheit im Kontakt stärker zur Geltung bringen kann. Aus diesem Grund haben viele Menschen gelernt, nicht in Kontakt zu gehen, um sich zu schützen. Das mag auch manchmal sinnvoll sein. Wichtig ist aber, die Wahl zu haben, ob ich in Kontakt gehe oder nicht. Und die Wahl habe ich nicht, wenn ich „neurotisch“ an der Kontaktvermeidung festhalte.

In der Reise des Helden spielt Kontakt eine herausragende Rolle. Bin ich nicht in Kontakt, herrscht Stagnation, Stillstand, Energielosigkeit. Gehe ich in Kontakt, beginnt sich mein Leben zu verändern. Die ganze Heldenreise ist Kontakt und jeden Moment stellt sich die Frage, ob ich in Verbindung bin oder nicht, ob Energie fließen kann oder nicht.

Kontakt zu anderen ist kaum möglich, wenn ich keine Verbindung zu mir selbst, meinen Körper und meinen Gefühlen habe. Eine wichtige Aufgabe der Heldin, des Helden liegt also darin, wieder in Kontakt mit sich selbst zu kommen und mit den verschiedenen Kräften innerhalb der eigenen Psyche. Kontakt mit mir selbst ist aber nicht alles. Denn der Mensch wächst durch die Begegnung mit anderen Menschen, er wird „zum Ich am Du", wie der Philosoph Martin Buber sagte. Kontakt ist, wenn ich mich selbst klar und ehrlich wahrnehme mit meinen Empfindungen, meinen Gefühlen und Gedanken, und den anderen Menschen wahrnehme als anders und als Gegenüber, und wenn wir miteinander in Austausch treten. Im Kontakt versuche ich, wahrzunehmen und auszudrücken, wer ich bin, und den anderen wahrzunehmen als der, der er ist. Dann beginnt Entwicklung.

Ich bin nicht einer, sondern viele – das innere Team

Sicherlich: Normalerweise gehen wir Menschen davon aus, dass wir *eine* Persönlichkeit haben, *eine* Identität, wir sprechen von uns selbst in der Ich-Form und nicht in der Wir-Form. Das ist auch ganz gut und gesund so. Trotzdem ist es der Menschheit seit jeher klar, dass verschiedene Kräfte in uns wirken, mit denen wir bewusst oder unbewusst identifiziert sein können.

Manchmal fühlen wir uns zum Beispiel wie ein kleines Kind, das ängstlich oder beleidigt ist. Einem anderen Teil von uns geht das gehörig auf die Nerven, weil wir so nicht sein wollen oder gesehen werden wollen. Ein Teil von uns ist der anständige, soziale, liebenswerte Mensch, der wir gerne sind, der aber immer wieder von einem anderen Teil mit egoistischen oder richtig bösen Impulsen traktiert wird.

Die Psychoanalyse und spätere psychologische Schulen wie die Transaktionsanalyse nehmen erst einmal eine recht grobe Unterscheidung in drei „Ich-Zustände" vor: die Psychoanalyse spricht von Es, Ich und Über-Ich, die Transaktionsanalyse (TA) von Kind-Ich-Zustand, Erwachsenen-Ich-Zustand und Eltern-Ich-Zustand. Das Eltern-Ich wird in der TA noch einmal unterschieden in das kritische und das fürsorgliche Eltern-Ich, das Kind-Ich in das angepasste und das freie Kind-Ich. Statt von Ich-Zuständen könnte man auch von „Teilpersönlichkeiten" sprechen, weil wir in der Regel, wenn wir uns der Ich-Zustände noch nicht bewusst sind, uns zeitweise voll und ganz mit ihnen identifizieren.

Die alten Kulturvölker wie die Sumerer oder Griechen und auch viele Naturvölker hatten bereits viel differenziertere Modelle, überliefert über ihre Mythen. All die Göttinnen und Götter der griechischen Mythologie können wir beispielsweise als „archetypische“ Bilder der Teilpersönlichkeiten des Menschen verstehen – als unterscheidbare Figuren unserer Psyche. Und die Mythen, wie im nächsten Abschnitt beschrieben wird, erzählen die Geschichten der Kämpfe zwischen diesen Teilen um Anerkennung und Einfluss.

C. G. Jung hat in der Tiefenpsychologie versucht, diese Archetypen für die Psychotherapie nutzbar zu machen. Neue therapeutische Verfahren wie „Voice Dialogue“ sind sehr erfolgreich damit, die verschiedenen Persönlichkeitsanteile sprechen zu lassen, sagen zu lassen, was sie fühlen, brauchen oder wollen und sie ihre Konflikte, die sie miteinander haben, klären zu lassen. Auch in der Gestalttherapie ist es üblich, verschiedenen Persönlichkeitsanteilen nachzuforschen und es ihnen zu ermöglichen, sich zu zeigen.

Für einen Menschen, der Heldin oder Held ihres oder seines Lebens werden will, ist es sehr wichtig, das Team der eigenen Teilpersönlichkeiten gut kennen zu lernen. Man kann tatsächlich von einem „inneren Team“ sprechen und unser „vernünftiges Ich“ ist nur eine Figur davon, wenn sie auch bei den meisten Menschen der „Boss“ ist. Mit dem „inneren Team“ verhält es sich ähnlich wie mit Teams in der Arbeitswelt. Es gibt alle Schattierungen vom „Sauhaufen“ über die „passable Arbeitsgruppe“ bis zum „Dreamteam“. Werden alle Teammitglieder gesehen und wertgeschätzt, klappt die Kommunikation gut und werden Konflikte so bald als möglich geklärt, sind die Teams stabil und produktiv, es herrschen Zufriedenheit und Motivation. Falls nicht, kommt es zu Stagnation oder Chaos, Unzufriedenheit und geringer Produktivität. Es ist also sehr lohnend, unsere Teilpersönlichkeiten kennenzulernen, ihnen zuzuhören, mit ihnen in Kontakt zu kommen und die Konflikte zwischen ihnen zu klären.

Manchen Menschen macht der Gedanke der Teilpersönlichkeiten Angst. Sie befürchten, sie könnten sich in eine Persönlichkeitsspaltung verlieren, wenn sie es zulassen, sich ihre Persönlichkeitsanteile bewusst zu machen. Die Identifizierung mit verschiedenen Anteilen der Psyche ist aber völlig normal. Und es bewusst zu tun, ist sehr hilfreich in der Persönlichkeitsentwicklung.

Zu krankhaften Erscheinungsformen wie Schizophrenie, Persönlichkeitsspaltung oder auch „Besessenheit“ kommt es nur, wenn das verbindende Ich dauerhaft zusammenbricht, keine Bewusstheit mehr existiert oder Persönlichkeitsanteile als völlig fremd erlebt werden. Dies ist nicht die Folge davon, dass sich Menschen ihren verschiedenen Anteilen zuwenden, sondern im Gegenteil davon, dass bestimmte Anteile absolut abgelehnt werden oder die Konflikte zwischen den inneren Figuren so stark unterdrückt werden, dass „der Kessel irgendwann platzt.“

Welche „Teammitglieder“ der einzelne hat, hängt ganz von seinem kulturellen Umfeld und seiner persönlichen Geschichte ab. Und auch von der „Brille“, die beim Betrachten aufgesetzt wird. Trotzdem ist es möglich, eine gewisse Systematisierung herauszuarbeiten.

In der folgenden Tabelle habe ich eine Zusammenstellung der Bereiche versucht, denen die Mitglieder des „Inneren Teams“ zugeordnet werden können.

Oben	Die Sozialen	Die Kontrollierer
Kopf	Positive Elternrepräsentanten (ideale Eltern, „göttliche Eltern“) Fürsorgliches Eltern-Ich (TA)	Negative Elternrepräsentanten (Vertreter von Introjekten, z.B. Antreiber, Blockierer) Kritisches Eltern-Ich (TA)
	Ich-Ideal	Ego-Maske (Pierrakos) Dämon, Kontrollierer (Heldenreise)
	Werte	Demon „Should“ (Rebillot) Normen, Macht
Mitte	Die Kämpfer	Die Löser
Herz	Ich	Selbst Higher Self (Pierrakos)
	Erwachsenen-Ich (TA)	
	Held, Krieger (Heldenreise)	Innerer Führer (Heldenreise)
	Mut	Liebe, Kraft
Unten	Die Ungezähmten	Die Verletzten und/oder „Bösen“
Bauch	Freies „inneres Kind“ Freies Kind-Ich (TA)	Verletztes „inneres Kind“ Angepasstes, rebellisches Kind-Ich (TA)
	Tier	Lower Self (Pierrakos)
	Lust	Der Schatten Aggression

Erst einmal scheint es ein Unten, eine Mitte und ein Oben zu geben.

Unten finden sich die Repräsentanten der Frühzeit unserer Entwicklung als Gattung und als einzelnes Individuum. Enkidu im Mythos von Gilgamesch oder der „Eisenhans“ stehen für unsere ursprüngliche, wilde, ungezähmte Natur mit ihrer natürlichen Aggression, die dazu dient, zu überleben. In diesem Bereich ist die Schlange aus Inannas Huluppu-(Lebens-)Baum angesiedelt, Trägerin der freien, ungezähmten Sexualität. Dionysos oder Pan ist in der griechischen Mythologie der Vertreter der unteren Ebene. Hier ist auch unser „inneres Kind“ zu finden, das verschiedene Formen annehmen kann. So gut wie jeder Mensch, zumindest in unserer Kultur, entwickelt mit etwa fünf bis sechs Jahren ein Konzept, wie er in der gegebenen Umwelt am besten überleben kann oder den größten Erfolg hat. All seine Eigenschaften, die kindlichen Bedürfnisse, Wünsche und Sehnsüchte, die nicht passen und nicht passend gemacht werden können, legt er ab. Aus ihnen entsteht die Figur des verletzten inneren Kindes, das ungesehen und ungeliebt zurückbleibt. Damit lässt er aber auch einen wichtigen Teil seiner Persönlichkeit, sozusagen seine „Seele“ zurück. Eine wichtige Aufgabe des Helden ist, mit diesem Kind Kontakt aufzunehmen, es zu sehen und es zurückzuholen.

Oben sind die Repräsentanten der „Errungenschaften der Zivilisation“ zu finden. Im positiven Falle finden sich hier Figuren, die Ideale und Werte, geistige Fähigkeiten, Erkenntnis und Vernunft verkörpern. Auf der Seite der Kontrollierer zeigen sich vor allem die Vertreter der Introjekte, der unbewusst übernommenen Normen der Eltern oder anderer normativer Einflüsse der Kindheit. Im Gestalt-Prozess „Exorcising the Demon Should“ von Paul Rebillot setzen wir uns zum Beispiel mit dem „Dämon Du Sollst“ auseinander, der all die übernommenen Ansprüche unserer Kindheitsumwelt an uns repräsentiert. All die Vater- oder Mutterfiguren der Mythen wie Zeus und Hera in der griechischen Mythologie sind hier angesiedelt.

In der Mitte ist unser Ich, das zwischen dem „Unterhaus“ und dem „Oberhaus“ steht. In unserer Kultur sympathisiert es meist mit den Oberen und versucht die Unteren zu unterdrücken. Bei eher rebellischen Menschen ist es umgekehrt. Das „erwachsene“ Ich versucht, beiden „Häusern“ gerecht zu werden, ihre jeweiligen Ziele und Wünsche zu verstehen, zwischen ihnen zu vermitteln oder sie zu integrieren. Mythisches Bild für das Ich ist der Mensch selbst, der Held, der Krieger. Unterstützung findet das Ich bei den „Lösern“, Figuren des Unterbewussten, die das Ich leiten. Gandalf aus dem „Herrn der Ringe“ oder Harry Potters Dumbledore sind Beispiele aus modernen Mythen dafür, im Seminar „Die Heldenreise“ heißt diese Figur „Innerer Führer“ oder „Spiritueller Begleiter“.

Wie die Akteure des inneren Teams nun gegeneinander oder zusammen spielen, beschreiben Träume, Märchen und vor allem Mythen.

Mythen – die Träume der Menschheit

Mythen sind nicht einfach Geschichten, die sich irgendjemand irgendwann einmal ausgedacht hat. Sie sind viel mehr. Sie wurden Menschen über Visionen gegeben, um ihnen wichtige Hinweise zur Heilung oder zur persönlichen und spirituellen Entwicklung zu geben.

Mythen gibt es vermutlich, seit es Menschen gibt. Alle Kulturen, wie alt auch immer sie sein mögen, kennen mythische Geschichten, die von Generation zu Generation weitergegeben werden. Die ältesten schriftlich überlieferten Mythen sind die sumerischen von Gilgamesch und von Inanna.

Für Paul Rebillot sind sie kollektive Träume der Menschheit. Wir einzelnen haben Träume, die uns sagen, was uns fehlt, um das, was gerade ansteht, zu lernen, zu lösen oder zu heilen. Sie geben uns Hinweise darauf, was wir brauchen, um uns weiterzuentwickeln. Mythen haben dieselbe Aufgabe auf kollektiver Ebene. Sie sind die Träume der Menschheit. In den Mythen werden die grundlegenden Probleme des Menschseins und Themen der menschlichen Entwicklung angesprochen.

Mythen beschreiben, was wir Menschen brauchen, um uns zu heilen oder uns weiterzuentwickeln. Bestimmte Mythen, zum Beispiel die antiken griechischen Erzählungen schildern auch gerne, was geschieht, wenn etwas fehlt. Die griechischen Helden haben meist einen Mangel, einen Makel. Irgendetwas haben sie nicht oder können sie nicht, oder sie entscheiden sich falsch. Und die Sagen beschreiben dann die tragischen Folgen, die daraus entstehen. Wenn wir Menschen uns mit dem Helden identifizieren, haben wir die Chance, aus dem Mythos zu lernen, wir können die Fehler vermeiden und müssen nicht das Schicksal des Protagonisten erleiden.

Paul Rebillot meint, dass wir viele unserer gesellschaftlichen Neurosen heilen könnten, wenn wir unsere Mythen integrieren würden. Ähnlich wie der einzelne Mensch sich heilen kann, wenn er seine Träume verarbeitet.

Der große Fehler im Umgang mit Mythen wie mit Träumen besteht nach Rebillot darin, sich nur mit einem Teil, mit einer Figur, statt mit allen Akteuren zu identifizieren. Alle Teile gehören zusammen. Nur gemeinsam stellen sie ein Bild der Psyche des Menschen oder der kollektiven Psyche dar. Identifizieren wir uns nur mit einem Teil, zum Beispiel mit dem Helden und lehnen wir seinen oder seine Widersacher ab, so kommen wir nicht weit. Denn erst in der Auseinandersetzung mit der anderen Seite beginnt der Mythos seine hilfreiche Kraft zu entfalten. Es ist also wichtig, sich mit allen Figuren, zum Teil sogar mit den Gegenständen der Geschichten zu identifizieren, um sie für sich nutzbar zu machen.

Dies steht natürlich im Gegensatz zum christlich abendländischen Umgang mit Mythen. Hier wird das „Böse“ abgespalten, in Form des Teufels verdammt und damit eine schizoide Spaltung in der Persönlichkeit gefördert.

Eine Möglichkeit, Mythen fruchtbar werden zu lassen, ist, sie einfach zu hören. Schon in frühesten Zeiten wurden die Geschichten an den Lagerfeuern oder in den Zelten und Hütten erzählt und so weitergegeben. Durch das Hören wurden sie aufgenommen, und es war möglich, bewusst oder unbewusst aus ihnen zu lernen.

Dann wurden und werden Mythen gerne inszeniert. Die antiken Griechen entwickelten beispielsweise das heilende Theater in Epidauros, in dem die Sagen dargestellt wurden und die Zuschauer sich in einem hohen Maß mit den Figuren identifizieren konnten. Black Elk berichtet, dass die Medizinmänner der Lakota-Indianer in manchen Fällen die Visionen, die einzelne in ihren Visionssuchen hatten, mit dem ganzen Stamm nachstellten.

Früher reichte es wohl aus, die Mythen nur zu hören oder als Zuschauer im Theater zu erleben, um sich voll und ganz darauf einzulassen. Es waren nur relativ wenige, sehr wertvolle Geschichten, die in einzelnen Kulturen weitergegeben wurden. Und die Menschen waren oft Tage unterwegs, um einer Theateraufführung beiwohnen zu können.

Heute genügt das Hören oder Sehen nicht mehr. Wir werden durch Bücher und Filme so mit Geschichten überschwemmt, dass wir uns kaum mehr auf einzelne konzentrieren können, uns kaum mehr in aller Tiefe auf bestimmte Themen einlassen können. Da kam Paul Rebillot als Theaterregisseur und Gestalttherapeut auf die Idee, die Teilnehmer in Workshops alle Teile des Mythos inszenieren, sie in alle Rollen schlüpfen zu lassen. In den Heldenreise-Seminaren werden die Teilnehmer ihr eigener Held, ihr innerer Führer, ihr Widersacher in Form eines Drachen oder Zwerges usw. So können sie den Konflikt zwischen dem sehnsüchtigen und dem ängstlichen Teil in sich selbst spüren und zum Teil oder ganz lösen. Das Neue in der Arbeit Rebillots ist also, dass die Teilnehmer in alle Rollen des Mythos schlüpfen und so ihre Erfahrungen machen.

In der Gestalttherapie arbeitet man ähnlich mit Träumen. Eine einfache Möglichkeit ist, sich nacheinander in alle Figuren des Traumes zu versetzen und sich in diesen Rollen klar zu werden, wie man sich fühlt, was man wünscht und was man tun will. In einem Traum, in dem ich von einem Monster verfolgt bin, schlüpfe ich also nicht nur in die Rolle meiner Person, sondern auch in die Rolle des Monsters und verfolge „mich“. Es ist auch sehr interessant, die Rolle von Gegenständen zu übernehmen, da sie ebenfalls meist Teile der Psyche repräsentieren. Analog kann man mit Mythen arbeiten.

Auch in früheren Zeiten gab es Wege, die Wirkkraft von Mythen zu steigern. In Epidauros sahen die Menschen nicht nur die Dramen im Theater, sondern sie wurden auch in den Kult der verschiedenen Gottheiten eingeweiht, die wichtige archetypische Kräfte darstellten und so integriert werden konnten.

Nehmen wir das Beispiel des Dionysos-Mythos. Dionysos, auch Bakchos oder Bacchus genannt, war halb Gott und halb Mensch. Sein Vater war Zeus, seine Mutter die schöne sterbliche Semele. Er war der Gott der Fruchtbarkeit und des Weines. Er reiste mit seiner fröhlichen Gefolgschaft, den Bacchanten, durch die Länder und brachte den Weinbau in die verschiedenen Regionen. Sein Vetter Pentheus, König von Theben, verachtete die Götter und besonders Dionysos, widersetzte sich seinem Kult und ließ seine Anhänger verfolgen. All seine Bemühungen schlugen jedoch fehl. Schließlich wurde er von seiner eigenen Mutter und seiner Schwester, die ihn im Wahn für einen Berglöwen hielten, zerrissen. Die Sage von Pentheus zeigt, was geschieht, wenn die Kräfte der fröhlichen Wildheit, der Lebendigkeit und Ausgelassenheit nicht geehrt werden. Wer die „kleinen Verrücktheiten“ nicht ehrt, läuft Gefahr, dem „großen Wahnsinn“ zum Opfer zu fallen.[5]

Nachdem die Griechen die Sage erleben konnten, gingen sie zur Initiation in den Tempel der Gottheit. Dadurch machten sie die vollständige Erfahrung des Wesens der Göttin oder des Gottes und konnten ihre archetypische Kraft weitgehend integrieren. Sie fanden heraus, was die Gottheit für sie selbst bedeutete, und fanden darin vielleicht auch ihre Bestimmung, indem sie zur Priesterin oder zum Priester wurden.

Die Sage von Dädalos beschreibt ein ähnliches Thema wie die von Pentheus. Der berühmte Baumeister stieß seinen sehr begabten und kreativen Neffen Thalos aus Eifersucht und Neid vom Tempeldach. Auf psychologischer Ebene beschreibt die Geschichte einen Menschen, der seine jugendliche, kreative, lebendige Seite abtötet, um angesehen und erfolgreich zu sein. Der Mythos beschreibt dann die Folgen dieser Tat. Unter anderem stirbt auch seine spirituelle Seite im mythischen

---

[5] Im christlich abendländischen Kulturkreis wurde später alles Bacchantische, wurden Lust und Rausch verteufelt. Vielleicht fand diese Entwicklung ihren Höhepunkt im großen Wahnsinn der Kriege und Völkermorde des 20. Jahrhunderts.

Bild seines Sohnes Ikarus, der zu hoch fliegt und dessen Flügel, die mit Wachs zusammengefügt waren, von der Sonne geschmolzen werden. Dädalos selbst stirbt zwar angesehen, aber unglücklich in der Fremde.

Eine besondere Gattung von Mythen sind die Heldensagen. Wie bereits in der Einleitung gesagt, fand der Mythologe Joseph Campbell heraus, dass alle Heldenmythen der Welt einer einheitlichen Grundstruktur folgen, die er den „Monomythos" der Heldenreise nannte. Der Grund dafür, dass es in allen Kulturen der Welt Heldenmythen gibt und dass sie sich sehr ähneln liegt darin, dass die Heldensagen etwas sehr Menschliches beschreiben und die Menschen auf der ganzen Welt im Grunde gleich sind: Die Sagen beschreiben, wie wir durch Übergangskrisen gehen und uns dabei weiterentwickeln, wie wir persönlich, sozial und spirituell wachsen können.

Dieses Buch handelt davon, wie wir uns die Weisheit der Heldenmythen nutzbar machen und dem Weg der Heldin oder des Helden folgen können.

Alles ist Energie – Energie will fließen - Energie lässt sich verwandeln

Seit jeher wird der Mensch von spirituellen Traditionen als Energiewesen betrachtet. Dies widerspricht auch nicht den Erkenntnissen der modernen Physik. Die Quantentheorie stellt fest, dass kein absoluter Trennungsstrich mehr zwischen Materie und Energie gezogen werden kann. In gewissem Sinne ist alles Energie. So ist die Materie auch nicht mehr vollständig von der Psyche oder vom Geist trennbar. Von hochkarätigen Wissenschaftlern werden die engen Zusammenhänge von Materie und Geist bestätigt. Max Planck sagt: „Es gibt keine Materie, sondern nur ein Gewebe von Energien, dem durch intelligenten Geist Form gegeben wird."[6]. Oder Werner Heisenberg: „Die übliche Teilung der Welt in Subjekt und Objekt, Innenwelt und Außenwelt, Körper und Seele ist nicht mehr angemessen."[7]

Für uns als menschliche Wesen bedeutet das, dass wir sehr viel weniger von der Materie, auch der Materie unseres Körpers, abhängig sind, als wir vielleicht glauben. Wie lebendig, wie energievoll wir sind, hängt viel weniger vom Zustand unseres Körpers ab als dem unseres Geistes. Langfristig folgt der Körper dem Geist.

---

[6] Warnke 1998, S. 112

[7] ebenda

Es bedeutet weiter, dass wir Energie aufnehmen und in Fluss bringen und unser Energiepotential dadurch insgesamt steigern können. Jeder kennt den Unterschied zwischen energielosen, leblosen, fahlen Menschen, die anderen eher Energie rauben, und energetischen, lebendigen, strahlenden, die ihre Umgebung mit ihrer Kraft anstecken und bereichern. Der Weg des Helden ist der Weg von der mangelnden, blockierten Lebensenergie zur mächtigen, frei fließenden. Wie ich später zeigen werde, lernen wir im Laufe unserer Entwicklung, vor allem in der Kindheit, unsere Energie zu bremsen, sie festzuhalten und zu unterdrücken. Dies dient dazu, uns anzupassen, um zu überleben. Die dabei entstandenen Energieblockaden haben für uns als Erwachsene keinen Nutzen mehr. Glücklicherweise gibt es Möglichkeiten, sie aufzulösen. Einige sehr effektive Methoden stelle ich in diesem Buch vor. Fließt unsere Energie frei, sind wir lebendiger, strahlender und längerfristig auch körperlich und geistig gesünder. Das ist nicht nur für uns von Vorteil. Wir sind damit auch ein Segen für unsere Umgebung.

Und schließlich bedeutet es, dass die „göttliche Energie" genauso real sein könnte wie Materie. Dass wahrscheinlich alles, was existiert, einschließlich der Materie, nur göttliche Energie in ihren verschiedenen Erscheinungsformen ist. Womit wir wieder bei der spirituellen Dimension der Reise des Helden wären.

Auch wenn wir davon ausgehen, dass im Grunde alles eins ist, ist es doch ganz hilfreich, die verschiedenen Erscheinungsformen von Energie zu unterscheiden. Energie lässt sich verändern, verwandeln, transformieren. Wir benützen hier gerne das Symbol der Kerze. Im kalten Wachs der Kerze ist die Energie festgehalten, eingefroren und damit unbeweglich. Die Hitze der Flamme schmilzt das Wachs und transformiert die Energie der Kerze in einen sehr beweglichen Zustand. Schließlich wird es gasförmig, und die Kraft kann sich ungehindert überallhin ausbreiten. Ähnlich kann sich auch unsere Energie verwandeln. Sie kann festgehalten und blockiert sein, sie kann ruhig fließen, und sie kann sich in eine Form transformieren, die keine Grenzen mehr kennt.

Auch bei Menschen kann die Energie eingefroren sein, in chronischen Muskelverspannungen festgehalten, in steifen Gelenken blockiert, in neurotischen Verhaltensmustern eingefroren. Die Energie von Menschen mit depressiver Tendenz erlebe ich in der Regel als sehr schwer und zäh. Es ist meist erst einmal nicht einfach, diese Energie in Fluss zu bringen. Doch es ist möglich und es lohnt sich. Das Ergebnis ist ein völlig verändertes Lebensgefühl.

Die Energiezentren des Menschen

Ich möchte jetzt die verschiedenen Energiezentren des Menschen detaillierter betrachten, da sie sehr verschiedene Funktionen erfüllen. Verschiedene Kulturen der Welt entwickelten Modelle zu den Energiezentren des Menschen. Für mich besonders hilfreich ist die Sichtweise, die auf den drei Hauptenergiezentren Bauch, Brust und Kopf basiert und die ich im Wesentlichen von Paul Rebillot übernommen habe, sowie eine weitere, die von Toon van der Kroon beschrieben wurde und eine Verbindung der sieben Chakren mit den sieben Helden-Archetypen darstellt. Da beide Systeme nicht ganz deckungsgleich sind, beschreibe ich sie erst einmal getrennt.

Ich gehe davon aus, dass wir Menschen drei Hauptenergiezentren besitzen: Bauch, Brust und Kopf. Jedes dieser Zentren hat bestimmte Schwerpunkte und besondere Aufgaben, eine eigene Ausdrucksweise und Sprache. Alle drei sind sehr wichtig für eine gesunde, vollständige und integrierte Person.

Das Bauchzentrum haben wir mit allen anderen höheren Tieren gemeinsam. Die Energie, die wir aufnehmen, transformieren wir im Bauchzentrum zu unserer Lebendigkeit, zu unserer Überlebens-Energie. Die Lust, die im Bauch angesiedelt ist, verhilft unserer Gattung zu überleben, die Aggression dem Einzelnen dazu, sich zu schützen und für sich zu sorgen, sich zu holen, was er zum Leben braucht. Die Bauchenergie ist eng mit dem Körper verbunden. Ihre Sprache ist Bewegung. Deshalb sind alle Formen von Bewegung, ist Tanz sehr wichtig. Östliche Methoden der körperlichen Entwicklung oder Selbstverteidigungs- und Kampftechniken wie Yoga, Tai Chi, Karate usw. legen ihren Schwerpunkt auf unsere „Mitte“, unser Gleichgewichtszentrum im Bauch und die Energie, die wir dort sammeln: auf Ki, Chi, Hara usw., wie sie in den verschiedenen Systemen genannt wird.

Mit dem Begriff „Gefühle“ werden in unserer Sprache ganz verschiedene Dinge bezeichnet, die allerdings zusammenhängen. Einmal meinen wir damit Körperempfindungen, im englischen „Sensations“. Ich fühle zum Beispiel, dass mein Magen schmerzt, dass sich mein Bein taub anfühlt usw. Dann bezeichnen wir damit Emotionen wie Angst, Wut, Trauer, Freude usw. Und schließlich nennen wir unsere Phantasien Gefühle, wenn wir zum Beispiel sagen: „Ich habe das Gefühl, dass du mich nicht magst.“ Da der Bauch vor allem mit dem Körper zusammenhängt, sind die Körperempfindungen auf dieser Energieebene angesiedelt. Aber auch die Empfindungen Lust und Aggression gehören zum Bauch. Die anderen Emotionen gehören zur Brust, die Phantasien zum Kopfzentrum. In unserer Kultur und in vielen

Familien wird das Bauchzentrum häufig verdrängt. Weder Lust noch Aggression sind gerne gesehen und dürfen gezeigt werden. Das führt dazu, dass zahlreiche Menschen weder sehr lebendig sind, noch wirklich für sich sorgen oder sich schützen können.

Das Brustzentrum wird oft Herzzentrum genannt. Dabei geht es nicht um das physische Herz, die „Pumpe", sondern um das emotionale „Herz", die Herzenergie. Gemeint ist damit die Fähigkeit, Trauer und Freude zu empfinden, Liebe zu spüren und Mitgefühl. Ist der Bauch eher der Sitz der „harten" Gefühle wie Aggression und Lust, so empfinden wir die „weichen" in der Brust. Die Sprache des Brustzentrums ist der Ton. Deshalb sind wir hier auch stark durch Musik berührbar. Um die Energie des Brustzentrums zu aktivieren, ist es sehr hilfreich, die Stimme zu benützen. Wer seine Stimme zurückhält, hat auch große Probleme damit, seine Brustenergie zu nützen.

Das Kopfzentrum ist das entwicklungsgeschichtlich jüngste, in unserer Kultur aber dominante Energiezentrum. Mit dem Kopfzentrum ordnen, strukturieren und bewerten wir, geben wir dem, was wir wahrnehmen, Sinn. Das, was sich im Bauch- oder Brustzentrum abspielt, ist bei allen Menschen gleich, über alle Kulturen hinweg. Es ist angeboren. Allerdings werden diese Energien in verschieden Kulturen unterschiedlich stark unterdrückt. Das Geschehen im Kopfzentrum ist von Kultur zu Kultur verschieden. Es ist gelernt. Die Sprache des Kopfzentrums ist das Symbol. Dazu gehört vor allem die verbale Sprache, aber auch die Kommunikation über Gesten oder symbolische Bilder. Unsere Gedanken, unser „Ich", sind im Kopfzentrum angesiedelt.

Ein Mensch hat dann Probleme, wenn er die Energie in einem oder in mehreren Zentren noch nicht entwickelt hat oder unterdrückt, wenn zum Beispiel Sexualität oder Aggression im Bauch fehlen, das Herz verschlossen ist oder der „Kopf" einseitig kognitiv geprägt ist. Spaltet der Mensch seinen Kopf von Bauch und Brust ab, wie es in unserer Gesellschaft üblich ist, oder hat er diese Verbindung noch nicht entwickelt, ist er einseitig kognitiv orientiert. Er ist an die Ebene der Gedanken gebunden. Weder die Gefühle noch die tiefen Bilder der Seele sind ihm zugänglich. Intuitiv ist, wer freien Zugang zu den Energieebenen von Bauch und Brust hat und das, was von dort kommt, im Kopf ordnen kann. Ich bin mehr als meine Gedanken!

Sieben Chakren und sieben Helden-Archetypen

Ton van der Kroon gliedert die Energiezentren nach der Jahrtausende alten Chakrenlehre in sieben Ebenen auf und ordnet jedem Chakra einen Heldenarchetyp zu. In der nachfolgenden Übersicht wird die Zuordnung nach Ton van der Kroon dargestellt. Im Text verwende ich zum Teil andere, ergänzende Begriffe.

Nr.	*Archetyp*	*Chakra*	*Funktion*
7	Der Heilige	Scheitelchakra	Inspiration, göttliche Führung
6	Der Magier	Drittes Auge	Vision, Einsicht
5	Der Narr	Kehlkopfchakra	Kommunikation, Humor
4	Der König	Herzchakra	Liebe, Mut, Führung
3	Der Krieger	Solarplexus	Macht, Aktivität
2	Der Liebhaber	Sexualchakra	Lust, Gefühle, Kreativität
1	Der Wilde	Wurzelchakra	Erdung, Autorität

Für van der Kroon gibt es zwei Wege, die der Mensch gehen kann[8]. Jeder Weg beginnt im Herzchakra, beim „König", der bei den meisten von uns krank ist. Der König steht für unser Zentrum, unsere Identität, unser Ego, aber auch für unser Herz, die tätige Liebe. Das Zentrum unseres Seins ist also nicht gesund. Es gibt zwei mögliche Wege, um das Herz zu heilen: „Der eine Weg führt nach oben, über das Kehlkopfchakra und das dritte Auge zum Scheitel, um dann wieder zum Herzen zurückzukehren. Das ist der Weg der Einsicht, Erleuchtung, Transzendenz, Meditation und des Gebets. Der andere Weg führt nach unten, über das dritte Chakra, das Nabelchakra, zum Wurzelchakra, um ebenfalls wieder zum Herzen zurückzukehren. Dies ist der Weg des Abstiegs, der Initiation in der Unterwelt."[9]

Meiner Ansicht nach muss jeder Mensch beide Wege gehen, wenn er wirklich heil werden will. Gesünder und stabiler führt der Weg zunächst nach unten, um zu integrieren, was in der bisherigen Entwicklung eventuell abgespalten wurde, nämlich Macht, Lust und unsere ursprüngliche Kraft. Dann sind Identität und Energie stark genug für den Weg nach oben. Viele Menschen versuchen aber zuerst den Weg nach oben, und erst massive Krisen bringen sie in Kontakt mit ihrer persönlichen Unterwelt.

---

[8] Van der Kroon bezieht sich in seinem Buch nur auf Männer. Ich sehe den Weg von Frauen und Männern jedoch als weitgehend übereinstimmend.

[9] Van der Kroon S.29f

Ich skizziere hier kurz die einzelnen Archetypen, da sie wertvolle Hinweise für den persönlichen Heldenweg geben können.

Der König, die Königin, der Herrscher, die Herrscherin

Der Archetyp des Königs oder Herrschers bzw. seiner weiblichen Entsprechungen ist die zentrale Figur des „inneren Teams", der Untergestalten der Psyche. Der König steht symbolisch für das Herz und die Liebe, womit nicht die romantische Liebe gemeint ist, sondern die tätige Liebe, die Harmonie und Ordnung schafft, gerecht und mitfühlend ist und entschieden auftritt, wo es nötig ist. Psychologisch kann der König als das „Ich" betrachtet werden, dem Teil unserer Psyche, mit dem wir uns meistens identifizieren. Wenn das Ich im Dienste des Höheren Selbst handelt, wenn der „König" sich dem „göttlichen Willen" unterordnet, wenn wir aus dem Herzen heraus leben, herrscht Ordnung und Harmonie in unserem Leben. Wenn nicht, dann kann es sein, dass er sich zum Despoten entwickelt hat, zum gefühllosen Ego-Manier. Ist der König gesund, gehen Dienen und Führen Hand in Hand. Symbole des Königs sind die Krone, welche die göttliche Führung darstellt und das Zepter, das in Form der Kugel und des Kreuzes das Weltliche und das Göttliche symbolisiert, das der König zu verbinden hat. Er wird mit dem Element Luft assoziiert.

Der Krieger, die Kriegerin

Der Archetyp des Kriegers oder der Kriegerin steht für machtvolles Handeln und das Bewachen von Grenzen. Er entspricht dem dritten Chakra, dem Sonnengeflecht. Seine positiven Eigenschaften sind Zielgerichtetheit und Durchsetzungsvermögen. Er hat die Fähigkeit, sich zu konzentrieren, sich nicht ablenken zu lassen und Verstrickungen zu durchschneiden. Der wahre Krieger übernimmt die volle Verantwortung für seine Handlungen und stellt seine Macht in den Dienst des Königs, der Liebe. Zerstörerisch wird die Krieger-Energie, wenn sie verantwortungslos benützt wird, wenn sie Geltungsdrang, Egoismus und Machtmissbrauch unterstützt, wenn sie einem König dient, der nicht vom Höheren Selbst geleitet wird. Viele Menschen setzen ihren Krieger nicht ein. Sie haben gelernt, ihre Aggression zu unterdrücken, und wagen es aus Angst vor Gewalt oder Konflikt nicht, ihre Macht auszuüben. So sind sie unfähig, sich zu schützen, für sich oder die Ihren zu sorgen und für die Sache der Liebe zu kämpfen. In diesem Fall sind auch Bauch und Herz nicht wirklich verbunden. Symbole des Kriegerarchetyps sind Schwert oder Lanze und Schild. Sein Element ist das Feuer.

Der Liebhaber, die Liebhaberin

Das zweite Chakra, unterhalb des Nabels gelegen, steht für Gefühle, die mit Lust und Genuss, Verspieltheit und Kreativität zu tun haben. Im Gegensatz zur feurigen Energie des Kriegers ist diese Energie fließend und entspricht dem Element Wasser. Das Wasser kann ruhig strömen, es kann sich aber auch in eine Schlammpfütze oder einen alles verschlingenden Ozean verwandeln. Probleme bestehen auch beim Archetyp des Liebhabers oder der Liebhaberin entweder darin, dass die Energie nicht leben darf oder dass sie zum egoistischen Selbstzweck wird. Sehr viel mehr Menschen, als man sich normalerweise vorstellt, sind nicht fähig, ihre Sexualität, ihre Körperlichkeit oder auch Dinge wie Essen, Kunst oder Musik wirklich zu genießen. Andere wieder verlieren sich darin oder terrorisieren ihre Umgebung mit ihren Launen. Die Energie des Liebhabers ist die des griechischen Gottes Dionysos. Wird er nicht respektiert und geehrt, haben seine „kleinen Verrücktheiten" keinen Platz, so droht der „große Wahnsinn". Symbol des „Liebhabers" ist die Flöte, die oft magische Wirkung hat, wie Mozarts „Zauberflöte" deutlich macht.

Der / die Wilde

Dieser Archetyp verweist auf unsere ursprüngliche, wilde Natur. Er ist das Tier, der Tiermensch wie Enkidu, der wilde Bruder von Gilgamesch im alten sumerischen Mythos, der Eisenhans im Märchen der Gebrüder Grimm oder der Schamane, der Medizinmann, die Hexe, die uns mit der Kraft der Tiere, Bäume und Geisterwelt verbinden. Er stellt unsere Verbindung zur Erde her, die wir nicht verlieren dürfen oder wieder finden müssen, wollen wir heil werden. Sein Element ist die Erde. Der Archetyp des oder der Wilden entspricht dem ersten Chakra, auch Wurzelchakra genannt, das der Erde am nächsten ist. Menschen, die nicht geerdet sind, laufen Gefahr, sich zu verlieren, wenn sie den Weg nach oben antreten. Bei vielen Leuten in der New-Age- oder Esoterikbewegung ist dieses Problem zu beobachten. Eine nicht geringe Zahl von ihnen landet schließlich in der Psychiatrie. Das Symbol für den Wilden ist der Knüppel, der auch für den Phallus steht. Der Phallus besteht aus Hoden und Penis, der Verbindung von Fruchtbarkeit und Geerdetsein einerseits und aktiver Tatkraft andererseits. Die weibliche Entsprechung ist die Vulva mit Schamlippen und Klitoris.

Der Narr

Der erste Archetyp auf dem Weg nach oben ist der Narr, der in Beziehung zum Kehlkopfchakra steht. Die Hauptfunktion dieses Energiezentrums ist die Kommunikation, das Ausdrücken dessen in Form von Tönen und Sprache, was in uns lebt.

Das kann in Form von Sprechen oder Singen, Dichten oder Bücherschreiben geschehen. Der Narr ist der selbst-kritische Geist, der dem König den Spiegel hinhalten darf, ohne dafür bestraft zu werden. Er kann der Tor oder der Weise sein. Oft ist er auch Ratgeber oder Vermittler. Dient der Narr dem Höheren Selbst, so spielt er mit den Worten, um anderen zu helfen. Wenn nicht, so ist er der Intrigant, der die Wirklichkeit verdreht, anderen nach dem Mund redet und es mit der Wahrheit nicht so genau nimmt. Ist der Narr unterentwickelt, darf der Mensch nicht äußern, was er fühlt, darf er nicht laut sein und bei Bedarf auch schreien, so ist die Verbindung von Gefühlen und Verstand, von Brust und Kopf unterbrochen. Symbol des Narren ist ein kleiner Stab mit einem Narrenkopf an der Spitze, Zeichen dafür, dass er die Fähigkeit hat, sich selbst zu betrachten.

Der Magier

Der Archetyp des Magiers ist mit dem sechsten Chakra verbunden, dem „dritten Auge". Er steht für die Kraft der Gedanken und der Einsicht, aber auch der Visionen. Er weiß, dass Gedanken die Wirklichkeit verändern können. Im Gegensatz zum Weisen oder Heiligen ist er der Materie zugewandt. Er versucht zu beweisen, was der Heilige einfach weiß. Dient der Magier dem Höheren Selbst, so übt er „Weiße Magie" aus. Wenn er seine Kenntnisse und Fähigkeiten jedoch egoistisch einsetzt, um „sein Ego zu streicheln", andere zu manipulieren oder auszunützen, so werden seine Kräfte zu „Schwarzer Magie". Er wird dann zum Beispiel zum Therapeuten, der seine Klienten abhängig macht oder missbraucht, zum machtgierigen Berater oder zum Menschen, der sich ungebeten in die Angelegenheiten anderer Leute einmischt. Als Symbol hat der Magier einen Zauberstab, mit dem er seine Energien lenken kann.

Der Heilige oder der Weise

Die Funktion des Mystikers besteht darin, die Verbindung zum Göttlichen herzustellen. Dieser Archetyp entspricht dem Scheitelchakra, durch das die göttliche Inspiration eintritt und der Mensch nach Auffassung der tibetischen Buddhisten beim Tod in die höheren Dimensionen zurückkehrt. Eine wichtige Eigenschaft des Weisen ist Einfachheit und Demut, sein Zeichen der Bettelstab. Er versucht, seinen eigenen Willen mit dem göttlichen Willen in Übereinstimmung zu bringen: „Dein Wille geschehe, denn dein Wille ist auch mein Wille." Er hat die Begrenztheit des Egos überwunden und lässt sich vom Höheren Selbst leiten. Er hat sich von irdischen Anhaftungen befreit. Geld und Macht spielen keine Rolle mehr für ihn. Das symbolisiert auch sein Bettelstab.

Möglichkeiten, den Weg der Heldenreise zu gehen

Der Weg der Heldin, des Helden ist nicht immer einfach. Man kann stecken bleiben oder sich verirren. Und man ist immer wieder versucht aufzugeben. Unser kleines Ego kommt oft gar nicht damit klar, dass der Weg gerade dort weitergehen soll, wo es das auf keinen Fall für möglich hält. Von der Klippe springen? Niemals! Sind wir alleine unterwegs, ist die Versuchung groß, den einfachsten Weg zu gehen. So wie Mullah Nasreddin, der seinen Schlüssel nicht dort suchte, wo er ihn verloren hatte, sondern unter der Straßenlaterne, weil dort Licht war.

Sehr hilfreich sind Reisegefährten. Schon Jason sammelte im antiken griechischen Mythos von der „Suche nach dem goldenen Vlies" die Helden seiner Zeit um sich, um seine Aufgabe zu erfüllen. Sicherlich kann man die Argonauten, wie diese Gruppe nach Jasons Schiff, der Argo, hieß, als Sinnbilder seiner eigenen Kräfte verstehen. Doch eine reale Gruppe kann dabei helfen, Flauten zu überstehen, den verlorenen Weg wiederzufinden, blinde Flecken in der Selbstwahrnehmung aufzustöbern und Krisen zu überwinden. Sie kann Kraft geben, tragen und schützen.

Deshalb ist es sehr empfehlenswert, die Heldenreise in einer Gruppe zu gehen. Paul Rebillot hat eine Reihe faszinierender Gruppenprozesse entwickelt, die durch die verschiedenen Phasen der Reise des Helden führen. Ich halte diese Gestaltprozesse für den Königsweg und beziehe mich in diesem Buch häufig auf seine Arbeit.

Und es gibt auch andere Wege. Paare, ob Lebenspartner oder Freunde, können sich gegenseitig dabei unterstützen, die Klippen der Heldenwanderschaft zu umschiffen. Es gibt Menschen, die den Weg des Helden alleine gehen. Allerdings empfehle ich nicht, es ganz ohne eine Art von Führer zu tun. Eine sehr schöne Möglichkeit ist die Einzeltherapie bei einem Therapeuten, der in der Heldenreise ausgebildet ist.

Ich rate deshalb dazu, sich einen „Reiseleiter" zu suchen, weil der Weg der Heldin, des Helden nicht immer einfach und (wie das richtige Leben auch) nicht immer ganz ungefährlich ist. Für manche Wegstrecken benötigt man ein starkes, stabiles Ich, um sich nicht zu verirren, um aus dem „Land der Wunder" wieder in den Alltag zurückzukehren und sich nicht in seinen Emotionen zu verlieren, oder, psychologisch ausgedrückt, sich den Kräften der Archetypen auszuliefern, statt sich mit ihnen auseinanderzusetzen. Und nicht jeder Mensch kann selbst einschätzen, wie stark sein Ich ist.

Auf der Reise können sehr mächtige Themen und Gestalten auftauchen. Vor allem wenn es um Schatten und Tod geht, ist eines sehr wichtig: das rechte Maß. Sich nicht auf das einzulassen, was auftaucht, bringt nicht weiter. Sich darin zu verlieren kann gefährlich sein. Bei dieser Gratwanderung ist es gut, wenn jemand da ist, der mich leitet oder den ich zumindest um Unterstützung bitten kann, wenn ich sie brauche.

Ich will damit nicht Angst machen. Wir sind auf der Reise unseres Lebens sowieso ständig Anfechtungen ausgesetzt, stehen Krankheit und Verlusten gegenüber, ob wir sie nun als Heldenreise begreifen oder nicht. Sie bewusst zu gehen und unsere Krisen zu bearbeiten, bevor wir von unserem Unbewussten dazu gezwungen werden, ist ungefährlicher und gesünder. Wenn wir uns aber jemand anvertrauen, der uns auf der Reise fachkundig begleitet, so ist der Weg leichter und sicherer.

Das Heldenreise-Seminar, das Paul Rebillot in seinem Buch „Die Heldenreise. Das Abenteuer der kreativen Selbsterfahrung“[10] beschrieben hat, führt innerhalb von einer Woche durch den kompletten Zyklus der Reise. Der Schwerpunkt liegt dabei auf dem Konflikt zwischen dem Helden und dem Dämon, zwischen Wünschen und Sehnsüchten einerseits und dem inneren Widerstand andererseits, der am Anfang der Reise steht. Zentrales Thema dieses Seminars ist der Aufbruch zum Heldenweg. Weitere Inhalte können zwar bei dem einzelnen Reisenden ebenfalls auftauchen. Sie zeigen sich jedoch nur, wenn sie gerade für diese Person sehr bedeutsam sind.

Wenn man sich einen Überblick über die verschiedenen Heldenmythen verschafft, wird deutlich, dass es eine Reihe von Themen gibt, die immer wieder Eingang gefunden haben. Aus diesen Themen habe ich eine Gesamtschau entwickelt, welche ich die „Große Heldenreise“ nenne. Die vollständige Reise besteht aus dem Aufbruch, der Auseinandersetzung mit der Herkunft, der Suche nach der Identität, der Konfrontation mit dem Schatten und dem Tod, der Belohnung und der Rückkehr.

Im Folgenden beschreibe ich die einzelnen Stationen dieser „Großen Heldenreise“, so dass sie systematisch nach und nach bearbeitet werden können.

[10] Rebillot 2008

Der Ruf

Eigentlich beginnt die Heldenreise bereits mit der Geburt, vielleicht sogar schon mit der Zeugung. Von Anfang an ist festgelegt, dass der Mensch sich aufmachen muss, um zu seiner Bestimmung zu finden und ihr zu folgen. Doch der bewusste Teil des Weges beginnt für den Einzelnen mit dem Ruf und damit, dass er ihm folgt. So definieren wir auch den Helden. Ein Held ist jemand, der einen Ruf erhält und ihm folgt.

Der Ruf hat eine äußere und eine innere Komponente. Die äußere besteht vielleicht in einem Gespräch, einem Buch, einem Film, der Einladung zu einem Seminar. Die innere in dem eigenen Verlangen, nach Heilung zu suchen für das, was im Leben nicht heil ist, Aufregung zu finden, wenn im Alltag Langeweile herrscht, eine Aufgabe oder einen Sinn im Leben zu entdecken. Auf tieferer Ebene ist der Ruf immer die Aufforderung, sich weiter zu entwickeln, als Person zu wachsen, in Kontakt mit sich, mit allen eigenen Kräften und mit dem inneren Kern zu kommen.

Der kranke König

Viele Menschen machen sich erst auf den Weg, wenn die Not sie dazu drängt, wenn sie krank werden oder in eine Krise geraten.

In vielen Mythen beginnt die Reise des Helden damit, dass der König krank ist so wie der Fischerkönig in der Sage von Parzifal. Er ist in seiner Männlichkeit verletzt und kann nicht leben und nicht sterben. Da der König für das Land steht, ist das ganze Königreich verdorrt und unfruchtbar, die Menschen hungern, es herrscht Apathie und Verzweiflung. Der Held wird gerufen, um die Ursache der Krankheit zu beheben und damit den König und das ganze Land zu heilen. König und Königreich stehen symbolisch für die Psyche des Menschen, die krank ist und mit ihr vielleicht auch der Körper.

Den kranken Fischerkönig kann nur das Wasser des heiligen Grals heilen, das „Wasser der Seele". Der König hat die Verbindung zu seiner Seele verloren. Die Aufgabe des Helden ist, diese Verbindung wiederherzustellen. Ein ähnliches Bild ist der König, der deshalb krank ist, weil seine Tochter entführt wurde. Sie steht für die kindliche Seele, das innere Kind, das irgendwo gefangen gehalten wird. Aufgabe der Heldin, des Helden in diesem Falle ist natürlich, das Kind wiederzufinden, zu befreien und zurückzubringen. Beide Mythen beschreiben einen Menschen, der seine Seele verloren hat. Seine Heldenreise dient dazu, sie wiederzugewinnen.

In anderen Geschichten verwüsten dunkle Mächte immer wieder das Land. Drachen fordern regelmäßig ihr Opfer. Dunkelheit liegt über dem Königreich. Die Menschen sind ohnmächtig und verzweifelt. Der Held muss sich diesen Kräften stellen. Äußerlich gesehen muss er sie vielleicht besiegen. Tatsächlich aber stehen diese Mächte für Kräfte, die der Mensch abgespalten hat, in die Schatten- oder Unterwelt verdrängt hat, und die sich jetzt gegen ihn wenden. Damit er sich ihnen entgegenstemmen kann, muss er selbst stark werden, muss Klarheit und Willen entwickeln. Es ist seine eigene dunkle Seite, der er gewachsen sein muss. Seine Heldenreise dient dazu, diese Kraft zu entwickeln und sich mit der eigenen dunklen Seite auseinanderzusetzen.

Auf Schatzsuche

Jason, der Held der griechischen Argonautensage, begibt sich auf die Suche nach dem „goldenen Vlies". Er ist einer der vielen, vielen Helden und Heldinnen, die in den Mythen, Sagen und Märchen auf Schatzsuche sind. Psychologisch können wir den Schatz, den die Helden suchen, als persönliche Fähigkeiten und Möglichkeiten begreifen, die noch darauf warten, gefunden und verwirklicht zu werden. Sind wir bei unserer Heldenreise auf Schatzsuche, so bedeutet das, dass in uns Kräfte schlummern, die entdeckt und entwickelt werden wollen. Wir haben noch nicht unsere gesamten Möglichkeiten entfaltet. Natürlich könnte der Schatz auch in unserem spirituellen Potential liegen, das entdeckt und entfaltet werden will.

Der jüngste Sohn des Königs

Vielleicht beschreibt aber auch die Thematik des jüngsten Königssohnes das Ziel der Reise und das Thema des Rufes. Der erste Sohn des Königs muss nicht lange über seine Bestimmung nachdenken. Er folgt seinen Vater auf den Thron und ist dazu ausersehen, über das Land zu herrschen. Der zweite Sohn heiratet die Tochter eines Nachbarkönigs, der keinen eigenen Sohn hat und wird dort zum Regenten. Der dritte und jüngste Sohn aber hat erst einmal keine Aufgabe. Er muss erst einmal herausfinden, wozu er ausersehen ist. Auf der psychologischen Ebene geht es hier natürlich darum, sich auf die Suche nach dem eigenen Platz im Leben zu machen.

Der Ruf zur Heldenreise kann also der Ruf zur Heilung, zur Reifung und Entfaltung der Persönlichkeit und der Ruf zur spirituellen Entwicklung sein. Hilfreich ist, zu Beginn der Reise Bewusstsein und Unterbewusstsein zu befragen, wie die Ausgangssituation aussieht, in welcher Lebensumgebung sich der zukünftige Held befindet, wie er sich fühlt und was er sich erträumt. Ein hervorragendes Mittel dazu ist eine Phantasiereise, auch geführte Meditation genannt.

Werkzeug 1: Phantasiereisen

Ich stelle in diesem Buch fünf „Werkzeuge“ für die Reise des Helden vor: Phantasiereisen, Rituale, Gestalt-Drama, Kreatives Schreiben und Tranceformation. Es handelt sich dabei nicht um einzelne Übungen, sondern um methodische Vorgehensweisen, die in verschiedene Übungen ausgestaltet werden können. Bei jedem „Werkzeug“ beschreibe ich, was grundsätzlich zu beachten ist. Im nächsten Abschnitt stelle ich zum Beispiel die Methode der Phantasiereise grundsätzlich vor. Was ich dabei schreibe, gilt für alle Phantasiereisen in diesem Buch.

Für dich als Heldin oder Held ist elementar, Kontakt mit dem Unbewussten aufzunehmen. Unsere geheimnisvolle andere Seite spricht gerne mit uns, wenn wir ihr zuhören. Du kannst die Wahrnehmungsfähigkeit dafür schulen. Und es gibt Methoden, das Unbewusste einzuladen, wie Trancen, Phantasiereisen, geführte Meditationen. Wenn sich wichtige Inhalte mit großer Macht zeigen, spricht man von einer Vision.

Bei Phantasiereisen schließt man die Augen und geht in die Welt der inneren Bilder. Es ist wie ein Wachtraum. Für manche ist das sehr einfach. Sie haben sofort das große Breitwand-Color-Kinoerlebnis, sobald sie die Augen schließen. Für viele ist es jedoch erst mal nicht ganz so problemlos.

Bei Phantasiereisen werden bestimmte Inhalte vorgegeben. Zum Beispiel heißt es, man solle sich vorstellen, man sei auf einer Wiese. Jetzt kann sein, dass sofort eine bunte Phantasie-Blumenwiese auftaucht, mit Sonnenschein, dem unverwechselbaren Geruch der Sommerwiese, Insekten schwirren umher usw. Wunderbar.

Geschieht das nicht, kann man sich an eine Wiese erinnern, die man kennt und versuchen, sie sich vorzustellen. Das ist den meisten Menschen möglich. Es ist ja auch nicht so schwierig, sich sein Schlafzimmer vorzustellen, auch wenn man sich gerade nicht dort befindet. Oft ist dies nur der Einstieg und die Bilder kommen dann von selbst. Es ist aber auch gut möglich, dass die ganze Reise auf dieser Ebene bleibt.

Bei manchen bleibt die Leinwand einfach schwarz. Hier gibt es einige Tricks, um die innere Bilderwelt doch noch möglich zu machen:

- Für viele Menschen ist hilfreich, den Körper mitzunehmen. Das heißt, alles was sie erleben, mit dem Körper nachzuvollziehen. Wenn es also in der Anleitung heißt „Stell dir vor, du bist auf einer Wiese. Was gibt es da zu sehen, zu entdecken?“ dann kann man die Bewegung des Gehens machen, sich umwenden, auf die Knie gehen und das Gras befühlen usw. Die folgende Phantasiereise baut auf dieser Technik auf und schließt sie von vorne herein mit ein.

- Häufig sind wir dadurch blockiert, dass wir etwas unbedingt wollen und uns dadurch verkrampfen. Paradoxerweise wird der Weg zur Veränderung erst frei, wenn wir uns akzeptieren, wie wir sind. Aus der energetischen Psychologie kommt eine sehr einfache und ebenso wirksame Methode, die hier hilfreich ist. Klopfe mit einer Hand den Handkantenpunkt der anderen (das ist ein Meridianpunkt an der Seite der Handfläche, der sich in etwa dort befindet, wo der Karatekämpfer mit seiner Hand einen Stock durchschlagen würde) und sage dazu drei mal „Auch wenn ich mich in inneren Bildern schwer tue, liebe und akzeptiere ich mich voll und ganz“.

- Ein weiterer Schlüssel ist der Atem. Wenn ich wenig atme, sind die inneren Bilder in der Regel weniger deutlich, intensiv und farbig, als wenn ich viel atme.

Also heißt es, tiefer zu atmen, als du es sonst tust und die Pausen zwischen den Atemzügen zu verkürzen.

- Hast du trotz all dieser Hilfsmittel immer noch keine Bilder, so akzeptiere es einfach. Folge der Anleitung mit dem Körper, mit den Gefühlen oder auch in Gedanken.

Wir unterlegen Phantasiereisen gerne mit Musik, da sie es erleichtert, voll und ganz „einzutauchen" und die Reise mit allen Gefühlen zu erleben. Die gelenkten Phantasien in unseren Seminaren haben wir vor allem mit Filmmusik so vertont, dass jede Szene mit passender Musik untermalt ist. Das wird von den meisten Menschen als sehr schön und unterstützend erlebt. Es geht aber auch ohne Musik, und manche Menschen stört sie sogar, weil sie sich von der Musik beeinflusst fühlen oder mit dem jeweiligen Musikstil nichts anfangen können – manche mögen eben nur Klassik, andere genau Klassik gar nicht.

Die Anleitung kann es schwer machen oder erleichtern, sich tief in die Trance fallen zu lassen. Hilfreich sind

- eine ruhige Stimme, die gut zu verstehen und nicht zu laut ist
- dass der Text nicht abgelesen wirkt, sondern frei gesprochen
- und ein passender Rhythmus von Anleitung und Pausen, die Raum dafür geben, der eigenen Wahrnehmung zu folgen

Übung:
Bewegungs-Phantasiereise zum „Ausgangspunkt"

Stehe entspannt, die Füße direkt unter den Hüftgelenken, so dass der Abstand zwischen ihnen nicht zu weit und nicht zu eng ist. Die Füße sollten gerade nach vorne schauen, die Zehen eher näher aneinander als die Fersen. Die Knie sind leicht gebeugt. Die Wirbelsäule ist aufrecht und entspannt, Schultern und Arme hängen, der Kopf balanciert frei auf der Wirbelsäule.
Lege jetzt deinen Schwerpunkt auf den rechten Fuß. Nimm wahr, was deine Muskeln tun müssen, um diese Verlagerung auszugleichen. Die rechte Seite ist die des Verstandes. Nun bewege dich über die Mitte auf die linke Seite und lege dein Schwergewicht auf den linken Fuß, auf die Gefühlsseite. Wie ein Pendel schwinge nun hin und her. Lasse die Bewegungen des Pendels langsam kleiner werden, bis du genau in der Mitte landest. Finde diesen Punkt, nimm einen tiefen Atemzug und entspanne dich.

Jetzt lasse dein Gewicht langsam nach vorne wandern, auf die Zehen. Spüre, wie es ist, die Nase in die Zukunft zu strecken, vielleicht auf irgendein Ziel zu. Dann verlagere den Schwerpunkt über die Mitte nach hinten, auf die Fersen, in die Vergangenheit. Lasse das Pendel nun nach vorne und hinten schwingen, in die Zukunft und in die Vergangenheit. Die Bewegung wird kleiner und kleiner, bis du genau in der Mitte ankommst. Entspanne dich noch einmal. Diese Position nennen wir Nullposition: weder vorne noch hinten, weder rechts noch links, einfach präsent im Hier und Jetzt.

Nimm dir etwas Zeit, in der Mitte zu sein, deine Hände ruhig hängen zu lassen und in den Bauch zu atmen. Ich spiele etwas Musik (langsame Musik im Geh-Rhythmus). Lass deinen Körper zur Musik in Bewegung kommen, tanze dein Hier und Jetzt.

Nun stelle dir vor, du gehst. Lasse zu, dass sich dein Tanz in die Bewegung des Gehens verwandelt. Und stell dir vor, du gehst über eine Wiese, eine warme Sommerwiese. Schau dich um. Was kannst du sehen? Nimm das Gras unter deinen Füßen wahr. Wenn du magst, kannst du in die Hocke gehen und das Gras erspüren. Genieße die warme Luft und den Duft dieser Wiese ...

Jetzt entdeckst du einen kleinen Hügel, nicht weit entfernt und gehst darauf zu ... Und du bemerkst, dass es einen Eingang in diesen Hügel gibt, eine Türe ... Schau sie dir an, sie ist irgendwie zu öffnen. Du gehst hinein ... und siehst eine Treppe, die nach unten führt, in den Berg hinein. Du beginnst die Stufen hinab zu gehen. Es ist dunkel, doch ganz unten siehst du ein Licht ... nur noch ein paar Stufen, und du bist am Ende der Treppe angekommen.

Du kommst in einen großen Raum, erfüllt von einem wunderschönen Licht. Sieh dich genau um. Kannst du erkennen, woher das Licht kommt? ...Du stehst in der Mitte der Halle. Du entdeckst, dass jede der vier Wände in der Mitte eine Türe hat mit einer Inschrift darüber.
Du ahnst, dass du hinter diesen Türen einiges über dein jetziges Leben erfahren wirst. Du wirst die Türen öffnen, die Räume dahinter betreten und schauen, was sie dir zu sagen haben. Vielleicht siehst du Farben und Formen, Bilder, vielleicht nimmst du Gefühle wahr.

Du gehst auf die erste Türe zu. Über ihr ist ein Schild angebracht mit dem Wort „Zuhause“.
Du öffnest die Tür und gehst hinein.

Was ist da? Siehst du Bilder? Welche Farben siehst du? Welche Gerüche, welcher Geschmack? Welche Formen findest du dort? Scharfe, eckige oder weiche, runde, warme? Welche Oberflächenstrukturen verbindest du mit Zuhause. Welche Bilder siehst du? ... Beziehe jetzt deinen Körper mit ein. Lass deinen Körper ausdrücken, was du im Raum „Zuhause" siehst und was du fühlst. Nimm wahr, ob irgendwo in dir Spannungen entstehen, und erkunde diese Spannungen mit deinen Bewegungen. Wenn dein Körper entspannt ist, erlaube ihm, sich frei zu bewegen. Jeder Mensch ist einmalig. Jeder reagiert auf seine besondere Weise auf das Wort „Zuhause".
Jetzt entwickle mit deinem Körper eine Statue, die ausdrückt, was Du in diesem Raum gefunden hast. Stell dir vor, du bist ein Bildhauer und dein Körper ist das Material. Wie sieht die Statue aus? Achte darauf, wie sie auf dem Boden steht, wie sie sich in deinen Füssen, deinem Becken, deinem Unterleib und Bauch anfühlt, wie in deinen Schultern, Armen, in der Neigung deines Kopfes, in deinem Gesicht. Wie sie atmet.
Gib der Statue den Namen „Zuhause".
Lass sie schmelzen, lasse die Bilder und Gefühle gehen, schüttle dich aus.

Verlasse diesen Raum und gehe zurück in die Halle. Du wendest dich der zweiten Türe zu. Darüber steht „Arbeit, Lebensaufgabe". Du öffnest sie und gehst hinein. Welche Bilder findest du hier, welche Gefühle tauchen auf? Wie geht es dir mit deiner konkreten Arbeit, mit deiner Lebensaufgabe? Welche Farben, welche Formen findest du hier, welche Geräusche, Gerüche, welchen Geschmack ...
Bringe deinen Körper mit ein. Erlaube ihm, mit den Formen, mit den Gefühlen, mit den Bildern zu tanzen. Bewege dich so wie in deiner Arbeit. Lass deinen Körper ausdrücken, wie du dich mit deiner Lebensaufgabe fühlst ...
Jetzt werde zu einer Statue, die ausdrückt, wie du dich gegenüber deiner Arbeit, deiner Lebensaufgabe fühlst. Mache sie so deutlich wie möglich, übertreibe. Fühle die Statue mit deinem ganzen Körper ...Gib ihr den Namen Arbeit, Lebensaufgabe.
Lass die Figur wieder schmelzen, lasse Bilder und Gefühle gehen, schüttle dich aus.

Du verlässt den zweiten Raum und gehst wieder in die Halle. Stell dir vor, wie du zur dritten Tür gehst. Sie hat die Inschrift „Liebe, die Geliebten". Auch diese Tür öffnest du, und du gehst hinein. Was findest du hier? Welches Licht, welche Farben, welche Formen, welche Gefühle? Lasse deinen Körper die Bilder und Gefühle ausdrücken. Wenn da Liebe in deinem Leben ist, wie fühlt sie sich an, wie kannst du sie mit dem

Körper ausdrücken. Wenn sie fehlt, wie fühlt sich das an? Lasse deinen Körper alles fühlen und zeigen.
Wieder bilde eine Statue, die zeigt, wie es dir mit der Liebe, den Geliebten in deinem Leben geht. Mache sie so deutlich wie möglich. Nimm wahr, wie sich dein Körper in dieser Statue anfühlt. Deine Füße, deine Beine, deine Genitalien, dein Schließmuskel. Was spürst du da? Was findest du in der Haltung deiner Schultern und Arme, in deinem Gesichtsausdruck, in der Kopfhaltung? Nenne diese Skulptur „Die Geliebten".
Lasse die Statue schmelzen, werde wieder leer. Schüttle dich aus, wenn nötig.

Verlasse den dritten Raum und gehe zur vierten und letzten Türe. Sie hat die Inschrift „Mein Selbst". Noch einmal erkunde, was du in diesem Raum findest. Welche Farben und Formen, welche Symbole und Bilder tauchen hier auf? Was fühlst du in dem Raum mit dem Titel „Mein Selbst"? Erlaube deinem Körper, sich zu dem, was du siehst und fühlst, zu bewegen, zu tanzen.
Noch einmal bilde eine Skulptur aus deinem Körper, die all deine Gefühle gegenüber deinem Selbst ausdrückt. Spüre deine Beine, dein Becken, deinen Magen, deine Brust, Schultern, Arme. „So fühle ich mich gegenüber mir selbst": Deine Kopfhaltung, dein Gesichtsausdruck. „So fühle ich mich gegenüber meinem Selbst".
Lasse die Statue noch einmal schmelzen, lasse die Bilder und Gefühle gehen, werde leer.
Du bist jetzt wieder in der Halle mit den vier Türen. Und etwas Seltsames, Wunderbares ist geschehen. In der Mitte des Raumes siehst du einen goldenen Thron. Über dem Thron stehen die Worte geschrieben „Der Thron der Wunder". Wie in einem Märchen wird dir ein Wunsch gewährt werden, ein Wunder, das Wirklichkeit wird.
Nachdem du die Möglichkeit hattest, die vier Bereiche deines Lebens anzuschauen, kannst du dir nun erlauben, zu träumen, ein Wunder zu sehen – das Wunder, das dein Leben erfüllen, vollständig machen wird. Nun setze dich auf den Thron der Wunder und genieße für eine Weile dieses Gefühl. Atme es tief in dich hinein. Du wirst jetzt deinem tieferen Selbst erlauben, dir ein Bild davon zu schicken, was dein Leben erfüllen und die vier Räume integrieren könnte. Erlaube einer Farbe aufzutauchen, eine Empfindung, ein Gefühl. Vielleicht kommen weitere Farben, die sich damit vermischen. Allmählich nehmen diese Farben Form an, und ein Bild entsteht.
Das Bild ist ein Symbol für das, was deine vier Räume verbinden und dein Leben erleuchten kann. Bleibe eine kleine Weile bei dem Bild. Es ist nicht nötig, dass du es verstehst. Spüre es einfach ... Nun erlaube eini-

gen Wörtern, aus deiner Tiefe aufzusteigen. Sie werden dir den Sinn deines Wunders erklären oder dir zumindest eine Ahnung davon geben. Lasse zu, dass dein Körper auf das Wunder reagiert. Atme es, fühle es, werde eins damit.
Dein Wunder. Dein Ruf zum Abenteuer, der dich inspiriert hat, deinen Lebenssituation zu verlassen und auf deine Reise zu gehen.
Stell dir vor, du verlässt den Thron und gehst zur Treppe, die du gekommen bist. Schau noch ein letztes Mal zurück in den Raum.
Du gehst nach oben, trittst nach draußen, bist wieder auf der Wiese. Du spürst den Ruf, dich auf den Weg zu machen. Deine Heldenreise hat begonnen!

Die nächste Übung kann gleich an die Phantasiereise angeschlossen werden.

Übung:
Malen eines Bildes zur Ausgangssituation

Wenn die Menschen in Kulturen, in denen es noch üblich ist, auf Visionsreisen zu gehen, aus ihrer Trance erwachen, dann schaffen sie oft Kunstwerke, in denen sie festhalten, was sie gesehen oder erlebt haben. Die Tibeter und die Navajo machen wunderschöne Sandbilder, die Lakota-Indianer Stachelschweinborsten- oder Perlenstickereien, die Huichol sticken mit Garn. Wir benützen meist Papier und Kreide, um die Stationen der Reise festzuhalten.

Weigerung

Viele Menschen, vielleicht sogar alle, erhalten irgendwann den Ruf zu ihrer Heldenreise. Auf die eine oder andere Weise. Doch bei weitem nicht alle folgen ihm. Bequemlichkeit, Unwissenheit, Ängste und Zweifel bringen sehr viele dazu, nicht einmal einen ersten Schritt zu tun oder sehr bald wieder aufzugeben. In verschiedenen Mythen und auch in der Wirklichkeit hat diese Weigerung ernste Folgen. Sich zu weigern, auf die Reise des Helden zu gehen, bedeutet, sich seiner eigenen Bestimmung zu verwehren, heißt letztlich, den Ruf des Göttlichen zu missachten.

Joseph Campbell berichtet von Daphne, der Tochter des Flusses Peneus, die vom griechischen Gott Apollo gerufen wird. Sie versucht zu fliehen. Als ihr das nicht gelingt, fleht sie ihren Vater an, ihre schöne Gestalt zu entstellen und sie endet als Lorbeerbaum. Eine der Erzählungen aus Tausendundeiner Nacht handelt von einer persischen Stadt, die in schwarzen Stein verwandelt wurde, samt König und Königin, Soldaten, Einwohnern und allen Dingen, weil sie sich dem Ruf Allahs widersetzt hatte[11].

Besonders deutlich werden die Folgen, die es mit sich bringt, sich dem Ruf zu widersetzen, in der Figur des Dumutzi, dem Mann von Inanna, der sumerischen Heldin. Er wird von den Galla, den Dämonen der Unterwelt, über das ganze Land gejagt, bis sie ihn schließlich fangen und in die Unterwelt bringen. „Nimm deine heilige Krone vom Kopf!" verhöhnen sie ihn, „Zieh deine Me-Kleider aus! Lass deinen königlichen Zepter auf den Boden fallen! Nimm deine heiligen Sandalen von den Füssen! Nackt gehst du mit uns!" Weiter heißt es: „ Die Galla ergriffen Dumutzi. Sie umringten ihn. Sie banden seine Hände. Sie banden seinen Nacken. Das Butterfass ruhte. Keine Milch wurde hineingegossen. Der Kelch war zerbrochen. Dumuzi war nicht mehr. Die Schafhürde wurde den Winden ausgesetzt."[12]

Es kostet also die Lebendigkeit, vielleicht auch die Gesundheit oder sogar das Leben, sich dem Ruf zu widersetzen. Unser innerer Kern, vielleicht auch unsere Seele, fordert uns immer wieder auf, unsere Aufgaben in Angriff zu nehmen, loszuziehen und uns auf die Suche zu machen. Vermutlich ist es sogar so, dass ein unbewusster Teil unserer Psyche all unsere Probleme und Krisen inszeniert, damit wir aufwachen und beginnen, uns zu bewegen. Wenn wir uns beharrlich weigern, greift unser Unterbewusstes zu immer drastischeren Methoden. Erst sind es vielleicht nur kleine Schwierigkeiten, dann inszeniert es ernsthaftere Probleme wie die eine oder andere Krankheit, den Verlust der Beziehung oder des Arbeitsplatzes, schließlich sogar lebensbedrohliche Krankheiten oder Unfälle.

Die Folgen der Weigerung müssen sich nicht zwangsläufig auf der körperlichen oder geistigen Ebene zeigen. Sprechen die Mythen vom Tod, so kann auch der spirituelle Tod gemeint sein. Der Mensch bleibt auf der körperlichen Ebene „hängen" und verpasst die Entwicklung zum spirituellen Wesen.

---

[11] Campbell 1978 S. 67

[12] Wolkstein/Kramer 1983, S. 84

Der Held, die Heldin

Mit dem Wort „Held“ konnte ich lange Zeit wenig anfangen. Für mich war der Begriff sehr stark mit dem Soldatentum verbunden. Und mit Kriegshelden konnte ich mich, nicht zuletzt aufgrund der Vergangenheit Deutschlands, kaum identifizieren. Aber „Held“ kann natürlich mehr bedeuten. In der griechischen Mythologie sind die Heroen Menschen mit besonderen Aufgaben und Fähigkeiten und mit sehr viel Mut, Menschen, die etwas Besonderes erreichen können. In Literatur und Kunst versteht man unter der Heldin oder dem Helden ganz einfach die Hauptperson in einer Geschichte, im Buch wie im Film. Für Joseph Campbell, den Mythologen, der die Grundstruktur der Heldenmythen aus der ganzen Welt herausarbeitete, sind Helden jedoch die Hauptpersonen von ganz bestimmten Geschichten, eben den Heldengeschichten. Es sind die Menschen, die den Ruf zur Reise des Helden erhalten haben und ihm folgen, die ihre Abenteuer bestehen und schließlich (meistens) mit dem gefundenen Schatz heimkehren.

Wir verstehen den Begriff Held wie Campbell: Wer den Ruf erhalten hat und sich auf den Weg macht, ist in unserem Sinne Heldin oder Held. Er kann ein ganz normaler Mensch sein, benötigt erst einmal keine besonderen Fähigkeiten oder Gaben. Er braucht nur den Mut, dem Ruf zu folgen. Es kann gut sein, dass er sich sogar alles andere als heldenhaft fühlt. Da geht es ihm wie Harry Potter oder Frodo Beutlin zu Anfang ihrer Geschichte. Dass er seine Reise angetreten hat, genügt, um Held zu sein.

Genauer betrachtet ist es aber nicht der ganze Mensch, der sich bereitwillig auf den Weg macht. Es gibt die eine Seite, die sich verändern möchte, die ihrer Sehnsucht folgen will, die ihren Schatz finden oder ihre Bestimmung erfahren will. Und es gibt die andere, den Bremser, den Teil, der ihn zurückhält. Deshalb unterscheiden wir zwei Teilpersönlichkeiten und nennen im Folgenden nur den zuerst genannten Teil Held oder Heldin, den Gegenspieler dagegen „Dämon“.

Der Held ist die Seite in dir, die sich weiterentwickeln möchte, die ungestillte Wünsche und Sehnsüchte hat, die vielleicht mehr Kontakt zu anderen Menschen möchte, lebendiger sein will, offener, freier, liebevoller. Die nach dem Sinn des Lebens sucht, nach der Bestimmung, die sich aus Verstrickungen befreien will usw. Und der Dämon ist der Gegenspieler. Er ist der Teil, der dich zurückhält, der eine Mauer aufgebaut hat, der auf keinen Fall die Kontrolle aufgeben will. Der Held ist mit dem Ich verbunden, mit dem Alltagsbewusstsein. Wir identifizieren uns deshalb meist mit der Heldenseite. Der Bremser, der Dämon dagegen ist unbewusst. Wir fühlen uns eher als Opfer dieser Seite, als dass wir sie als Teil von uns selbst annehmen.

Auch wenn wir uns eher mit der Heldenseite identifizieren, kann sie sehr schwach sein. Viele Menschen haben zwar Wünsche und Sehnsüchte, sehen sich aber als ohnmächtiges Opfer der Umwelt und der Umstände. Sie haben resigniert. Manche haben sogar aufgegeben, noch etwas zu wünschen, da es sowieso sinnlos ist. All die wunderbaren Heldenqualitäten, die sie als Kind noch hatten – irgendwann einmal waren so gut wie alle Menschen Helden – haben sie aufgegeben.

Bei der Entwicklung des Helden geht es deshalb einmal darum, die Heldenqualitäten, die von Geburt an zu uns gehören, die wir aber verdrängen und unterdrücken, wieder anzunehmen. Zum anderen ist es das Ziel, die unerfüllten Wünsche und Sehnsüchte klar zu bekommen, die hinter dem Ruf stehen.

Die Heldenqualitäten annehmen

Qualitäten, die wir an uns selbst (noch) nicht annehmen können oder die wir zwar als Potential besitzen, aber noch nicht entwickelt haben, projizieren wir gerne nach außen, in Menschen oder Figuren in Geschichten, die wir bewundern.

Folgende Übungsreihe wurde von Paul Rebillot entwickelt und von meinen Kollegen und mir in einigen Punkten abgewandelt. Sie hilft dabei, verdrängte Heldeneigenschaften herauszufinden und damit zu beginnen, sie zurückzugewinnen.

Übungsreihe
Heldenbilder

Diese Übungsreihe hat zum Ziel, projizierten Heldenanteilen nachzuspüren. Um den Körper mit einzubeziehen, wurde die Form des Rollenspiels in der Gruppe gewählt. Manche Menschen haben damit ihre Schwierigkeiten, da sie sich nicht erlauben, zu spielen und „albern" zu sein. Am besten ist, die Übungsreihe wie ein aufgewecktes Kind anzugehen und den inneren „Bewerter" erst einmal zurückzustellen. Bist du Einzelreisender, kannst du die verschiedenen Figuren alternativ beschreiben. Schildere die verschiedenen Heldenbilder, zum Beispiel den Kindheitshelden und suche dann nach ihren positiven Eigenschaften.

Anleitung für die Gruppe:

Der Held der Kindheit

Gehe ganz entspannt durch den Raum. Schließe die Augen so weit, dass du dich noch orientieren kannst. Lass das Bild deines Wunders (aus der ersten Phantasiereise) vor dir entstehen. Es wird dich durch die einzelnen Bilder der Heldenerschaffung leiten. Nimm einen tiefen Atemzug und blase das Bild fort.

Wen hast du bewundert, wer war dein Vorbild, als du noch ein Kind warst? Es kann eine Person sein, eine Comic-Figur oder eine Gestalt aus einem Buch, Film oder Märchen. Denke an einen deiner Helden aus der Kindheit. Nimm den ersten, der dir in den Sinn kommt. Jetzt überlege, wie sich diese Person oder Figur bewegen würde. Versuche nun, diese Bewegung nachzuahmen. Wie würde diese Person ihre Wirbelsäule halten? Wie würden ihre Arme beim Gehen schwingen? Was für einen Gesichtsausdruck hätte sie? Übernimm diesen Gesichtsausdruck. Versuche, ganz und gar in die Rolle deines Kindheitshelden zu schlüpfen...

Schaue dich jetzt in der Gruppe um. Überlege, wie dein Kindheits-Held auf die anderen Personen im Raum reagieren würde, und beginne, die Rolle zu spielen. Begrüße die anderen mit der Stimme deines Kindheitshelden. Stelle dich vor. Erzähle aus deinem Leben. Bleibe dabei immer in der Rolle deines Kindheitshelden...

Halte jetzt inne mit dem, was du gerade tust, und schließe deine Augen. Konzentriere dich auf deine Körperhaltung und überprüfe, ob du immer noch in der Rolle deines Kindheits-Helden bist oder schon wieder mehr eine Körperhaltung angenommen hast, die sich nach dir selbst anfühlt. Wenn du wieder mehr du selbst bist, dann komme noch einmal zurück in die Haltung deines Kindheitshelden. Spüre die Haltung der Wirbelsäule, der Schultern und Arme, den Gesichtsausdruck, die Atmung. Sei für einen Moment dieser Held. Fühle es. Und frage dich, welche Eigenschaften du am meisten an diesem Helden deiner Kindheit schätzt. Finde zwei oder drei positive Eigenschaften, die dir an deinem Helden am besten gefallen. Nun lasse die Rolle des Kindheitshelden wieder gehen. Schüttle dich aus. Nimm ein Blatt Papier und ziehe eine Linie etwa 3 cm unter dem oberen Rand quer über das Blatt. Schreibe die Eigenschaften als Adjektive (Eigenschaftswörter) unter diese Linie auf das Blatt, so dass insgesamt etwa 15 Eigenschaften Platz haben.

Der Filmstar

(Quelle dieses Abschnitts: Torsten Zilcher auf der Basis von Paul Rebillot)

Gehe nun wieder im Raum umher. Erinnere dich an dein Wunder. Lasse es nach ein paar Atemzügen wieder ziehen. Jetzt denke an einen Filmstar oder einen Musikstar. Vielleicht ein Superstar, der dich jetzt besonders begeistert, von dem du jede neue CD kaufst oder jeden Film an-

schaust. Vielleicht aber auch jemand, der dir in deiner Jugend, deiner Pubertät besonders gefallen hat.
Überlege, wie dieser Star sich bewegen würde, was für Kleidung er trägt, in welchen Rollen du ihn am liebsten siehst, wenn es sich um einen Filmstar handelt. Wie steht dieser Mensch auf dem Boden? Kraftvoll, federnd oder weich und verführerisch? Versuche jetzt, die Bewegung nachzuahmen. Wie würde der Star seine Wirbelsäule halten? Stelle dir das Gesicht dieser Figur vor – Lippen, Augen, die Neigung des Kopfes. Setze dieses Gesicht auf, ahme es mit deinen Gesichtsmuskeln nach. Werde nun immer mehr zu diesem Filmstar oder diesem berühmten Musiker…
[Erhebende Musik]
Nun stelle dir vor: heute ist der große Tag. Der Tag, auf den du lange gewartet hast. Heute wird der Oscar verliehen oder der Grammy. Und du bist nominiert, gehörst zu den Favoriten. Du wirst gerade in einer dieser langen Limousinen vorgefahren, die Türe wird geöffnet, du steigst aus und schreitest auf dem roten Teppich in das Gebäude, in dem die Feier stattfinden wird. Du zeigst dich dem Publikum, den Fotografen und Fernsehleuten. Schließlich gelangst du in den Saal zu den Kolleginnen und Kollegen, den anderen Schauspielern oder Musikern, die auch schon gespannt warten.
Begrüße die anderen mit Gesten deines Stars, mit seiner Stimme. Unterhalte dich mit ihnen über deine oder seine bzw. ihre Erfolge oder aktuellen Projekte… Ein Gong ertönt. Jetzt kommt der große Moment. Alle schauen gespannt auf das Rednerpult, an das einer deiner großen Kollegen tritt. Er hat diesen bestimmten Umschlag dabei. Er spricht ein paar Worte, öffnet dann das Kuvert und spricht die Worte „The winner is …" und nennt deinen Namen! Applaus brandet hoch. Du verneigst dich gegenüber den Kollegen, dem Publikum und den vielen Millionen Menschen hinter den Kameras.
Stell dir vor, dass du eine paar Worte des Dankes sprichst…
Halte nun in der Bewegung inne und bleibe in deiner momentanen Haltung. Schließe die Augen. Falls du in deine normale Körperhaltung zurückgefallen bist, nimm jetzt wieder die Haltung deines Stars an und fühle, was in deinem Körper vorgeht. Fühle den Unterschied im Körper, in der Atmung, in der Bewegung deiner Arme und Beine. Meditiere über die Eigenschaften, die dir an deinem Star am besten gefallen, über die positivsten, kraftvollsten Eigenschaften. Wenn du diese Eigenschaften erkannt hast, öffne die Augen und schreibe sie auf dein Blatt.

Das Tier
Suche dir als nächstes einen Platz im Raum und lege dich auf den Boden. Ruhe dich einen Augenblick aus. Lasse deinen Körper tief in den

Boden sinken und gib der Schwerkraft nach. In dieser Position kannst du nicht fallen, du bist so sicher wie nur denkbar, also lasse einfach los. Fühle, wie du dich der Schwerkraft hingibst. Das nächste Bild hat mit unseren Instinkten zu tun, mit unseren natürlichen Fähigkeiten, die du als Held auf deiner besonderen Reise benötigst. Erinnere dich für einen Moment an dein Wunder. Wenn möglich, visualisiere es hier vor dir. Atme ein paar Mal tief durch und puste dann das Bild deines Wunders weg. Lasse dich noch einmal tief in den Boden sinken...

Stelle dir nun ein Tier vor. Das erste Tier, das dir in den Sinn kommt. Auch wenn es dich vielleicht überrascht oder belustigt, wähle das erste, das vor deinem inneren Auge auftaucht. Stelle dir vor, dass es direkt vor dir steht. Wenn du es nicht visualisieren kannst, dann erinnere dich, wie es aussieht. Wie sieht es dich an? Wie hält es seinen Körper? Ist es männlich oder weiblich? Lasse das Tier anfangen, sich vor dir zu bewegen. Beobachte seine Bewegungen oder versuche, dich zu erinnern, wenn du dieses Tier schon einmal in Bewegung gesehen hast, wie es seine Wirbelsäule bewegt, seine Beine, den Schwanz, die Ohren, die Nase. Beobachte es einfach. Stelle dir das Tier in seiner natürlichen Umgebung vor. Ist es ein Tag- oder ein Nachttier? Lebt es am Boden oder schwingt es sich von Baum zu Baum? Schwimmt es oder fliegt es? Was frisst es? Gras? Körner? Rinde? Blumen? Insekten oder andere Tiere? Was tut es, um seine Nahrung zu bekommen? Wie verteidigt es sich gegen Angreifer? Wie reagiert das Tier in gefährlichen Situationen? Wie ist seine instinktive Reaktion bei Angst? Wenn du es nicht genau weißt, male es in deiner Phantasie aus. Es ist ein Tier in dir, es kann alles tun, was du dir vorstellst. Wie paart sich das Tier? Gibt es so etwas wie einen Paarungstanz? Wie sieht das Familienleben des Tieres aus? Wie kommen seine Jungen zur Welt? Wie zieht es sie auf? Wie erzieht es sie? Wie verhält sich das Männchen zu seinem Nachwuchs? Wie verhält sich das Weibchen zu seinen Jungen? Und welches von beiden ist dein Tier? Ist es ein Herdentier? Lebt es in einer Gruppe oder in festen Paaren? Oder ist es ein Einzelgänger? Wo lebt es? In einem Nest oder einer Höhle? Stelle dir das Tier jetzt in seinem Zuhause vor. Es schläft. Wie schläft es? Rollt es sich ein, schläft es im Stehen oder hat es die Beine untergeschlagen? Wenn du es nicht weißt, denke dir einfach etwas aus. Wenn du dir ein Bild davon gemacht hast, lasse dieses Bild auf deinen Körper übergehen und nimm eine Körperhaltung an, die dem Bild des schlafenden Tieres so weit wie möglich entspricht. Werde jetzt nach und nach zu diesem schlafenden Tier.

In ein paar Augenblicken, sobald ich dazu auffordere, werden all diese schlafenden Tiere aufwachen. Meditiere einen Moment darüber, wie dein Tier aufwachen würde, oder wie du als dieses Tier aufwachen wirst. Schreckst du hoch oder wachst du gemächlich auf? Bist du verteidi-

gungsbereit oder bereit zu fliehen? Wenn ich das Kommando gebe, wache auf. Beginne, dich zu bewegen und probiere deinen Körper als den Körper des Tieres aus, ohne mit anderen Tieren Kontakt aufzunehmen, bis ich es sage. So, jetzt wache als das Tier auf!
Bewege dich, wie sich dein Tier bewegen würde. Mache Töne wie das Tier. Erfülle den Raum mit diesen Geräuschen. Versuche, in deinem Körper so gut wie möglich zu spüren, wie sich dein Tier in Bewegung anfühlt, mit aller Macht und Spannung, Energie und Schönheit, und auch den instinktiven Fähigkeiten dieses Tiers...
Schaue dich im Raum um und nimm die anderen Tiere wahr. Mit wem würdest du gern in Kontakt treten? Von wem bleibst du lieber fern? Mit wem würdest du gerne Liebe machen? Wen würdest du gern fressen? Wenn dein Tier brutal ist, lebe das aus, ohne jemanden dabei zu verletzen. Interagiert miteinander! Aber benütze nur deine Tierstimme.
[Trommelmusik]
Ich lege jetzt Trommelmusik auf. Komme allmählich von dem vierbeinigen Tier hoch und verwandele dich in ein menschliches Wesen, das all die Charakterzüge und Eigenschaften deines Tieres besitzt. Tanze zusammen mit den anderen Tier-Menschen und behalte dabei das Wesen deines Tieres bei...
Halte jetzt in der Bewegung inne und bleibe in der Körperhaltung des zum Menschen gewordenen Tieres. Falls du zurück in deine eigene Körperhaltung gefallen bist, nimm wieder die Haltung deines Mensch-Tierwesens ein und meditiere über die zwei oder drei positivsten, am meisten Kraft gebenden Eigenschaften, die du in deinem Tier findest. Wenn du feststellst, dass dir negative Eigenschaften in den Sinn kommen, gehe diesen nach, bis du darin etwas Bestärkendes entdeckst. Ein Raubtier kann zum Beispiel ein sehr kraftvolles Wesen sein, das genau weiß, was es will. Wenn du die Eigenschaften gefunden hast, öffne deine Augen und schreibe sie auf.

Der Liebende

Suche dir einen Partner möglichst des anderen Geschlechts. Dann bauen alle in der Mitte des Raumes ein großes Bett aus Matten, Kissen oder Decken. Legt euch, neben den Partner, in Sternform auf das Bett, die Köpfe in die Mitte. Nehmt ein wenig körperlich Kontakt zueinander auf, vielleicht eine leichte Berührung, aber nur so, dass ihr euch dabei wohl fühlt. Lasse dich in den Boden sinken und gebe dich dem Kontakt hin. Nimm die Wärme der anderen Menschen an deiner Seite wahr. Und während du diese angenehme Stimmung genießt, rufe dir wieder das Bild deines Wunders ins Gedächtnis. Meditiere einen Moment über dein

Wunder und lasse es wieder gehen. Nimm einen tiefen Atemzug und puste das Bild fort...
Stelle dir vor, dass du einer der großen Liebenden in Literatur, Geschichte oder in der Sagenwelt bist – einer dieser großen Liebenden, die besungen und gefeiert werden! Welcher Liebende könntest du sein? Und wer ist deine große Liebe? Wenn du dich nicht an die Details erinnern kannst, dann lasse deine Phantasie spielen. Und wenn du dich an keine Liebesgeschichte erinnern kannst, dann denke dir jetzt eine aus. Stell dir vor, dass du gerade einen Auftritt mit deiner großen Liebe hast. Wo seid ihr? Im Schlafzimmer, in einem Hotel oder Schloss? Oder seid ihr draußen, vielleicht bei Mondschein an einem Fluss oder See? Welche Farben herrschen vor? Welche Stoffe? Wie ist die Einrichtung? Male es dir einfach aus. Wie seid ihr bekleidet, oder seid ihr nackt? Was geschieht jetzt gerade in deiner Liebesgeschichte? Habt ihr euch gerade erst kennengelernt? Oder geht es darum, euch zu verabschieden? Was passiert in eurer Liebesgeschichte? Und was macht die Person, die du in der Geschichte liebst, so besonders? Werde zu diesem großen Liebenden.
Wende dich jetzt deinem Partner zu und flüstere ihm deine Liebesgeschichte ins Ohr. Und wenn du dir bis jetzt noch keine Liebesgeschichte ausgedacht hast, dann musst du es spätestens jetzt tun...
Wenn ihr beide eure Geschichten erzählt habt, dann stelle dir noch einmal vor, du wärst dieser große Liebende. Welche Qualitäten zeichnen dich aus? Und welche den Menschen, den du in dieser Geschichte so sehr liebst? Suche zwei oder drei positive Eigenschaften, die dich oder deinen Geliebten beschreiben und notiere sie auf dein Blatt.

Die wichtige Person

Suche dir einen Partner, und setze dich ihm gegenüber. Bevor du in näheren Kontakt trittst, schließe deine Augen und stelle dir wieder das Bild deines Wunders vor... Atme tief ein, puste das Bild des Wunders davon und entspanne dich. Rufe dir nun die Erinnerung an eine Person wach, die in deinem Leben eine wichtige Rolle gespielt hat, so wichtig, dass sie auf irgendeine Art dein Leben nachhaltig positiv beeinflusst hat. Das kann ein Lehrer gewesen sein oder ein Geliebter oder ein Verwandter oder Freund. Wähle eine reale Person aus.
Denke ein paar Minuten über diesen Menschen nach. In welchem Verhältnis standet ihr zueinander? Lehrer-Schüler, Freund oder Geliebter? Stelle dir diesen Menschen jetzt vor. Wie verhält er sich in seinem Zuhause? Wie lebt er? Wenn du es nicht genau weißt, denke dir etwas aus. Was arbeitet diese Person? Wie fühlt sie sich bei dieser Arbeit? Wie fähig und talentiert ist er oder sie? Wie ist das Verhältnis dieser Person zu ihren Kollegen und Mitarbeitern? Wie steht es um das Gefühls- und Liebesleben dieser Person? Wie liebt diese Person? Ist er oder sie zärtlich,

kraftvoll, sinnlich und exotisch? Wie verhält sich dieser Mensch in Liebesbeziehungen? Wie steht er zu sich selbst? Und wie steht er zu Ihnen? ...

Meditiere jetzt über den Körper dieser Person. Wenn sie beispielsweise jetzt hier in diesem Raum sitzen würde, welche Körperhaltung hätte sie? Würde er oder sie in derselben Position dasitzen wie du oder wäre die Haltung eine andere? Passe deine Körperhaltung entsprechend an. Lasse diese Person sozusagen für kurze Zeit in deinen Körper schlüpfen. Lasse sie hier im Raum sitzen. Welche innere Haltung hat dieser Mensch und wie könnte sie sich in der Körperhaltung ausdrücken. Was für einen Gesichtsausdruck könnte diese Person haben? Übernimm diesen Gesichtsausdruck in allen Feinheiten. Wenn du damit fertig bist, öffne die Augen und präsentiere dich als diese Person deinem Partner.

Du bist jetzt diese wichtige Person! Stelle dich vor und erzähle deinem Partner von dir... Nachdem du eine Zeitlang von dir selbst erzählt hast, erzähle als diese Person von deinem Verhältnis zu dem, der du in Wirklichkeit bist. Wenn ich beispielsweise zu Paul Rebillot werde, würde ich jetzt meinem Partner von diesem Mann, Franz Mittermair, erzählen und von meinem Verhältnis zu ihm. Erzähle also zuerst von dir als dieser wichtigen Person und dann von eurem Verhältnis zueinander aus der Perspektive der wichtigen Person.

Lasst die Unterhaltung nun ausklingen und schließt wieder die Augen. Nimm noch einmal die Haltung dieser wichtigen Person ein und finde wieder zwei oder drei positive Eigenschaften, die du beim Spielen dieser Person erfahren hast.

Die Gottheit

Legt euch auf einige Matten in der Mitte des Raumes und ruht euch einen Augenblick lang aus. Meditiere wieder zum Bild deines Wunders... Atme tief durch und lasse es gehen.

Stell dir nun vor, dass dieser Ort hier die Heimat der Götter und Göttinnen ist. So wie der Olymp, Walhalla oder der Himmel. Alle in diesem Raum sind Götter und Göttinnen, und sie schlafen. Und weil ihr ruht, ist das gesamte Universum still und dunkel und ruht ebenfalls. Weil du aber eine Gottheit bist, lässt jede deiner Bewegungen, sogar der leichte Luftzug deines Atems, einen Stern entstehen. Nimm also jede noch so kleine Bewegung in deinem Körper wahr als ein Licht, das in ein dunkles Universum hinein geboren wird. Bei jedem Atemzug werden Sterne geboren... Planeten, Sonnensysteme, Sternennebel erhellen ein Universum der Finsternis.

Nun kommt die Zeit des Erwachens. Strecke langsam und bewusst deine Arme und Beine und stelle dir vor, wie dabei Licht und Materie entstehen. Strecke dich noch weiter, aber halte die Augen noch geschlossen.

[Musikvorschlag: Adiemus: Songs of Sanctuary (1)]
Werde allmählich als diese Gottheit wach und erhebe dich von deinem Lager, beginne dich zu bewegen und zu tanzen… Lasse tanzend deine Welt entstehen und gib ihr deine ganz persönliche Qualität als Gottheit… Nun öffne deine Augen nach und nach, sodass du die anderen Götter und Göttinnen um dich herum wahrnehmen kannst. Alle Götter tanzen miteinander und haben Teil am Erschaffen des Universums…
Du hast jetzt gemeinsam mit den anderen Göttinnen und Göttern das Universum erschaffen. Schaue es dir an. Was für ein Universum ist es? Ist es ein Universum der Schönheit? Der Liebe? Der Leidenschaft? Der Macht? Was für ein Universum hast du als Gott oder Göttin mit deinen Schwestern und Brüdern, den anderen Göttern, erschaffen? Und welche persönliche Qualität hast du zu diesem Universum beigetragen? Gib diesem Universum deinen Segen und lasse es frei. Lass es ziehen…
Nun begib dich wieder zur Ruhe. Lasse dich wieder auf dein Lager sinken, räkele dich und gähne. Die Götter legen sich wieder schlafen und die Sterne verlöschen, einer nach dem anderen. Das Universum versinkt in Schweigen…
Nimm dich nun wieder selbst hier im Raum wahr, mit geschlossenen Augen, höre die Geräusche im Hier und Jetzt, die Geräusche um dich herum. Meditiere ein paar Minuten über das Universum, das du erschaffen hast, vor allem über die besondere Qualität dieses Universums. Wie sehr gleicht es der Welt, die du in deinem Alltag um dich erschaffst, wo weicht es davon ab? Hast du dir hier im Spiel mehr zugetraut oder hast du vielleicht genau dasselbe Universum erschaffen, das dich jeden Tag umgibt? Meditiere über die Ähnlichkeiten und die Unterschiede… Und nun erinnere dich wieder an das Bild deines Gottes oder deiner Göttin, nimm etwas von der Qualität dieses Wesens an, und überlege dir zwei oder drei Eigenschaften, die diese Gottheit beschreiben. Wenn du sie gefunden hast, notiere sie.

Die Eigenschaften des Helden annehmen
Nimm nun dein Blatt zur Hand und lies die Heldeneigenschaften durch. Dann setze über die Linie auf dem Blatt ein „Ich bin“. Lies jetzt jede Eigenschaft noch einmal mit dem „Ich bin …“ davor. Wie fühlt sich das an? Es ist nicht die Frage, ob du diese Qualitäten hast, sondern ob du sie als dein Eigen akzeptieren kannst. Du konntest die Eigenschaften spielen, sie fühlen, also hast du sie auch. Das Problem besteht eher darin, dass du es dir wegen Dingen, die in deiner Kindheit geschehen sind oder die dir als Heranwachsender gesagt wurden, vielleicht nicht erlaubst, diese Aspekte deines Selbst als dein Eigen anzunehmen. Vielleicht wurde dir eingebläut: „Wenn du von dir sagst, dass du schön bist, bist du eingebildet“ oder „Wenn du machtvoll handelst, erschreckst du die Leute um

dich herum." Oder du hast gelernt, nicht aufzufallen, damit dir nichts passiert. Also hast du, anstatt so mächtig, kreativ, schön und spontan zu sein, wie du bist, die Tendenz, diese Qualitäten nicht zuzulassen. Diese Übung zeigt dir, welche der Qualitäten auf deiner Liste du dir selbst zugestehst und welche nicht.

Teilt euch in Gruppen zu je drei Personen auf. Der erste setzt sich gegenüber den beiden anderen. Er beginnt, schaut dem ersten Kollegen in die Augen, spricht ihn mit Namen an und nennt seine erste Eigenschaft. Zum Beispiel: „Hans, ich bin mächtig." Höre auf deinen Körper. Akzeptiert er es? Fühlst du dich wohl in deinem Körper, wenn du das sagst, ist es dir angenehm? Oder baut sich in deinem Körper eine Spannung auf? Verkrampft sich dein Kiefer? Ist dir danach, laut herauszulachen oder in Tränen auszubrechen, wenn du das sagst „Ich bin mächtig"? Versuche nun dasselbe mit der zweiten Person: „Elisabeth, ich bin mächtig." Stockt dein Atem? Ist da eine Stimme, die dir einflüstert „Das wärst du wohl gerne!" Oder kannst du es sagen und dabei locker weiter atmen? Die Aufgabe der Partner ist es hierbei nur, ihre Augen und ihre Aufmerksamkeit und Anwesenheit zur Verfügung zu stellen, damit da jemand ist, zu dem du sprechen kannst. Die Person, die gerade dran ist, entscheidet selbst, ob sie die Eigenschaften in sich annehmen kann. Wenn die anderen allerdings den Eindruck haben, dass die Person nicht nachspürt, sondern die Eigenschaften nur „herunterleiert", dann dürfen sie darauf aufmerksam machen.

Die Person, der gegenüber es am schwersten ist, diese Qualitäten auszudrücken, bist du selbst. Nimm jetzt einen Spiegel, blicke dir selbst tief in die Augen und sage „(*Nenne dich beim eigenen Namen*), ich bin mächtig". Und höre wieder auf deinen Körper. Wenn dein Körper kein Signal gibt, dass dies nicht wahr ist, dann lasse die Eigenschaft einfach so stehen, wie sie ist. Wenn du zu einer Eigenschaft kommst, gegen die sich dein Körper oder dein Geist wehrt, dann unterstreiche dieses Wort. Das ist eine Eigenschaft, die du nur schwer akzeptieren kannst. Es ist nicht eine Eigenschaft, die du nicht hast, aber es ist eine, die du nicht als zu dir gehörig erkennst.

Gehe die gesamte Liste durch. Jeder Teilnehmer geht alle seine Qualitäten in einem Stück durch, so dass er einen Überblick gewinnen kann. Nachdem du alle Eigenschaften, die du nicht als zu dir gehörig empfindest, unterstrichen hast, nimm dir etwas Zeit, diese Liste genauer unter die Lupe zu nehmen. Vielleicht entdeckst du einen roten Faden, ein Thema oder vielleicht auch zwei oder drei Themen. Wenn du zum Beispiel die Eigenschaften „schön", „attraktiv", „interessant" nicht als zu dir gehörig empfindest, könnte man sagen, das Thema ist Selbstvertrauen. Wenn du Eigenschaften wie „machtvoll" und „überzeugend" unterstrichen hast, könnte das vielleicht unter „Stärke" fallen? Oder ist das Thema körperliche Attraktivität? Oder ist es Freiheit? Finde heraus, welche ein oder zwei Wörter für dein zentrales persönliches Thema oder deine Themen stehen und mache daraus wieder einen Satz mit „Ich bin...". Wenn zum Beispiel all die Eigenschaften etwas mit Selbstsicherheit zu tun haben, dann ist dein Satz „Ich bin selbstsicher".

Sehnsüchte, Wünsche und Ziele des Helden

Eine kreative Möglichkeit, die Sehnsüchte, Wünsche und Ziele des eigenen Helden kennenzulernen, besteht im Schreiben.

Vorab ein paar Bemerkungen zum kreativen Schreiben, da viele Menschen nicht damit vertraut sind.[13] Wir haben, zumindest in meiner Generation, in der Schule gelernt, auf Anhieb möglichst perfekte Arbeiten abzuliefern. Das behindert die Kreativität! Ergebnis sind leere Seiten und abgenagte Stifte. Kreatives Schreiben geht genau entgegengesetzt vor.

- Schreibe einfach drauf los. Erst kommt vielleicht nur Unsinn, aber das macht nichts. Nach ein paar Sätzen kommen die Botschaften aus der „Tiefe", aus tieferen Ebenen unseres Bewusstseins oder aus dem Unbewussten.
- Arbeite schnell. Dies führt nicht zur Oberflächlichkeit, sondern fördert die Bereitschaft, wichtige Inhalte aus der Tiefe aufsteigen zu lassen.
- Schreibe in einem ersten Durchgang möglichst spontan. Dann suche Abstand, und schaue später, was du in einem zweiten Durchgang ergänzen oder verändern möchtest.

Bei der folgenden Übung kannst du ein Bild deines eigenen Helden entwickeln. Beschreibe dich dabei selbst als Held oder Heldin bzw. beschreibe deine eigene Heldenseite.

Übung
Den Helden beschreiben[14]

Nimm dir Papier und einen Stift zur Hand. Lies die folgenden Fragen durch und bearbeite sie schnell und spontan. Notiere alles, was dir zu einer Frage einfällt. Wenn du nicht mehr weiter weißt, gehe einfach zur nächsten Frage über.

[13] Vgl. Martin Weiss: Quest 2004
[14] In Anlehnung an Übungen von Martin Weiss in Quest 2004

Was sind die wichtigsten Eigenschaften deines Helden?
Wie läuft es für deinen Helden in den folgenden Bereichen? Wo hat er besonders großen Erfolg, wo besondere Probleme? Gesundheit - Wohlstand - Partnerschaft - Familie - Freunde - Beruf - Hobbys
Was begeistert deinen Helden? Was macht dein Held für sein Leben gern? Wo entwickelt er die meiste Energie? Was bringt ihm Freude und Erfüllung?
Bei welchen Tätigkeiten vergeht die Zeit wie im Flug? Was geht ihm besonders leicht von der Hand?
Was für Tagträume hat dein Held? Welche Herzenswünsche, die im Leben noch nicht richtig Platz gefunden haben, zeigen sich in den Tagträumen?
Stell dir vor, dein Held gewinnt eine Million Euro im Lotto. Was macht er damit?
Mit wem würde dein Held für kürzer oder länger die Plätze tauschen, wessen Leben würde er gerne führen. Was wäre daran besonders interessant?
Was in der Welt würde dein Held gerne verändern? Was findet er ungerecht, was macht ihn traurig oder wütend? Was wünscht er sich stattdessen?
Leidet dein Held an einer großen Wunde, zum Beispiel einer tiefen Verletzung, einem schweren Verrat, dem Scheitern einer Liebe? Was könnte diese Wunde heilen?
Gibt es etwas, an dem dein Held immer wieder scheitert? Was ist der größte Herzenswunsch, den sich dein Held noch nicht erfüllen konnte?

Wenn du alles beantwortet hast, gehe alles möglichst mit einem Partner durch und suche nach dem oder den zentralen Thema bzw. Themen deines inneren Helden.

Paul Rebillot beschreibt in seinem Buch weitere Möglichkeiten, den Helden, seine Eigenschaften, seine Bedürfnisse und Sehnsüchte und das Ziel seiner Suche kennenzulernen. Zum einen über die Sprache des Unbewussten in Form einer Phantasiereise, in der man zum Haus des Helden geführt wird, wo man auf seinen inneren Helden trifft und mit ihm in Kontakt tritt. Zum anderen über die Inszenierung des „Heldenbanketts“. Dabei wird der Held als Rolle ausgestaltet und der Gruppe präsentiert. Da Paul Rebillot diese Schritte in seinem Buch ausführlich beschreibt[15], gehe ich hier nicht näher darauf ein.

[15] Rebillot: Die Heldenreise, S. 114 ff

Der „Dämon"

Der Held hat einen Gegenspieler, der verhindern will, dass er sein Ziel erreicht. Diesen Widersacher nennen wir den „Dämon".

In den Mythen und Märchen ist das zum Beispiel der Drache, der den Eingang zur Höhle bewacht, in der die Königstochter gefangen gehalten wird oder der Schatz zu finden ist. Der Held muss ihn überwinden, um seine Aufgabe zu erfüllen. Auch wenn Drachen oder ähnliche Geschöpfe als Hüter der Schwelle in alten und neuen mythischen Geschichten recht beliebt sind – man denke zum Beispiel an den Balrog im Herrn der Ringe oder den Basilisken bei Harry Potter – gibt es eine Unmenge von Bildern dafür: Der Dämon kann die Form eines Zwergen haben, eines Raubtieres, einer Riesenspinne (Aragog), oder es handelt sich um ein ganzes Herr von Eisenkriegern wie in der Argonautensage. In den meisten größeren Mythen steht der Held nicht nur einem Dämon gegenüber, sondern er muss sich immer wieder gegen verschiedene Widersacher beweisen und sich durchsetzen.

Diese „Dämonen" sind nichts „Böses" von außen, das man austreiben müsste, wie es in manchen religiösen Traditionen, zum Beispiel in verschiedenen christlichen Kirchen, gesehen wird. Auf psychologischer Ebene ist der Dämon der Teil unserer Psyche, der verhindert, dass wir erreichen, was wir wollen, oder genauer gesagt, dass der Teil von uns, den wir mit dem Helden assoziieren, erreicht, was er will. Es gibt einen Teil in uns, der Wünsche hat, Sehnsüchte, der zum Beispiel eine glückliche Beziehung will oder beruflichen Erfolg, der sich mehr oder näheren Kontakt zu anderen Menschen wünscht oder die Sehnsucht nach einem erfüllenden Beruf hat, und einen anderen Teil, der verhindert, dass wir dieses Ziel erreichen. Der Teil der Psyche, den wir „Dämon" nennen, ist in der Regel zum größten Teil unbewusst.

Unser Dämon benützt vor allem zwei Taktiken:

Zurückhalten oder übers Ziel hinaus schießen

Die eine ist, uns selbst festzuhalten und zurückzuhalten. Wir tun dies auf allen Ebenen. Wir halten uns über Gedanken fest, mit denen wir uns selbst bremsen, wir reduzieren unsere Emotionen, indem wir weniger atmen, und wir halten uns körperlich über Muskelverspannungen und –blockaden, zurück.

Ein sehr schönes Beispiel dafür, wie wir uns mittels unserer Gedanken selbst blockieren und unsere Welt so konstruieren, dass wir nicht glücklich sein können, beschreibt Paul Watzlawick in seinem Buch *Anleitung zum Unglücklichsein*[16] anhand eines Mannes, der ein Bild aufhängen will, aber keinen Hammer zuhause hat. Als dieser Mann darüber nachdenkt, zum Nachbarn zu gehen und sich dessen Hammer zu borgen, kommen ihm Zweifel, ob ihm der Nachbar seinen Hammer ausleihen würde. „Er hat doch vor kurzem nur flüchtig gegrüßt. Vielleicht tat er ja nur so, als habe er es eilig und hat im Grunde etwas gegen mich! Und dann bildet der sich noch ein, man sei auf seinen Hammer angewiesen?“ Zornig stürmt der Mann zur Wohnungstür des Nachbarn, klingelt und brüllt ihn an, als er die Tür aufmacht: „Behalten Sie Ihren Hammer, Sie Rüpel!“ So schafft es dieser Mann mühelos, nicht zu bekommen, was er braucht.

Ein anderes Beispiel ist der Single an der Bar, der eine attraktive Frau hereinkommen sieht. Sein Selbstgespräch könnte so aussehen: „Mensch, sieht die gut aus! Und wie sie geht! Sie setzt sich allein an den Tisch... Vielleicht sollte ich ... aber wie? Verdammt, ich bin ja gar nicht rasiert. Und so intelligent, wie die aussieht, muss ich mir schon was sehr Gutes überlegen. Sonst hole ich mir nur einen Korb. Vielleicht habe ich auch schon einen Drink zu viel ... Na ja, ich weiß nicht. Ob mein Deo noch wirkt? ... Da kommt ja noch eine Frau und setzt sich zu ihr an den Tisch. Die begrüßen sich aber vertraut ... ach was, das sind wahrscheinlich Lesben! Was will ich denn mit so einer?“

Die andere Taktik des Dämons ist, über das Ziel hinauszuschießen und ganz und gar unangemessene Dinge zu tun. Um im Beispiel des Singles zu bleiben: der „Dämon“ könnte ihn dazu bringen, es mit einer plumpen Anmache zu versuchen oder im schlimmsten Fall über die Frau herzufallen.

Bei den meisten Menschen, zumindest in unserem Kulturkreis, führt der Dämon dazu, dass sie sich ständig zurückhalten. Deshalb werde ich mich vor allem auf diese Taktik konzentrieren. [17]

Die Frage ist nun, weshalb wir so einen „Dämonen“ haben, woher er kommt. Es könnte ja so einfach sein: Wir haben ein Bedürfnis, wir setzen Energie in Bewegung, um es zu befriedigen, wir holen uns, was wir brauchen, und sind glücklich und zufrieden, bis das nächste Bedürfnis auftaucht. Warum also blockieren wir uns selbst?

---

[16] Watzlawick 2007

[17] Die „antiautoritäre Erziehung“ könnte dazu führen, dass die Dämonen in Zukunft ihre Hauptstrategie ändern. Bei vielen Jugendlichen und jungen Erwachsenen scheint das Problem in letzter Zeit weniger darin zu liegen, dass sie sich zu sehr zurückhalten, sondern darin, dass sie kaum mehr Grenzen kennen und deshalb auch wenig Halt besitzen.

Die Antwort liegt in negativen Erfahrungen, die wir in unserem Leben gemacht haben, vor allem in unserer Kindheit, vielleicht aber auch in traumatischen Erfahrungen im späteren Leben. Der „Dämon“ ist das Ergebnis dessen, wie wir gelernt haben, zu überleben.

Kinder sind auf Gedeih und Verderb ihrem Umfeld, normalerweise ihrer Familie, aber auch Kindergarten und Schule ausgeliefert. Sie können nicht einfach gehen, wenn sie mit der Situation nicht zurechtkommen. Manchmal versuchen Drei- oder Vierjährige, ihren Koffer zu packen und zu verschwinden. Aber sie kommen nicht weit. Die einzige Chance zu überleben, ist, sich anzupassen. Selbst dann, wenn die Eltern lieblos, missachtend, psychisch krank oder gewalttätig sind, wenn sie psychisch oder sexuell missbrauchen. Die Anpassung geschieht darüber, dass wir lernen, unsere Impulse und Emotionen zurückzuhalten und zu unterdrücken. Wir unterdrücken unseren Schmerz und unsere Trauer, unsere Wut, unsere Fröhlichkeit – alles, was nicht sein darf oder was wir nicht ertragen können.

Wir spalten unser ursprüngliches, spontanes und lebendiges Kind ab, da es nicht zur Umgebung passt. Man könnte auch sagen, dass wir damit unsere Seele oder einen Teil unserer Seele verlieren. Diese Abspaltung ist umso vollständiger und gewaltsamer, je feindlicher und unerträglicher unsere kindliche Umwelt ist. Die Abspaltung des lebendigen Kindes und die Entwicklung des Dämons ist sozusagen die gesunde Anpassung an eine kranke Umgebung. Wir müssen unserem „Dämon“ dankbar sein, da er es uns ermöglicht hat, als Kind zu überleben und mehr oder weniger gesund erwachsen zu werden.

Das Abspalten des spontanen Kindes und die Entwicklung des „Dämons“ geschehen in der Regel unbewusst. Wir sind auch normalerweise nicht mit dem Dämon identifiziert, sondern erleben ihn als Angst, „ungutes Gefühl“, Energielosigkeit usw. Unser Ich erlebt sich eher als Opfer der Dämonenseite denn als Täter.

Der Dämon ist also die meist in der Kindheit unbewusst gelernte Art und Weise, zu überleben, uns zu schützen und für uns zu sorgen.

Als Kind sind wir meist ziemlich hilflos und können uns nicht anders schützen, als uns zurückzuhalten und anzupassen. Als Erwachsener hätten wir ganz andere Möglichkeiten. Wir können wählen, mit wem wir zusammen sein wollen. Wir können gehen, wenn es uns zu viel wird. Wir können uns anders schützen, anders für uns sorgen als durch die Muster, die wir als Kind gelernt haben. Da der Lernprozess in der Kindheit aber unbewusst war, folgen wir als Erwachsene immer noch den kindlichen Mechanismen. Ziel der Auseinandersetzung mit dem Dämon ist, dass dieser reifen kann von der als Kind unbewusst erworbenen Art und Weise, in einer schwierigen Umwelt zu überleben, in die reife Fähigkeit, als Erwachsene für uns zu sorgen und uns zu schützen, wo es nötig ist.

Den wichtigsten Mechanismus der Anpassung an die schädliche Umgebung, das Zurückhalten unserer Gefühle und Impulse, nennen wir in der Gestalttherapie die

Retroflektion

Die „Retroflektion" ist an sich eine natürliche und gesunde Fähigkeit. Um zu überleben und sozial tragbar zu sein, müssen wir wie viele andere Lebewesen unsere körperlichen Ausscheidungen zurückhalten können, müssen wir leise sein können, wenn Feinde in der Nähe sind, müssen wir unsere Aggressionen zurückhalten können, wenn die anderen stärker sind usw. Problematisch wird es erst, wenn wir uns in manchen Bereichen immer zurückhalten oder auch dann, wenn es nicht nötig ist und uns mehr behindert als nützt.

Wir halten uns nicht nur mit Gedanken zurück, sondern vor allem auch körperlich. Dies führt mit der Zeit zu dem, was Wilhelm Reich, Stammvater der humanistischen Körpertherapien, den „Charakterpanzer" genannt hat. Ein Beispiel, damit verständlich wird, was damit gemeint ist:

Wenn ein Mensch bedroht wird, reagiert er körperlich. Sitzt ihm die Angst im Nacken, so zieht er zum Beispiel die Schultern hoch, macht den Hals kurz und atmet flacher. Genauso ist es natürlich bei Kindern. Ist die Bedrohung vorbei, können sich die Muskeln wieder entspannen, die Schultern sinken wieder nach unten, der Hals wird wieder lang. Hält die Angst aber lange Zeit an, so wird die körperliche Reaktion zur Gewohnheit. Die Muskeln bleiben dauernd angespannt. Mit der Zeit übernimmt sogar das Bindegewebe die Arbeit der Muskeln und hält sie in der angespannten Haltung fest. Dann ist die Entspannung dieser Muskeln nicht mehr so einfach möglich. Meist kommen mehrere Dinge zusammen. Wird ein Kind missachtet, so reagiert es normalerweise damit, dass es die Schultern nach vorne rollt und die Brust einzieht. Auch das kann sich verfestigen. So entsteht in diesem Beispiel mit der Zeit eine gedrungene, gebückte Körperhaltung, die als so selbstverständlich erlebt wird, dass man sich nicht vorstellen kann, dass sie nicht angeboren ist, sondern in der Kindheit erworben wurde.

Nicht alle Körperspannungsmuster sind so drastisch und leicht zu erkennen wie in unserem Beispiel. Fast jeder Mensch hat aber chronische Anspannungen, die aus dem Versuch erwachsen sind, Gefühle, die er in der Kindheit oder manchmal auch später nicht bewältigen konnte, nicht mehr spüren zu müssen. Unter diesen chronischen Spannungen können alle willkürlich steuerbaren, gestreiften Muskeln leiden, also die komplette Skelettmuskulatur. Aber auch die glatte Muskulatur, die vom vegetativen Nervensystem gesteuert wird, kann beeinflusst sein.

Die Folgen dieser chronischen Anspannungen sind sehr vielschichtig. Sie umfassen alle Facetten psychosomatischer Krankheiten und viele Probleme, die vordergründig nichts mit der „Psyche" zu tun haben. Muskeln, die jahrzehntelang angespannt sind, und die Organe und anderen Körperteile, die mit ihnen zusammenhängen, stehen unter Dauerstress, sie können nicht richtig arbeiten, sie werden schlecht durchblutet und mit Energie versorgt. Sind zum Beispiel Arm- oder Beinmuskeln chronisch angespannt, um Aggression zurückzuhalten, so sind die Gelenke sehr stark strapaziert und verletzungsanfällig. Sind die Muskeln des Brustkorbes oder das Zwerchfell verspannt und die Atmung eingeschränkt, damit man nicht atmen und damit fühlen muss, so belastet dies die Lunge. Jahrzehntelanger Stress kann zu vielen Krankheiten, unter anderem Krebs, führen. Sind die Genitalmuskeln verkrampft, damit man keine Lust spüren muss, so kann eine Folge davon Gebärmutterkrebs sein. Auch unser emotionales „Herz" verschließen wir letztlich über Muskelanspannungen im Bereich unseres physischen Herzens, was unsere biologische „Pumpe" so belasten kann, dass sie „ihren Geist aufgibt". Retroflektion auf der körperlichen Ebene ist also sehr ungesund. Mein Eindruck ist, und er bestätigt sich immer wieder, dass Menschen, die ihre Energie und ihre Emotionen wenig zurückhalten, gesünder sind und auch im Schnitt länger leben als andere, die sich selbst blockieren. (Dies sollte allerdings nicht dazu führen, dass sie andere tyrannisieren. Dann wäre es zwar für sie selbst eventuell gesünder, andere würde es aber verletzen.)

Darüber hinaus grenzen wir durch die Retroflektion unsere Freiheit und unser Potential ein. Sie ist die Grenze unseres Denkens, Fühlens und Handelns. Es gibt also eine Menge gute Gründe, sich mit dem Dämonen auseinanderzusetzen und das Zurückhalten abzulegen und durch erwachsene Mittel zu ersetzen, für uns zu sorgen und uns zu schützen.

Eine kleine Geschichte des „Widerstands"

Schon Sigmund Freud, Stammvater der Psychoanalyse, hat sich mit der Frage beschäftigt, weshalb sich Klienten der Therapie widersetzen. Er stellte immer wieder einen unbewussten Abwehrmechanismus fest, der den Zielen der Therapie entgegenlief und nannte ihn „Widerstand". „Was immer die Fortsetzung der Arbeit stört, ist Widerstand". Sein Schüler und Stammvater der humanistischen Körpertherapien, Wilhelm Reich, fand heraus, dass sich dieser Widerstand auch auf körperlicher Ebene niederschlägt. Je nach „Charakter", der sich aus den frühkindlichen Erfahrungen bildete, zeigen sich bestimmte Widerstandsmuster, die direkt mit bestimmten Körperspannungsmustern zusammenhängen, welche Reich „Charakterpanzer" nannte. Ziel von Reichs therapeutischer Arbeit war, den störenden Widerstand abzubauen, damit freier Ausdruck der Lebensenergie, vor allem der sexuellen Energie, möglich wird. Manche spätere Vertreter von körperorientierten Therapien sahen den Widerstand nur noch als etwas an, das gebrochen werden muss, damit der Klient in die Energie kommt.

Die Gestalttherapie schlägt hier einen anderen Weg ein. Für Fritz Perls, ihren bekanntesten Begründer, ist der „Widerstand" ernst zu nehmen. Er entsteht aus der Notwendigkeit, in gefährlichen, verletzenden Situationen Kontakt zu vermeiden. Die Probleme bestehen darin, dass er nicht bewusst ist und auf eine Art eingefroren. Ziel ist daher, ihn bewusst und aktiv zu machen. Dann kann man frei wählen zwischen dem Bedürfnis und dem Widerstand.

In diese Richtung gehen auch wir in der Heldenreise. Es ist keine Lösung, den Dämon zu töten oder zu überlisten. Töten wir ihn, kann es uns wie Siegfried in der Nibelungensage gehen. Es gelang ihm, den Drachen Fafnir zu bezwingen, und er badete in dessen Blut, das ihn unbesiegbar machte. Nur war sein Herz nicht geschützt, da ein Lindenblatt auf seinem Rücken das Drachenblut abhielt. Diesen Umstand nutzte Hagen, um Siegfried mit dem Speer zu töten.

Wenn wir den Dämon überlisten, wird er uns in kürzester Zeit einholen und uns noch aggressiver und mächtiger zurückhalten. Der Weg besteht darin, sich direkt mit dem Dämonen, dem Widerstand in uns, auseinanderzusetzen. Dazu müssen wir zuerst Verbindung mit ihm aufnehmen. Normalerweise sind wir mit der Opferseite in uns identifiziert. Das drückt sich auch in der Sprache aus. Wir sagen „Ich kann das nicht" und nicht „Ich lasse mich das nicht tun". „Ich habe Bauchschmerzen" liegt uns näher als „Ich presse meinen Bauch zusammen, dass er jault".

Paul Rebillot hat eine sehr effektive und tiefgreifende Übungsfolge entwickelt, um auf allen Ebenen, den Ebenen des Körpers, der Emotionen und der Bilder und der Gedanken, von der Opferseite auf die „Täter" -Seite zu gelangen und ein Rollenbild unseres Dämons zu erschaffen. Diese Übungsfolge ist in seinem Buch „Die Heldenreise" detailliert beschrieben, weshalb ich hier nicht weiter darauf eingehe.[18]

Eine kleine Übung kann einen ersten Eindruck vom Dämon auf der Ebene der Gedanken vermitteln:

[18] Rebillot S. 153 ff

Übung:
Spontane Impulse - Skript des Kontrollierers
Paarübung (nicht unbedingt mit dem Lebenspartner ...)

Lege dich hin und mache es dir gemütlich. Entspanne dich. Dein Partner sitzt mit Schreibzeug an deinem Kopfende.
Jetzt stelle dir vor, es gäbe in dir keinerlei Kontrollinstanz. Niemanden, der dich auf körperlicher Ebene festhält. Du hättest also keinerlei chronische Probleme, wärst energievoll und beweglich, hättest ein völlig freies Becken usw. Und niemanden, der dich mit inneren Verboten und Vorschriften einschränkt. Du könntest einfach deinen Impulsen folgen. Was könntest du oder würdest du dann tun? Sprich alles spontan aus. Dein Partner schreibt in Stichworten mit. Versuche, den inneren Kontrolleur, der sofort sagt, das gehe doch nicht, vorübergehend schweigen zu lassen. Er ist anschließend dran. Denke nicht lange nach, sondern sprich alles ungehindert aus, ohne innere Zensur ... lass dir jetzt noch ein paar ganz verbotene, ganz „unmögliche" Dinge einfallen. Keine Angst, du wirst sie sowieso nicht machen, dein innerer Kontrolleur wird es sicher verhindern ... Was dein Partner notiert hat, nennen wir die spontanen Impulse des Kindes in dir.
Nun liest dir dein Partner die Dinge nacheinander vor, die du tun könntest, wenn in dir keinerlei Kontrolle wäre. Jetzt lasse dir die Sätze einfallen, mit denen du dir verbietest, genau das zu machen. „Das gehört sich nicht", „dann liebt dich niemand mehr", „das schaffst du sowieso nicht" usw. Dein Partner notiert diese Verbotssätze. Wir nennen sie das Skript des Kontrolleurs oder auch des Dämonen.
Wenn ihr fertig seid, geht beides noch einmal durch und versucht herauszufinden, in welchen Bereichen deine unerfüllten Wünsche vor allem liegen, und auf welche Art und Weise du dich mental daran hinderst, sie zu erfüllen.

Alternativ kann diese Übung auch alleine mittels permanentem Schreiben gemacht werden. Dazu schreibst du mit einem Stift auf Papier, ohne ihn abzusetzen und ohne mit dem Schreiben innezuhalten. Wenn dir nichts mehr einfällt, mache Schleifen oder ähnliches, bis die Gedanken wieder in Fluss kommen.

Eine interessante Kurzform der Dämonenerschaffung findet sich in Paul Rebillots Workshop „Die Suche nach dem Goldenen Vlies".

Jason sieht sich bei der Suche nach dem Goldenen Vlies einer ganzen Horde schrecklicher Monster gegenüber. Er muss zwei riesige feuerschnaubende Stiere mit Eisenhufen einspannen und mit ihnen Drachenzähne einpflügen, aus denen schwer bewaffnete Riesen wachsen, die er zu besiegen hat, wenn er das Vlies gewinnen will.

Auch wir haben unsere Monster, unsere inneren Gegner, unseren Kontrollierer, der verhindern will, dass wir unser Ziel erreichen. Er arbeitet auf körperlicher Ebene damit, dass er uns festhält und blockiert. In der letzten Übung ist vielleicht ein deutlich geworden, mit welchen Inhalten er uns zurückhält. Bei dieser Übung arbeiten wir nicht mit den Inhalten, sondern benützen die Energie, die von den Inhalten ausgelöst wird, um unser persönliches Dämonen-Monster zu gestalten.

Übung
Kurzform der Dämonenerschaffung
Gruppenübung unter therapeutisch geschulter Leitung

Zur Vorbereitung schreibt jeder Teilnehmer mindestens sechs Hindernissätze auf zwei Papierblätter Das sind die Sätze, mit denen er sich festhält, blockiert und von seinem Weg abbringt. Sie werden in der Form notiert, wie sie der Teilnehmer zu sich selbst sagt. Zum Beispiel: „Du darfst niemanden verletzen!" oder „Das schaffst du nie! Du bist zu schwach!"

Nun werden Gruppen zu drei Personen gebildet. Einer ist der Akteur, die beiden andern sind seine Helfer. Vor dem Akteur liegt eine Matratze mit einer Decke darauf oder einem strapazierfähigen Kissen. Ein großes Blatt Papier und Kreiden liegen auch bereit.

Der Akteur schließt die Augen. Die beiden Helfer lesen abwechselnd die Hindernis-Sätze vor. Der Akteur spürt nach, welche Spannungen diese Sätze in seinem Körper auslösen, intensiviert die Spannungen und übertreibt sie bewusst bis an die Schmerzgrenze, jedoch ohne sich dabei zu verletzen. Hilfreich ist, intensiv zu atmen und die Stimme zu benützen, das heißt, Laute welcher Art auch immer von sich zu geben.

Im Prozess versucht er nun, wahrzunehmen, was er auf Körperebene macht, um die Spannungen auszulösen und zu verstärken. Um Nackenspannungen zu produzieren, zieht er zum Beispiel die Schultern hoch und drückt den Kopf nach hinten.

Dann nimmt er die Decke oder das Kissen und macht damit, was er eben mit seinem eigenen Körper gemacht hat. Er tut sozusagen dem Kissen an, was er vorher sich selbst angetan hat. Auch hier sind intensiver Atem und Stimme sehr hilfreich. Damit wurde das Monster geboren.

Jetzt wendet sich der Akteur dem Papier und den Kreiden zu und malt sich als Monster. Wichtig ist dabei, in der Monsterenergie zu bleiben. Die Helfer feuern ihn an und unterstützen ihn mit folgenden Fragen:

- Wie siehst du aus? Beschreibe dich als Monster
- Wie verteidigst du dich?
- Was machst du mit Helden, die dich belästigen?
- Wie und wo bist du geboren?
- Wo lebst du?
- Was schützt du?

Nun wird der Ablauf für die beiden anderen in der Gruppe wiederholt.

Wenn alle drei ihr Bild gemalt haben, folgt der "Tanz der Monster". Zu rhythmischer Musik (z.B. Afrikanische Trommelmusik) tanzen zuerst alle ihr Monster für sich, dann in Kontakt mit den anderen.

Instrument der Kraft

Im Normalfall ist der Held, die Heldin schwächer als der Dämon, da er bzw. sie nur bewusste Kräfte zur Verfügung hat, der Dämon dagegen auch die beinahe unbegrenzten Kräfte des Unbewussten.

Auch die Mythen erzählen davon, dass die Helden besondere Werkzeuge oder Waffen brauchen, um dem Widersacher entgegentreten und ihre Abenteuer bestehen zu können. Eines der berühmtesten Kraftinstrumente ist Excalibur, das Schwert von König Artus, das ihm übermenschliche Kräfte verlieh und dessen Scheide jeden, der sie trug, unverletzbar machte. Eine Tarnkappe (übrigens keine Kappe, sondern eine Cappa, ein Umhang), die den Träger unsichtbar machte, benützte schon Perseus bei seinem Weg zur Medusa, später errang Siegfried seine vom Zwergen Alberich. Medea hilft Jason mit einer Zaubersalbe, die Monster im Aresfeld zu bezwingen. Auch in neuen mythischen Geschichten wie im „Herrn der Ringe“ oder bei Harry Potter spielen magische Werkzeuge wie Tarnumhänge, Kettenhemden, die unverwundbar machen und viele andere Dinge eine wichtige Rolle.

Meist muss sich der Held des Kraftinstrumentes würdig erweisen. Nur Artus war fähig, Excalibur aus dem Stein und Amboss zu ziehen, in den es Merlin gesteckt hatte. Nur Siegfried war stark genug, die Tarnkappe zu erringen.

Das weist darauf hin, dass die magischen Instrumente letztlich nur der äußere Ausdruck einer inneren Kraft sind.

Paul Rebillot sagt dazu: „Ein Instrument der Kraft ist ein physikalisches Objekt, das eine Kraft symbolisiert, die tief im Inneren des Helden verborgen ist, eine Kraft, von der der Held zu diesem Zeitpunkt gar nichts ahnt. Sie stellt einen unbekannten Aspekt des heldenhaften Selbst dar, eine Kraft, derer sich der Held noch nicht bewusst ist. Deshalb muss sie eine physikalische Form annehmen, um sich ihren Weg in das Bewusstsein des Helden zu bahnen und sich Ausdruck zu verleihen. Die Welt des Helden ist die, die uns bewusst ist. Das Objekt bringt diese noch versteckte Kraft in unser Bewusstsein, so wie ein Andenken, das man von einer geliebten Person bekommen hat, uns diesen geliebten Menschen immer gegenwärtig macht, wenn wir das Geschenk ansehen.“[19]

Die meisten Menschen besitzen Gegenstände, die einen besonderen Wert oder auch eine spezielle Kraft für sie haben. Es sind normalerweise alltägliche Dinge, auch wenn sie vielleicht besonders schön oder selten sind. Ihre Kraft bekommen sie erst dadurch, dass der Besitzer etwas Besonderes mit ihnen verbindet – vielleicht eine Erinnerung oder eine innere Verbindung mit bestimmten Orten oder Menschen.

Paul Rebillot beschreibt ein sehr schönes Beispiel dafür: „Es gibt Traditionen, in denen ein Kind in jungen Jahren in den Wald hinausgeht und dort einen Stein für sich findet. Es zeigt diesen Stein niemandem, sondern trägt ihn in einem kleinen Beutel um den Hals, bis es in die Pubertät kommt. Der Stein wird so zum Seelen-Stein des Kindes, er ist die physikalische Manifestation seiner Seele. Wenn das Kind dann in die Pubertät kommt, geht es wieder in den Wald und vergräbt den Stein an einer nur ihm bekannten Stelle. Keiner außer dem Kind hat den Stein je gesehen. Wenn das Kind dann erwachsen ist und in eine Krise gerät, in der es Bestätigung für sich selbst benötigt, dann geht es wieder an diese Stelle im Wald, gräbt seinen Seelen-Stein aus und trägt ihn wieder um den Hals, solange, bis die Krise überwunden ist. Danach bringt es den Stein zurück an seinen Platz im Wald und

[19] Rebillot 2008, S. 175

gräbt ihn wieder ein. Dieser Stein ist ein ganz besonderer Seelen-Stein, der sein tiefstes inneres Herz repräsentiert.“[20]

Auch das „Instrument der Kraft“, das du dir als Held suchen kannst, damit es dich bei der Auseinandersetzung mit dem Dämon unterstützt, ist normalerweise ein alltäglicher Gegenstand: meist ein Ding aus der Natur, ein Stein, eine Wurzel, eine Blüte, eine Feder oder was auch immer es draußen zu finden gibt. Ein Tipp: Kleine Gegenstände sind praktischer als große. Da das Instrument der Kraft etwas Besonderes für den Helden darstellt, sollte bereits die Suche spannend und geheimnisvoll gestaltet werden. Eine schöne Idee ist zum Beispiel, sich nicht bei Tageslicht, sondern nachts auf den Weg zu machen, bei Vollmond oder ausgerüstet mit einer Kerze oder einem Windlicht. Je „abenteuerlicher“ die Suche, desto besser, so lange man sich nicht tatsächlich in Gefahr begibt.

Übung
Suche nach dem Instrument der Kraft

Du wirst dich jetzt auf den Weg machen, dein Instrument der Kraft, dein magisches Werkzeug zu finden, das dich bei deiner Konfrontation mit dem Dämonen stärken oder schützen wird.

Nun schließe die Augen und stimme dich auf deinen Helden, deine Heldin ein. Erinnere dich an alle Eigenschaften des Helden, an die Kräfte, an das Ziel deiner Suche. Werde voll und ganz zur Heldin, zum Helden. Mit allen Gefühlen, die zu deiner heldenhaften Seite gehören. Gehe in eine Körperhaltung, die alle Qualitäten deines Helden ausdrückt.

Nun stell dir vor, du gehst einen Weg durch einen Wald, auf eine Lichtung zu. Du ahnst, dass du dort die Wohnstätte eines weisen, alten Menschen finden wirst. Du kommst auf die Lichtung und siehst ein geheimnisvolles Haus, vielleicht auch eine Hütte. Während du das Gebäude betrachtest, bemerkst du, dass sich der Eingang, die Tür öffnet.

Eine Gestalt tritt heraus. Dein innerer Führer, dein spiritueller Begleiter. Die Gestalt sieht dich voller Wohlwollen und Liebe an. Wenn du in ihre Augen blickst, ist es, als würdest du für einen Moment in die Ewigkeit schauen. Sie spricht zu dir: „Ich weiß, dass du dich auf den Weg machen willst, dein Instrument der Kraft zu finden. Ich bin bereit, dich zu führen. Folge nicht deinen Gedanken, sondern deiner Intuition. Suche nicht, sondern lass dich finden.“

[20] Rebillot 2008, S. 176

Nun öffne deine Augen, so dass du dich in der äußeren Realität orientieren kannst und begebe dich auf deinen Weg in die Natur.

Wenn du einen Gegenstand gefunden hast und du bist dir nicht sicher, ob er tatsächlich dein Instrument der Kraft ist, dann gehe wieder in die Welt der inneren Wahrnehmung und befrage deinen inneren Führer. Bist du dir sicher, dass es sich um das richtige Instrument handelt, dann stelle deinem spirituellen Begleiter folgende Fragen:

- Welchen Namen hat mein Instrument der Kraft?
- Welchen magischen Nutzen hat es? Wie hilft es mir bei der Auseinandersetzung mit dem Dämon?
- Was soll ich mit dem Instrument der Kraft nach meiner Reise tun? Soll ich es in die Natur zurückgeben, auf meinen Altar oder in meinen Medizinbeutel nehmen oder soll ich anders damit verfahren?

Anschließend bedanke dich bei deinem inneren Führer, kehre voll und ganz in die äußere Realität zurück und nimm dein Instrument der Kraft mit dir.

Werkzeug 2: Rituale

Rituale sind aus unserer westlich-abendländischen Kultur weitgehend verschwunden. Sie gelten als unwissenschaftlich, als Aberglaube, Humbug, Zeitverschwendung. Doch dem ist nicht so. Im Gegenteil. Sie sind ein Königsweg, um dem Unbewussten etwas mitzuteilen. Man könnte sagen, dass uns das Unbewusste durch Träume und Visionen sagt, was es uns sagen will. Durch Rituale können wir in die andere Richtung kommunizieren und mit ihm sprechen.

Wir meinen hier nicht Alltagsrituale wie die täglich gleiche Prozedur beim Zähneputzen, sondern das, was die Ethnologie „heilige" Rituale nennt. Wir meinen Zeremonien, mit denen Energie gesammelt und konzentriert werden soll, um etwas Bestimmtes zu erreichen.

Sicherlich ist es hilfreich, an Gott, die Göttin oder eine göttliche Kraft zu glauben, um mit Ritualen etwas anfangen zu können. Es ist aber nicht Voraussetzung. Ich kann ihren Effekt auch psychologisch verstehen. Ziel ist, Verbindung aufzunehmen mit der Kraft oder mit Kräften, die größer sind als wir selbst, mit Kräften außerhalb von uns oder mit Kräften in uns, in unserem Unbewussten, die uns nicht direkt zugänglich sind, uns aber stark beeinflussen. Um etwas mitzuteilen, etwas zu bekommen, um Energie in eine bestimmte Richtung zu lenken oder auch nur um zu danken.

Zuerst habe ich Zeremonien in der katholischen Tradition kennen gelernt, in der ich groß geworden bin. Von der Kraft, die sie haben können, habe ich damals noch wenig gespürt. Sie schienen nur noch leere Hülsen zu sein. Wirklich berührt haben mich erst die Rituale der Lakota-Indianer. Die Schwitzhütten, Sonnentänze und Heilungszeremonien, die ich bei ihnen erleben durfte, haben mich im positiven Sinn erschüttert. Inzwischen hat sich mir auch der Wert der christlichen Traditionen wieder eröffnet.

Bei Paul Rebillot habe ich gelernt, dass man Zeremonien nicht nur machen kann, wenn man einer bestimmten Religion oder Tradition angehört. Mit Ritualen ist es ähnlich wie mit der Heldenreise. Sie ähneln sich auf gewisse Weise, völlig gleichgültig, in welcher Kultur oder Tradition sie angesiedelt sind. Sie haben überall ähnliche Elemente, eine einheitliche Grundstruktur. Über die Jahrtausende hat sich eben herauskristallisiert, wie man das am besten erreichen kann, was man mit ihnen bezweckt. Habe ich diese Struktur einmal verstanden, kann ich jederzeit meine eigenen Rituale gestalten.

Am Beispiel eines Rituals, das dazu dient, das Kraftinstrument des Helden zu weihen und das im Wesentlichen den Ideen von Paul Rebillot folgt, möchte ich beschreiben, wie man eine solche Zeremonie gestaltet.

Übung
Ritual zur Weihe des Instruments der Kraft

Rituale dienen dazu, Energie zu konzentrieren. Dafür ist elementar, einen bestimmten Raum und eine bestimmte Zeit abzugrenzen und sie zu etwas Besonderem zu machen.

Den Raum vorbereiten

Ein erster Schritt, um den Ort vorzubereiten, ist ihn aufzuräumen, alle störenden Gegenstände zu entfernen, ihn zu säubern. Der Reinigung auf der energetischen Ebene dient das Räuchern. Ob man dafür Salbei, Süßgras, Weihrauch oder Räucherstäbchen nimmt, hängt von kulturellen oder persönlichen Vorlieben ab. Störungen durch Telefon, Menschen usw. schalten wir so weit wie möglich aus. Eine besondere Beleuchtung, zum Beispiel durch Kerzen oder im Freien durch Fackeln, erhöht die Intensität. Natürlich ist es auch schön, den Raum zu schmücken. Bei den meisten Ritualen gibt es einen besonderen Platz, der Altar genannt wird. Auf ihn kommen Gegenstände, die für das Ritual wichtig sind.

Findet das Ritual für das Instrument der Kraft in einer Gruppe statt, so bilden die Teilnehmer einen Sitzkreis. In der Mitte ist der Altar, vielleicht durch ein großes Tuch abgegrenzt, dessen vier Seiten in die Himmelrichtungen schauen. Eine Kerze in der Mitte des Tuches symbolisiert das göttliche Licht bzw. das Licht im Kern eines jeden Menschen. Vier Schalen stehen an den vier Seiten des Tuches als Symbol für die vier Elemente und die vier Himmelsrichtungen. In der Schale für die Erde ist tatsächlich Erde, ein Stein oder auch Früchte, in der für die Luft Räucherwerk, Salbei oder eine Feder, in der für das Feuer eine zweite Kerze und in der letzten ist Wasser, vielleicht mit einer Blüte oder einem Zweig.

Elemente und Himmelsrichtungen

In vielen Traditionen aller Welt spielen die Himmelsrichtungen und/oder die Elemente eine wesentliche Rolle. Sie stehen für verschiedene Kräfte, Energien oder spirituelle Wege. Verwirrend ist, dass sich die Zuordnung von Elementen zu den Richtungen von Kultur zu Kultur unterscheidet[21]. Ich vermute den Grund dafür in verschiedenen Umweltbedingungen. Für den Eskimo bedeutet Süden sicherlich etwas anderes als für den Tuareg. Ich habe mir für meine Arbeit eine Entsprechung zurechtgelegt, die recht sinnfällig ist.

- Der Süden entspricht dem Element Erde. Diese Richtung steht für den spirituellen Weg des Kindes. Bin ich mit dieser Kraft verbunden, so nehme ich die Welt einfach wahr, wie sie ist, ohne sie zu bewerten, ohne sie zu kategorisieren. Es ist der Weg von Vertrauen und Unschuld. Wie ein Kind bin ich offen und staune. Jesus könnte diesen Weg gemeint haben als er sagte: „Wenn ihr nicht werdet wie die Kinder, werdet ihr nicht ins Himmelreich eingehen“[22].
- Das Gegenüber zum Süden ist der Norden, zugeordnet dem Element Luft. Vom archetypischen Bild her entspricht der Weg des Nordens dem des alten Menschen. Ich erlebe, sammle Wissen, mache meine Erfahrungen und entwickle daraus mit den Jahren Weisheit. Je höher ich in der Luft bin, desto besser ist mein Überblick. Ähnlich wächst mit den Jahren die Einsicht in den Weg des Lebens.

---

[21] Unsere Zuordnung deckt sich weitgehend mit der des Medizinrades von Hyemeyohsts Storm. Dort sind allerdings die Erde im Westen und das Wasser im Süden.

[22] Matthäus-Evangelium Kapitel 19, 14

- Ein ähnliches Gegensatzpaar wie Kind und alter Mensch im Süden und Norden gibt es auch im Osten und Westen. Im Osten geht die Sonne auf, hier ist das Licht, das Feuer. Hier ist der Weg des Mannes, der Weg des Tages, der Illumination, des nach oben und nach außen Gehens, der Weg des Tuns. Eine dazu passende „Methode" ist das Ritual.
- Entsprechend ist im Westen die Dunkelheit, die Stille, das Wasser. Dieser Weg wird dem archetypischen Bild der Frau zugeordnet. Es ist der Pfad der Nacht, des nach innen und nach unten Gehens, des still Werdens, der Intuition. Will ich den Weg des Westens gehen, so ist Meditation das Mittel der Wahl.

Süden und Westen haben eher weibliche Energie, Norden und Osten eher männliche. Das bedeutet natürlich nicht, dass Frauen eher den Weg des Südens oder Westens gehen (sollten) und Männer die entsprechenden Pfade. Alle Wege stehen allen Menschen offen. Helden haben die Aufgabe, sich mit den Jahren mit allen Richtungen und ihren Kräften zu verbinden, auch die Männer mit ihren weiblichen und die Frauen mit ihren männlichen Qualitäten.
Wer mag, kann noch weitere Symbole hinzunehmen. Mehr dazu in der Fußnote[23].

Durch die Kerze in der Mitte, die Symbole für die Himmelsrichtungen und die Elemente und den Kreis der Menschen bildet der Ritualplatz das gesamte Universum ab.

Die Zeit abgrenzen

Ebenso wie der Raum muss auch die Zeit abgegrenzt werden. Rituale brauchen einen klaren Anfang und ein klares Ende. Dazwischen gibt es regelmäßig eine mehr oder weniger festgelegte Abfolge. Allerdings müssen nicht bei jedem Ritual alle Schritte vorkommen. Der typische Ablauf einer Zeremonie sieht so aus:

- Begrüßung
- Wecken und Einladen der Energien
- Anrufung der zentralen Kraft

[23] Interessant ist zum Beispiel die Zuordnung der Erzengel. Michael ist mit dem Feuer verbunden, Raphael mit der Luft, Gabriel mit dem Wasser und Ariel mit der Erde. Gabriel und Ariel werden weiblich gedacht.

- Verbindung mit den Elementen
- Dank, eventuell Opfer
- individueller Teil, z.B. Gebete der Einzelnen
- Lobpreis, Feier
- Abschluss

Zu Anfang begrüßt meist der Leiter die Teilnehmer. Auch gemeinsame Gesten sind ein schöner Anfang, wie zum Beispiel der „Earth Cry": dabei stehen alle im Kreis und fassen sich an den Händen. Sie atmen tief ein und heben dabei die Hände, atmen wieder aus, senken dabei die Hände und zählen „Eins". Dies machen sie bis Acht und steigern dabei die Energie. Nach dem neunten Einatmen zählen sie nicht mehr, sondern werfen die Arme nach unten und dann mit einem lauten, langen Schrei nach oben.

Das Wecken und Einladen der „kleineren Energien" in uns und vielleicht auch außerhalb von uns gestalten wir bei der Weihe des Instruments der Kraft meist durch Trommeln. Andere Möglichkeiten wären Rasseln oder bestimmte Lieder.

Bei der Anrufung verbinden wir uns mit der zentralen Kraft, die bei unserem Ritual zugegen sein soll. Dies kann Gott selbst (die Göttin, der große Geist... ich spreche gerne von der großen Kraft in allem, hinter allem und in jedem von uns) oder ein Archetyp wie die griechischen Götter sein. Wir laden die entsprechende Kraft ein, danken für unsere Existenz, für das Geschenk unseres Lebens und bitten um Gehör, Schutz und Führung.

Selbstverständlich laden wir nur eine Kraft oder Kräfte ein, die dienen und nicht schaden. „Schwarze Magie" hat in so einem Ritual nichts zu suchen.

Dann verbinden wir uns mit der Kraft der Elemente. Eine Möglichkeit dazu ist, die Schalen mit den Elementen im Kreis herumzugeben. Dabei kann jeder eine Geste machen, welche die Energie des Elements verdeutlicht. Wir singen dabei gerne ein Lied mit der Textzeile „Erde ich bin, Wasser ich bin, Feuer, Luft und Geist ich bin".

In allen mir bekannten bedeutenden Traditionen spielt der Dank bei Ritualen eine große Rolle. Dank für den Raum und für die Zeit, die wir gerade nutzen, im Größeren Dank für unseren Lebensraum, die Erde und für das Geschenk unserer Lebenszeit, Dank für alles weitere, was uns gegeben wurde. Kommt er von Herzen, dann sind wir in einer guten Grundhaltung.

Ich kann meinen Dank auch dadurch ausdrücken, dass ich etwas hergebe, etwas opfere. Ich füge beim Ritual für das Instrument der Kraft gerne eine Phase ein, in der sich jeder für eine Minute überlegt, was er zurücklassen könnte, um Platz zu schaffen für die neue Qualität, die er sich wünscht. Eine alte, überflüssig gewordene Verhaltensweise, eine nicht mehr nötige Angst, eine kleine oder große Schwäche. In ein volles Glas kann man eben nichts mehr gießen, wie eine Zen-Geschichte sagt. Nach der Denkminute sagt jeder im Kreis, was er abgibt oder wovon er einen Teil zurücklässt. „Ich lasse einen Teil meiner Angst hier, nicht geliebt zu werden", „Ich gebe das Kiffen ab", „Ich lasse mein Misstrauen sein". Dabei ist wirksamer, den Satz als Tatsache zu formulieren, als mit „Ich möchte ..." oder „Ich werde ..." zu beginnen. Das Unbewusste reagiert am besten auf klare Aussagen.

Nun zum individuellen Teil. Bei unserem Beispiel, der Weihe des Instruments der Kraft, zeigt jeder Teilnehmer seinen Gegenstand und sagt, welchen Namen er hat, welchen magischen Nutzen und was er später damit tun wird. Dann steht er auf, geht im Kreis um den Altar zu dem Element, dessen Energie am besten zu seinem Instrument passt und legt es dazu. Er spricht die Worte „Ich begebe mich in die Mitte des Kreises". Die Gruppe bestätigt „So sei es." Anschließend vervollständigt er den Kreis und setzt sich wieder auf seinen Platz. In anderen Ritualen geht es hier um individuelle Gebete, um Handlungen für Einzelne wie bei einer Taufe, Hochzeit oder bei einem Heilungsritual, um Darstellungen usw. Hier sind den Möglichkeiten keine Grenzen gesetzt.

Für den Lobpreis Gottes, der Kräfte oder unserer Existenz bietet es sich an, zu singen oder zu tanzen. Ich persönlich singe gerne folgendes Lied:
„You're the sun behind the sun, you're the sun,
You're the sun behind the sun, you're the moon,
You're the moon behind the moon, you're the moon,
You're the moon behind the moon, you're the sun ...
You're the me behind the me, you're the me,
You're the me behind the me, you're the you,
You're the you behind the you, you're the you,
You're the you behind the you, you're the me ...!"

Zum Abschluss ist es schön, noch einmal ein Dankgebet zu sprechen, ein Lied zu singen oder den Earth Cry wieder aus dem Himmel herunter zu holen: Dafür werfen alle im Kreis ihre Arme in die Luft und schreien, so laut sie können, bringen die Arme dann langsam herunter und trommeln schließlich mit den Händen auf den Boden.

Umgang mit Ritualen

Einige Anmerkungen zum Umgang mit Ritualen sind mir noch wichtig, da die meisten Menschen wenig Erfahrung damit haben.

Bei Ritualen gibt es meist feste Regeln, die alle Teilnehmer einhalten sollen. Dies dient nicht zum Selbstzweck, auch wenn es in manchen Traditionen oder bei manchen Ritualleitern wohl so ist, sondern dazu, Energie zu sammeln und zu konzentrieren. Wenn jeder macht, wozu er gerade lustig ist, ist das kaum möglich.

In unserer Kultur haben die festen Regeln allerdings dazu geführt, dass Zeremonien etwas sehr Ernstes geworden sind. Wir sind da perfektionistisch. Wenn jemand etwas falsch macht ist es höchst peinlich. Spaß und Lachen haben keinen Platz. Die Lakota-Indianer (von anderen weiß ich zu wenig, um über sie zu schreiben) sind da lockerer. Es gibt Phasen in den Ritualen, da darf gewitzelt und gelacht werden und wenn jemand einen Fehler macht, ist es eher Anlass für Heiterkeit. Dies erleichtert, dass in den wirklich wichtigen Momenten volle Aufmerksamkeit und Konzentration vorhanden ist, alle Energie auf das Anliegen ausgerichtet ist.

Rituale sind auch Mittel, um spirituelles Wissen weiterzugeben und besondere Erfahrung zu ermöglichen. Es war für mich faszinierend, mit der Zeit herauszufinden, dass jedes Detail der Inipi-Zeremonie (Schwitzhütte) der Lakota-Indianer, die ich eingehend kennenlernen durfte, etwas lehrt. Alles dient dazu, uns zu vermitteln, dass wir eins sind mit dem Universum und verwandt mit allem anderen auf dieser Erde. Deshalb geht zum Beispiel bei diesem Ritual alles im Kreis und zwar so, wie die Sonne läuft (wir würden sagen im Uhrzeigersinn). Es erinnert daran, dass das Leben im Kreis verläuft – jeder Tag, jeder Mondzyklus, jedes Jahr, das ganze Leben ist ein Kreis von Kindheit zu Kindheit, wie ein indianischer Spruch sagt. Vertreter traditioneller Wege wehren sich mit Recht dagegen, dass ihre Rituale verändert werden, denn das würde sie entwerten.

Statt mit traditionellen Zeremonien herumzuprobieren, für die man keine Einweihung hat, finde ich es viel heldenhafter, neue und ganz persönliche zu gestalten, um mit dem Göttlichen in Verbindung zu treten. Wir wissen ja jetzt, wie es geht.

Kleine Rituale

Rituale können die Form großartiger Zeremonien haben, sie können aber auch sehr klein und kurz sein. Auch hier ist das Ziel, mit unserem Unbewussten oder mit positiven Kräften außerhalb von uns („dem Universum“) Kontakt aufzunehmen.

Übung:
Kleines Haipule-Ritual

Eine sehr kurze und dennoch mächtige Art, der „anderen Ebene“ etwas mitzuteilen, ist der Hawaiianischen Huna-Lehre entlehnt. Die folgende Übung ist eine Kurzfassung der Haipule-Zeremonie:

- Springe ein paar mal auf und ab, um Deinen Körper in Bewegung zu bringen, dann setze Dich hin.
- Nimm einen tiefen Atemzug und konzentriere dich darauf, wie die Luft durch die Nase ein- und ausströmt.
- Zweiter Atemzug: Nimm die Bewegung der Brust und des Bauches beim Ein- und Ausatmen wahr.
- Dritter Atemzug: erweitere Deine Bewusstheit und nimm zusätzlich deinen Herzschlag oder deinen Puls wahr
- Vierter Atemzug: Sei dir Deines gesamten Körpers in diesem Moment bewusst.
- Lade Dich nun bei jedem Einatmen mit Energie auf und sprich bei jedem Ausatmen in einem klaren und deutlichen Satz aus, was Du sagen möchtest. Mache dies mehrmals.
- Stelle dir in inneren Bildern vor, wie es ist, wenn Deine Absicht Wirklichkeit geworden ist. Spüre die positiven Gefühle, die damit verbunden sind.
- Bedanke dich. Schließe ab.

Quelle: Kos, Kala/Selby, John 1999

Noch kürzer ist die Haipule-Zeremonie mit zwei Atemzügen, die man laufend machen kann und die mit jedem Durchgang mehr Energie gibt.

Übung:
Haipule-Ritual in zwei Atemzügen

- Atme ein und sage „empfangen".
  Konzentriere dich darauf, dass du mit dem Einatmen Energie aus dem Universum bekommst.
- Atme aus und sage „speichern".
  Nimm wahr, wie diese Energie jede deiner Zellen und deine Seele durchdringt.
- Atme ein und sage „beabsichtigen".
  Richte Deine Aufmerksamkeit auf deine Absicht, deinen Wunsch.
- Atme aus und sage „ausstrahlen".
  Dies gibt deinem Dasein die gezielte Anweisung, die Energie der Absicht in die richtige Richtung zu senden.
- Wiederhole diese Abfolge einige Male.

Quelle: Kos, Kala/Selby, John 1999, S. 100ff

Kleine Rituale bestehen also darin,

- sich zu entspannen und zu konzentrieren;
- deutlich, wenn möglich auch in Bildern, zu kommunizieren, was man mitteilen möchte,

Auch bei den kurzen Ritualen reagiert das Unbewusste stärker, wenn bei der Formulierung des Anliegens einige Dinge beachtet werden:

- Die Absicht sollte nicht als Wunsch oder zukünftiges Geschehen, sondern als aktuelle Tatsache formuliert werden.
- Verneinungen vermeidet man möglichst. Besser als „Ich möchte keine Angst mehr haben" ist also „Ich fühle mich stark und sicher".

Systemische Familientherapie, Psychokinesiologie und viele andere Ansätze arbeiten bei ihren Lösungssätzen genau nach diesem Prinzip. Erst wird ein Zustand der Aufmerksamkeit, Konzentration und Offenheit geschaffen. Dann werden Sätze laut ausgesprochen, die dem Unbewussten eine neue Sichtweise der Dinge übermitteln. Jemand, der noch nicht auf die Idee gekommen ist, dass er seinen Eltern dankbar sein könnte, sagt zum Beispiel „Mama, ich danke dir, dass du mir das Leben geschenkt hast" oder „Papa, ich danke dir für die Ausdauer, die ich von dir gelernt habe" und eröffnet damit seinem Unbewussten diese neue Möglichkeit.

Der Kampf mit dem Dämon – Integration der Polarität

Nachdem Heldenseite und Dämonenseite so deutlich wie möglich herausgearbeitet wurden, wird es Zeit, den Konflikt zwischen beiden, der zu all den Lähmungen und zum Drama des bisherigen Lebens geführt hat, zu bearbeiten. In bildlicher Form besteht der Konflikt darin, dass der Held über eine Schwelle in sein Land der Wunder gehen möchte, in dem er das Ziel seiner Suche, die Lösung seiner Schwierigkeiten finden kann. Der Dämon will das jedoch nicht zulassen. Er bewacht die Schwelle und will erreichen, dass alles bleibt wie bisher.

Ein hervorragendes Werkzeug, um solche inneren Konflikte zu lösen, ist die Technik des Gestalt-Dramas.

Werkzeug 3: Gestalt-Drama

Wie bereits besprochen, können wir wahrnehmen, dass sich in unserer Psyche verschiedene Persönlichkeitsanteile zeigen. Im aktuellen Zusammenhang sind dies der „Held“ und der „Dämon“. Es können aber auch Repräsentanten der Eltern sein, das „innere Kind“, archetypische Figuren usw. Auch alle Figuren, die in einem Traum vorkommen, kann man als Persönlichkeitsanteile deuten. Mittels des Gestalt-Dramas können wir uns - oder anders gesagt, kann sich unser Ich - mit diesen Teilpersönlichkeiten in Beziehung setzen oder können wir die Anteile untereinander in Kontakt bringen. Die Technik besteht im Grunde darin, in die verschiedenen Rollen zu schlüpfen, sich jeweils die andere Figur oder die anderen Figuren vorzustellen, die beteiligt sind, und dann in einer Art Rollenspiel mit dem Gegenüber zu sprechen oder in irgendeiner anderen Form zu kommunizieren. [24]

---

[24] Diese „Technik“ hat eine lange Tradition in der Psychotherapie. Schon Jung begann in der „aktiven Imagination“ damit, dass er die Klienten mit ihren archetypischen Figuren in Beziehung treten ließ. Moreno ließ im „Psychodrama“ die verschiedenen Persönlichkeitsanteile von den Mitgliedern der Gruppe darstellen. Fritz Perls, Begründer der Gestalttherapie, ging dazu über, den Klienten selbst alle Rollen spielen zu lassen, um den oft störenden Einfluss der anderen Gruppenmitglieder zu vermeiden. Sprichwörtlich wurde sein „Leerer Stuhl“, der wie die Couch bei der Psychoanalyse zu einer Art Symbol der Gestalttherapie wurde. Vergleiche dazu Frank Stämmler: Der „leere Stuhl.“ Das Gestalt-Drama, wie ich es hier nenne, stellt eine Erweiterung nach Paul Rebillot dar, bei der zusätzliche Elemente aus dem Theater einbezogen werden.

Ich kann in die Rolle des „Helden“ schlüpfen, mir vorstellen, dass mir der „Dämon“ gegenüber steht, und ihm gegenüber ausdrücken, was ich ihm sagen will, was ich fühle usw. Dann werde ich zum Dämon, stelle mir den Helden vor und antworte. Das Prinzip ist also ganz einfach. Ich inszeniere ein Konfliktgespräch zwischen Held und Dämon.

Man kann die Technik des Gestalt-Dramas alleine ausprobieren, um einen ersten Eindruck davon zu bekommen. Es hat sich in der Praxis aber bewährt, in Paaren oder in Dreiergruppen zu arbeiten. Neben dem Akteur gibt es den Unterstützer, der dabei hilft, den Rahmen zu halten und im Prozess zu bleiben. Die dritte Person in der Triade ist der Stellvertreter. Er nimmt die Position der Figur ein, die gerade nicht vom Akteur belebt wird, wiederholt unter Umständen Sätze, die von dieser Figur gesagt wurden, oder steht für körperliche Aktionen zur Verfügung.

Das Gestalt-Drama kann relativ „harmlos“ als einfaches Rollenspiel gestaltet werden. Seine immense heilende Kraft entfaltet es jedoch unter gestalttherapeutisch ausgebildeter Leitung. Sie kann auch dafür sorgen, dass das Gestalt-Drama nicht zu einer negativen Erfahrung wird. Eine Gefahr besteht darin, dass der Konflikt zwischen Held und Dämon in der Inszenierung nicht gelöst werden kann. Das könnte zur falschen Einschätzung führen, dass er überhaupt nicht lösbar ist. Ein anderes Problem könnte darin liegen, dass der Protagonist von seinen Emotionen völlig überschwemmt wird und sein stabilisierendes und ordnendes Ich-Bewusstsein vorübergehend außer Kraft gesetzt wird. Wir haben in den inzwischen zwanzig Jahren unserer Erfahrung mit der Heldenreise herausgefunden, welche Fallstricke vermieden werden können und welcher Weg optimal ist, damit die Konfrontation gelingt. Dieses Wissen geben wir in unseren Ausbildungen weiter.

Ich beschreibe hier das Gestalt-Drama nur kurz für alle, die es auf der Ebene des Rollenspiels ausprobieren wollen. Eine genauere Anleitung für therapeutisch ausgebildete Gruppenleiter findet sich im Anhang (Vergleiche Seite 244).

Das Gestalt-Drama beginnt damit, dass in der Zweier- oder Dreiergruppe die Rollen verteilt werden und entsprechende Verträge geschlossen werden: „Ich bitte dich, die Rolle meines Unterstützers zu übernehmen“. „Ich übernehme die Rolle des Unterstützers.“ Und zum dritten: „Ich bitte dich, die Rolle meines Stellvertreters zu übernehmen“. „Ich übernehme die Rolle deines Stellvertreters.“

Dann geht der Akteur in die Rolle eines der beiden „Konfliktpartner“, Held oder Dämon, und beginnt, mit dem Gegenüber zu reden. Von Zeit zu Zeit wechselt er die Rolle, er geht auf die andere Seite, dreht sich um und antwortet. So wechselt er immer hin und her, bis alles geklärt ist, was es zu klären gibt.

Das Gestalt-Drama ist dann sehr wirkungsvoll, wenn alle Ebenen des Seins: Kopf, Brust und Bauch, oder anders gesagt, Gedanken und Bilder, Emotionen und Stimme, Körper und Bewegung einbezogen sind. Je tiefer der Akteur also in die einzelnen Rollen schlüpft, je mehr er wie ein guter Schauspieler zu den einzelnen Charakteren *wird*, je mehr er die Haltung einnimmt, die Stimme einbezieht und die Emotionen tatsächlich spürt und ausdrückt, desto besser.

Thema des Gestalt-Dramas sind in der Regel Konflikte. Hier ist es der Konflikt zwischen Heldenseite und Dämonenseite des Akteurs. Konstruktive Konfliktgespräche laufen in der Regel in folgenden Schritten ab[25]:

1. Ausdruck von „negativen" Emotionen (Ärger, Wut, Trauer …)
2. Ausdruck der wirklichen Bedürfnisse und tatsächliches gegenseitiges Zuhören
3. Lösung und Energietransformation

Zuerst müssen alle „negativen" Emotionen ausgedrückt werden. Ich setze „negativ" in Anführungszeichen, da sich diese Gefühle zwar unangenehm anfühlen mögen, sie aber die nötige Energie für eine tiefgreifende Konfliktlösung im Sinne einer Transformation liefern. Mit „ausdrücken" meine ich nicht nur *aussprechen*, sondern mit allen Mitteln, mit dem Körper, der Stimme *und* mit Worten zeigen. Wenn aggressive Gefühle entsprechend intensiv sind, dann sind die Fäuste gefragt oder sogar Fußtritte. Der Stellvertreter hält in diesem Fall eine Matratze, an der die Emotionen gefahrlos ausgelassen werden können.

Das Gestalt-Drama ist im Falle der Konfrontation zwischen Held und Dämon dann zu Ende, wenn der Dämon den Weg über die Schwelle ins Land der Wunder frei gibt und wenn beide mit der Lösung zufrieden sind. Es ist also keine akzeptable Lösung, wenn einer der beiden den anderen überlistet, überwältigt oder gar tötet. Da sowohl Held als auch Dämon Teile der Person sind, wäre es auch psychologisch nicht sinnvoll, einen der Teile zu unterdrücken oder abzutöten. Am Schluss werden die Rollen des Unterstützers und des Stellvertreters wieder abgegeben.

Dass der Konflikt lösbar ist, hat seine Ursache darin, dass sowohl Held als auch Dämon das Beste für uns wollen. Unser Held möchte leben, unser Dämon möchte uns im Grunde nur beschützen. Allerdings schützt der Dämon uns mit Mitteln, die wir in der Kindheit gelernt haben. Er ist Ausdruck der Muster, die wir in der Kind-

[25] Dieser Ablauf entspricht auch dem Fair Fight, einer Methode, die zur Konfliktklärung und Mediation genützt wird.

heit angenommen und entwickelt haben, um zu überleben. Wenn unser Held dem Dämonen klar machen kann, dass er stark genug ist, sich mit erwachsenen Mitteln zu schützen, dann kann der Dämon seine Muster ablegen und den Weg über die Schwelle frei geben.

Ich habe jetzt das Gestalt-Drama am Beispiel der Konfrontation von Held und Dämon skizziert. Dieselbe Technik kann jedoch in allen Zusammenhängen verwendet werden, in denen der Akteur mit Teilen der Persönlichkeit in Kontakt treten will, seien es Geschlechtsrollenbilder, sei es der Schatten usw. Sie taucht deshalb in verschiedenen Abschnitten dieses Buches auf. Ich beschreibe dort nur, was in den speziellen Fällen besonders zu beachten ist.

Werkzeug 4: Kreatives Schreiben

Das Mittel der Wahl zur Bearbeitung eines inneren Konfliktes ist meiner Meinung nach das Gestalt-Drama, da es den Körper und die Emotionen intensiv mit einbezieht und so die Transformation der Energie möglich wird. Steht aber keine professionelle Begleitung zur Verfügung, stellt das Schreiben eines Konfliktdialoges eine gute Alternative dar. Dabei versetzt man sich abwechselnd in die Rolle der Konfliktpartner und schreibt alles nieder, was einem einfällt. Wenn die folgenden Tipps befolgt werden, ist die Gefahr geringer, Kreativität und Emotionen zu blockieren:

- Versetze dich in die Rolle eines der Konfliktpartner, also in unserem Fall zum Beispiel des Helden, und schreibe einfach drauf los. Erst kommt vielleicht nur Belangloses, aber das macht nichts. Nach ein paar Sätzen kommen die Botschaften, um die es geht, aus der „Tiefe“, aus tieferen Ebenen unseres Bewusstseins oder aus dem Unbewussten. Versuche, alle Gefühle im Schreiben auszudrücken.
- Denke nicht und schreibe dann, sondern schreibe sofort. Schreibe möglichst spontan. Bewerte in keiner Weise, was du schreibst.
- Arbeite schnell. Dies führt nicht zur Oberflächlichkeit, sondern fördert die Bereitschaft, wichtige Inhalte aus der Tiefe aufsteigen zu lassen.
- Wechsle die Rolle und versetz dich in den anderen Konfliktpartner, zum Beispiel den Dämonen, wenn in der ersten Rolle im Moment alles ausgedrückt ist oder wenn du eine Frage an das Gegenüber stellst.
- Achte darauf, dass in der ersten Phase alle negativen Emotionen, alle Vorwürfe usw. ausgedrückt werden. In einer zweiten Phase sollte die zentrale Frage sein,

was jeder der beiden wirklich wünscht oder will. In der dritten Phase können beide nach Lösungsmöglichkeiten suchen und einen Vertrag schließen.

- Das meiste, was in der Beschreibung des Gestalt-Dialoges gesagt wurde, gilt analog. Wenn sich der Dämon zum Beispiel in einen Elternteil verwandelt, dann führe den Dialog mit dieser Person weiter und kehre anschließend zur Auseinandersetzung mit dem Dämon zurück.
- Schreibe nach Möglichkeit, bis der Konflikt gelöst ist.
- Sollte der Konflikt nicht gelöst werden können, nimm erst einmal Abstand von deinem Skript und dem Thema. Schau es dir nach einer Weile neu an und suche nach dem Kernpunkt des Konflikts. Gibt es eine bestimmte Angst, die dem Problem zugrunde liegt?
- Suche zum Abschluss einen Satz, der die Beziehung von Held und Dämon kurz und klar beschreibt. Zum Beispiel: „Der Held nimmt den Dämon an, der Dämon schützt den Helden, wenn es nötig ist“. Dann forme den Satz in einen „Ich-Mich-Satz“ um, da beide Teile zu dir gehören: „Ich nehme mich an und schütze mich, wenn es nötig ist.“

Werkzeug 5: Tranceformation

Ein äußerst effektives und beinahe „magisches“ Werkzeug zur Integration der Polarität von Held und Dämon ist der „Dreieckstanz“, eine Version des von Paul Rebillot entwickelten „Transformationstanzes“. Dabei steht nicht die Auseinandersetzung der beiden Pole im Vordergrund, sondern die Integration der unterschiedlichen Energien durch Ausdruckstanz. Die Übung kann sehr intensiv erlebt werden. Ein sicherer Rahmen ist deshalb unbedingt zu empfehlen.

Übung
Integrationstanz von Held und Dämon

Der gesamte Ablauf dauert etwa 90 Minuten. Optimal ist für eine derartige Übung das Gruppensetting. Sie ist aber auch zusammen mit einem Partner oder notfalls sogar alleine machbar. Um nicht abgelenkt zu sein, empfehlen wir Augenbinden. Dabei muss der Raum jedes Tänzers sicher abgegrenzt sein – über Matratzen, Kissen oder Ähnliches. Je kräftiger die Musik aus der Anlage kommt, umso leichter fällt es, im Tanz die nötige Energie zu mobilisieren. Und die eigene Stimme hilft dabei, die Emotionen in Fluss zu bringen. Die einzelnen Phasen gehen direkt ineinander über, die Musik sollte deshalb abgemischt sein oder live abgemischt werden.

Den Ablauf des Tanzes symbolisiert die rechts gezeigte Grafik. Normalerweise sind wir zwischen Held und Dämon gefangen. Der Held möchte seine Bedürfnisse befriedigen, seine Sehnsucht leben und seine Ziele erreichen und zieht auf seine Seite. Je mehr Energie der Held aufwendet, umso mehr hält ihn der Dämon zurück. So stecken wir zwischen diesen beiden Persönlichkeitsanteilen fest. Bei geringer Energie ist Depressivität die Folge, bei hoher Energie zerreißt es uns schier. In diesem Tanz versuchen wir, einen Weg zu gehen, bei dem sich beide Energien vereinigen und gegenseitig verstärken, statt sich zu blockieren.

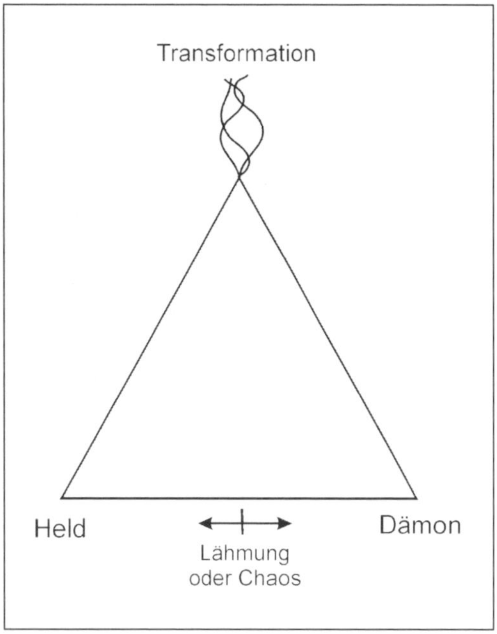

Zuerst entwickeln wir im Tanz die beiden Charaktere von Held und Dämon. Dann wechseln wir zwischen beiden Figuren hin und her, tanzen abwechselnd Held und Dämon und wandern dabei in der Vorstellung die beiden Schenkel des Dreiecks nach oben. Bei jedem Wechsel nehmen wir etwas Energie von der einen Seite mit zur anderen, so dass sie sich gegenseitig bestärken. Wenn der Held zum Beispiel eher oben, in Bewegungen des Oberkörpers und der Arme und Hände angesiedelt ist, der Dämon dagegen in den Beinen und im Becken, so kann beim Wechsel etwas Beinarbeit vom Dämonen auf den Helden übergehen. Wir wechseln im Tanz hin und her, bis die Spitze des Dreiecks erreicht ist. In dem Moment, in dem diese erreicht ist, ist wichtig, alle Inhalte, alle Konzepte gehen zu lassen und den Körper in der Bewegung völlig frei zu lassen. Dann kann sich die Energie beider Anteile vereinigen und transformieren.
Wichtig beim Tanz ist, den Rhythmus der Musik zu nutzen und immer in Bewegung zu bleiben. Wenn du das Gefühl hast, müde zu werden, ist das meist nur ein Festhalten durch den „Dämon". Tanze dich frei.

Anleitung an die Teilnehmer im Gruppensetting:
Die erste Phase besteht darin, beide Figuren, Held und Dämon, im Tanz zu entwickeln.
Beginne, an die linke untere Ecke des Dreiecks zu denken, die Ecke des Helden, und dich zur Musik zu bewegen. Rufe dir die Qualitäten des Helden in Erinnerung und setze sie in Tanz um. Was für eine Person ist dein Held? Tanze es. Spüre es in deinem Körper. Im Tanzen erinnere dich an eine Zeit, eine Phase in deinem Leben, in der du dich so gefühlt hast.
Rufe dir Szenen aus deinem Leben in Erinnerung, in der du dich wie dein Held gefühlt hast, und tanze dich in diesen Szenen. Erfahre die Szene mit all deinen Sinnen und drücke deine Gefühle im Tanz aus. [Nach etwa vier Minuten:] Nun lasse deinen Tanz ausklingen.
Jetzt denke an die rechte untere Ecke des Dreiecks, die Ecke des Dämons. Beginne, den Dämon zu tanzen. Fühle die Qualitäten des Dämons in deinem Rücken, in den Armen, im Gesicht, im ganzen Körper. Erspüre die Macht und Kraft, die Lebendigkeit des Dämons und tanze sie. Erinnere dich an Situationen in deinem Leben, in den du dich so kraftvoll, so mächtig, so wütend oder vital gefühlt hast wie dein Dämon. [Nach etwa vier Minuten:] Ein letztes Mal lasse den Tanz ausklingen.
Jetzt, in der zweiten Phase, tanzen wir die beiden Seiten des Dreiecks nach oben. Beginne wieder, die Heldenseite in dir zu tanzen. Nach ein paar Minuten wechsle ohne Unterbrechung zur Dämonenseite und wieder nach ein paar Minuten zurück zum Helden. Tanze immer wieder zwischen den Positionen von Held und Dämon hin und her und stelle dir dabei vor, dass du allmählich die Seiten des Dreiecks nach oben wanderst. Bei jedem Wechsel erlaube dir, etwas Energie, etwas Bewegung von der einen Seite auf die andere mitzunehmen, so dass beide Seiten immer lebendiger werden.
[Da der Weg zur Spitze des Dreiecks mit der Musik koordiniert ist, wird angesagt, wie weit der Tanz fortgeschritten ist: ein Viertel des Weges zur Spitze des Dreiecks, die Hälfte, 80%, 85%, 90%, 95%.]
Bleibe immer in Bewegung, nutze den Rhythmus der Musik, setze deine ganze Energie ein. Alles, was du jetzt einsetzt, kannst du transformieren und für deine Ziele nutzen. Nutze deine Stimme. Sie hilft dir, die Gefühle zu intensivieren.
[Bei der Vereinigung:]
Jetzt verschmelzen die Energien von Held und Dämon! Erlaube deiner Stimme, auszudrücken, was du fühlst! Lass voll und ganz los. Halte nichts fest, kontrolliere nichts, bewerte nichts, lass deinen Körper sich bewegen, wie er möchte. Bleibe aber in Bewegung, im Tanz.
Allmählich entsteht eine neue Qualität, eine neue Erfahrung. Spüre im Tanz, was du gefunden hast.

Lass dir einen Satz in den Sinn kommen, der beginnt mit „Ich bin..." oder „Ich kann ..." oder „Ich habe ...". Rufe diesen Satz aus, tanze ihn, feiere ihn, genieße ihn.
[Nach einer Weile:]
Was du gefunden hast, was du bist, was du kannst oder hast, das kannst du auch teilen, wenn du es willst. So nimm allmählich die Augenbinden ab, komme zurück in den Raum und zur Gruppe und teile, feiere mit der Gruppe. Sei achtsam mit dir und den anderen. Achte darauf, was für dich gut ist und was den anderen gut tut.

Zusammenfassung der Phasen und Musikbeispiel:
Entwickeln der Tänze für Held und Dämon (ca. 7') [Waves 3]
Tanz zur Spitze des Dreiecks (ca. 40') [Asher 5, Waves 4 bis 30 Sekunden vor Ende]
Vereinigung, Satz mit „Ich bin ..." (ca. 5') [Waves 4 Ende, Waves 5]
Ausklingen lassen mit fröhlicher Musik [Kumbalawe, Kalimando ...]

Musik: Gabrielle Roth: Waves (Waves), James Asher: Feet in the Soil (Asher), Cirque du Soleil: Saltimbanco (Kumbalawe), Mystere (Kalimando)

Diesen Integrationstanz kann man übrigens nicht nur zur Vereinigung der polaren Energien von Held und Dämon nutzen. Wir haben in unserem Institut auch sehr gute Erfahrungen damit gemacht, andere Polaritäten wie Ja und Nein, Macht und Liebe oder Gut und Böse im Tanz zu vereinen. Der Kreativität sind da keine Grenzen gesetzt.

Besonders gut für Trancetänze ist die Musik von Gabrielle Roth geeignet, einer Therapeutin und Tänzerin, die vor allem für Selbsterfahrung im Tanz durch die „5 Rhythmen" bekannt ist.[26]

Das Land der Wunder – Im Reich des Unbewussten

Wenn der Konflikt zwischen Held und Dämon gelöst ist, dann ist der Weg frei in das „Land der Wunder", ein Land, für das es in Mythen, Märchen und in der Literatur zahllose Beispiele gibt: von der Insel Avalon der Kelten über die Brun-

[26] Roth, Gabrielle 2007

nenwelt von Frau Holle und dem Wunderland hinter dem Spiegel, in das Alice in der Erzählung von Lewis Carroll tritt, bis zum Phantásien in Michael Endes „Unendlicher Geschichte“ und zu „Narnia“ in einer aktuellen Fantasy-Saga.

Viele Sagen, zahllose Märchen und Erzählungen und das gesamte Fantasy-Genre beschreiben Parallel-Welten, in denen andere Gesetze gelten als in der gewöhnlichen Realität, in der es eine Vielzahl von Wesen gibt, die in der Alltagswelt nicht vorkommen, in denen der Held ungewöhnliche und magische Kräfte besitzt und in denen er Abenteuer bestehen und seinen Schatz gewinnen kann.

Psychologisch betrachtet sind diese Welten Bilder des „Unbewussten“. Es gibt Bereiche in unserer Psyche, die dem Bewusstsein nicht ohne weiteres zugänglich sind. In der Alltagssprache werden diese Areale oft als „Unterbewusstsein“, in der Tiefenpsychologie als „Unbewusstes“ bezeichnet. Von verschiedenen psychologischen Richtungen wurde die Existenz des Unbewussten geraume Zeit in Frage gestellt, aktuelle neurobiologische Erkenntnisse bestätigen aber die Annahmen der Tiefenpsychologie. Sigmund Freud beschränkte das Unbewusste noch auf den Bereich vergessener und verdrängter Bewusstseinsinhalte, C. G. Jung erweiterte es über eine oberflächliche Schicht des persönlichen Unbewussten hinaus zum „kollektiven Unbewussten“, dessen Inhalte in irgendeiner Art und Weise vererbt und der gesamten Menschheit eigen sind. Dafür spricht, dass bestimmte mythische Bilder in Erzählungen verschiedenster Kulturen erscheinen und Träume und Visionen der Menschen auf der ganzen Welt ähnliche Inhalte und Symbole enthalten können.

Ich habe bereits mehrfach betont, dass es für jeden Menschen auf seinem Entwicklungsweg sehr wichtig ist, mit dem Unbewussten Kontakt aufzunehmen. Wir sind sehr viel mehr von diesem Bereich beeinflusst, als die meisten Leute glauben mögen. Sowohl die Inhalte des persönlichen Unbewussten, all die vergessenen und verdrängten Erfahrungen unseres bisherigen Lebens, beginnend mit unserer Zeugung, als auch die mächtigen Inhalte des kollektiven Unbewussten, die letztlich den Erfahrungen der gesamten Menschheit entspringen, prägen unsere Gefühle, Gedanken und Handlungen.

Wir dürfen unser kognitives Bewusstsein nicht gering schätzen. Es ist eine, wenn nicht die zentrale Errungenschaft der Menschheit. Dank unseres Bewusstseins können wir verstehen, ordnen und werten, verfügen wir über einen freien Willen, sind wir den Kräften der Natur nicht mehr hilflos ausgeliefert und können wir uns gegenüber inneren und äußeren Einflüssen behaupten. Unser Bewusstsein macht uns unabhängig und frei. Doch genauso falsch wäre es, das Unbewusste abzuwerten. Nur in Verbindung damit geschieht tiefgreifende persönliche Entwicklung und finden wir Heilung.

Seit Urzeiten nehmen Menschen Verbindung mit der „Welt hinter der Welt“ auf, um Führung zu erhalten oder zu heilen. Medizinmänner und Schamanen gehen auf Trancereise, um besondere Dinge zu bewirken, um sich Rat zu holen, um zu erfahren, wie Menschen geheilt werden können, um verlorene Seelenanteile zurückzuholen und verschiedenste Heilkräfte zu entwickeln.

Für jemanden, der Held oder Heldin seines Lebens sein will, ist der Weg in die Welt des Unbewussten auch sehr bedeutsam. Hier bekommt er Hilfe zur Bewältigung seiner Aufgaben und Anleitung für seinen Weg. Und vor allem: Hier kann er seinen Schatz finden, der sein Leben bereichert und erfüllt. Ich beschreibe im nächsten Abschnitt zuerst, welche Erfahrungen im Unbewussten möglich sind, und dann, wie man dorthin reisen kann.

Wege zum Unbewussten

Ich beschreibe nun mehrere Wege, die eine Reise in den Bereich des Unbewussten möglich machen.

Phantasiereise

Einen ersten Weg in die Welt des Unbewussten haben wir schon kennengelernt: die Phantasiereise. Der Eingang ins Land der Wunder wird auf der Ebene der Bilder als irgendeine Art von Schwelle erfahren. Es kann sich um ein Tor handeln, um den Eingang in eine Höhle, die Oberfläche eines Teichs, eine Klippe usw. Die Phantasiereise besteht aus einem geführten Teil, der den Weg bis zur Schwelle beschreibt, und einen nicht geführten, bei dem ohne Anleitung erlebt wird, was hinter der Schwelle auf den Helden wartet. Am Schluss der Reise werden die Teilnehmer natürlich wieder in die Alltagsrealität zurückgebracht.

Musikunterstützung hilft dabei fast allen Menschen, die Erfahrung zu intensivieren. Manche fühlen sich aber eher manipuliert und lehnen Musik zur Reise ab. Wir verwenden gerne Zusammenschnitte von Filmmusik, da sie dazu gemacht wurde, Bilder zu untermalen und Emotionen zu fördern. Klassische Musik ist ebenso verwendbar, stößt aber nach unserer Erfahrung bei mehr Menschen auf Widerstand. Die Musik sollte zum Einstieg ruhig und entspannend sein, dann eher treibend, um Energie zu mobilisieren. Ein relativ dramatischer Teil unterstützt dabei,

Konflikte oder Blockaden durchzuarbeiten. Dann sollte die Musik vielseitig und abwechslungsreich, aber möglichst nicht zu aufdringlich sein, um ein weites Feld von Erlebnissen zu unterstützen. Zum Schluss ist wieder sehr sanfte und entspannende Musik hilfreich.

Ich empfehle nicht, die Reise ins Land der Wunder alleine anzutreten, sondern nur zusammen mit einem Partner. Die Hauptaufgabe des Partners ist, den Reisenden zu schützen. Darüber hinaus kann er Anleitungen geben, falls sie nötig sind, Notizen zu den Stationen der Reise machen und zur Verfügung stellen, was der Aktive eventuell braucht: Sei es eine Decke, etwas zu Trinken oder eine Hand, um sie zu halten. Wichtig ist jedoch, dass der Partner den Reisenden nicht stört oder „überbemuttert".

Im Folgenden beschreibe ich ein Beispiel, wie die Phantasiereise in das Land der Wunder aussehen kann:

Übung
Phantasiereise ins Land der Wunder

Musik wie oben beschrieben, Zeitdauer etwa 1 ½ Stunden
Anleitung:
Lege dich bequem auf eine Matratze oder Matte. Eine Augenbinde oder Schlafbrille ist hilfreich, um die Augen mühelos geschlossen zu halten.
Lege dich auf den Rücken und übergebe dein ganzes Gewicht dem Boden, der Matratze. Bei jedem Ausatmen gib dein Gewicht ab. Du musst nichts aufrecht halten, nichts festhalten. Entspanne dich mit jedem Atemzug mehr.
Stelle dir jetzt vor, dass dein linkes Bein mit jedem Ausatmen schwerer wird und mit jedem Atemzug mehr und mehr in den Boden, in die Matratze sinkt ... jetzt wird dein rechtes Bein mit jedem Ausatmen schwerer und sinkt in den Boden ... nun sinkt dein Becken in die Matratze und wird schwerer und gleichzeitig auch irgendwie leichter, so als würde es zu schweben beginnen ... nun dein Rücken ... dein linker Arm und deine linke Schulter ... dein rechter Arm und deine rechte Schulter ... dein Nacken und Kopf werden mit jedem Ausatmen schwerer und sinken in den Boden ... dein gesamter Körper wird mit jedem Ausatmen schwerer und sinkt in die Erde. Gleichzeitig fühlst du dich immer leichter, so als würdest du schweben.
Beim nächsten Ausatmen lass voll und ganz los und lasse dich nach unten schweben, in immer tiefere Ebenen der Entspannung.
Schließlich erlaube dir, in einer Landschaft anzukommen, auf einer Wiese. Schau dich um, erkunde diese Wiese ...

Du ahnst, dass irgendwo in der Nähe deine „Schwelle" ins Land der Wunder wartet, dein Übergang in die andere Welt, in der alles möglich ist. Du siehst einen Weg, der in einen Wald führt und folgst diesem Weg ...
Sieh dich um, während du diesem Pfad folgst – welche Pflanzen nimmst du wahr? Vielleicht sind auch Tiere in der Nähe ...
Es wird lichter, und du ahnst, dass du den Ort sehr bald erreichst, an dem du in die andere Welt eintreten kannst ...
Der Wald öffnet sich, und du bist angekommen. Wie sieht deine Schwelle ins Land der Wunder aus? Es kann eine Tür oder ein Tor sein, der Eingang in eine Höhle, eine Brücke, eine Klippe, von der du springen musst, eine Wasseroberfläche, in die du tauchen musst ...
Beschreibe deinem Partner, wie die Schwelle aussieht ...
Nun mache dich bereit, hinüberzugehen in die andere Welt ...
Mache den ersten Schritt. Was siehst du, was fühlst du, wie riecht die Luft?
Und nun gehe los in dein Land der Wunder. Es ist eine ganz andere Welt als die Alltagswelt. Die Gesetze von Raum und Zeit gelten hier nicht. Du kannst überall auf der Welt sein und in jedem Zeitalter. Du kannst fliegen, unter Wasser leben, winzig klein und riesengroß sein. Entdecke deine Welt der Wunder.
Wenn du noch Widerstände überwinden musst, dann kämpfe dich durch.
Ich wünsche dir eine gute Reise! ...
(gegen Ende:) Mache dich allmählich bereit, in die Alltagswelt zurückzukehren. Schließe die Szenen ab, in denen du dich befindest ...
Wenn du etwas von deinem Partner brauchst, eine Decke, etwas zu trinken, eine Hand oder eine Umarmung, dann lass es dir geben ...
Nun öffne allmählich die Augen und gehe in Kontakt mit deinem Partner ...
Tauscht euch eine Weile aus, wie es euch ging ...

Atemprozess

Einen weiteren, sehr intensiven Weg ins Reich des Unbewussten stellen Atemtechniken dar, die wohl schon seit Urzeiten für Trancereisen benützt wurden und in den letzten Jahrzehnten vor allem unter den Namen Rebirthing und Holotropes Atmen bekannt wurden.

Holotropes Atmen geht auf den tschechischen Arzt Stanislaf Grof zurück. In den ersten Jahren seiner medizinischen Forschungstätigkeit arbeitete er mit der bewusstseinserweiternden Substanz Lysergsäurediethylamid, kurz LSD. Er fand heraus, dass Menschen, die diese Droge in geschütztem Rahmen einnahmen und „auf Trip gingen", immer wieder ähnliche und in der Regel sehr heilsame Erfahrungen machten. Als die Arbeit mit LSD später verboten wurde, fand Grof in der Methode des „Holotropen Atmens" eine Alternative. Diese spezielle Atemtechnik, die in etwas anderer Form als „Rebirthing" oder „Vivation" bekannt ist, ermöglicht ähnlich intensive Reisen in die Bereiche des Unbewussten.

Im Prinzip bestehen diese Techniken alle darin, dass die Teilnehmer während ihrer Trancereise tief, relativ schnell und ohne Pause atmen. Ich möchte hier nicht im Detail auf die Unterschiede und Gemeinsamkeiten dieser Techniken eingehen. Kurz gesagt ist Rebirthing eher offen angelegt. Es gibt Prozesse im Liegen, Gehen und unter Wasser, kürzere und längere, mit und ohne Musikunterstützung. Das von Grof entwickelte Holotrope Atmen wird in der Regel in mehrstündigen Sitzungen mit starker Musikunterstützung angeboten.

Die körperlichen und auch die psychischen Erscheinungen, die dabei auftreten können, sind manchmal sehr beängstigend. Sie sind an sich zwar nicht problematisch, können aber, wenn man über keine Erfahrung auf diesem Gebiet verfügt, zu Panikreaktionen mit negativen Folgen führen. Deshalb empfehle ich auf keinen Fall, alleine und ohne schützenden Rahmen mit diesen Techniken zu experimentieren. Als Gruppenleiter sollte damit nur arbeiten, wer eine einschlägige Ausbildung oder zumindest umfangreiche Erfahrung mit Atemprozessen hat.

Eine schöne Idee ist, - entsprechende Erfahrung vorausgesetzt - folgende Atemraumerweiterung und Einführung in das vertiefte Atmen nach dem Entspannungsteil in die oben beschriebene Phantasiereise zu integrieren.

Übung
Atemraum erweitern - Einführung in vertieftes Atmen

Leg dich bitte auf dem Boden auf den Rücken, die Beine nebeneinander, die Arme neben dem Körper, die Augen geschlossen. Atme bitte durch die Nase ein, damit dein Mund nicht austrocknet, es sei denn, deine Nase ist nicht frei. Ausatmen kannst du ebenfalls durch die Nase, oder, wenn es dir leichter fällt, durch den Mund.
Achte nun auf deinen Atem. Was an deinem Körper bewegt sich beim Ein- und Ausatmen? Wie stark, wie lang ist dein Atem? Verändere vorerst nichts, sondern nimm nur wahr, wie du atmest...
Atme nun in deinen Bauch. Deine Bauchdecke hebt sich, wölbt sich beim Einatmen, beim Ausatmen wird dein Bauch wieder flach... Jetzt versuche, ob du so atmen kannst, dass beim Einatmen Druck auf deinen Be-

ckenboden (die Region zwischen den Beinen) entsteht. Dieser Druck verschwindet beim Ausatmen wieder... Nun atme in deinen unteren Rücken. Vielleicht spürst du durch den Bodenkontakt, dass sich dein unterer Rücken beim Atmen bewegt...

Jetzt atme vor allem mit den Seiten deines Bauches...

Versuche nun, alle diese Bewegungen zusammenzunehmen und mit dem gesamten Bauch und Unterleib zu atmen. Dein ganzer Unterleib dehnt sich beim Einatmen aus und zieht sich beim Ausatmen wieder zusammen...

Nun atme vor allem mit deiner Brust. Dein Brustkorb dehnt sich beim Einatmen und zieht sich beim Ausatmen zusammen...

Achte besonders auf die unteren Rippen und die Region um deine Schlüsselbeine...

Nun achte auf deinen Rücken in Höhe des Brustkorbes, vor allem auf den Bereich der unteren Rippen. Spürst du die Bewegung im Kontakt mit dem Boden? ... Jetzt atme in deine Lungenspitzen... jetzt in deine Schultern. Bewegen sich deine Schultern beim Atmen?

Nun bewege die Seiten deines Brustkorbes beim Atmen. Versuche, einige Atemzüge lang mit der ganzen Brust zu atmen, alle genannten Bereiche zu spüren...

Und jetzt nimm einige Atemzüge lang auch noch die untere Körperhälfte hinzu...

Jetzt atme bitte in deinen Hals. Stell dir vor, dein Hals dehnt sich beim Einatmen und zieht sich beim Ausatmen wieder zusammen...

Jetzt atme in deinen Rachenraum... Jetzt in Kiefer- und Stirnhöhle...

Und jetzt stell dir vor, dein ganzer Kopf atmet mit...

Atme nun einige Züge mit dem ganzen Körper. Blase deinen Körper beim Einatmen wie einen Luftballon auf und lasse ihn beim Ausatmen wieder ganz zusammenfallen...

Machst du eine Pause nach dem Einatmen oder Ausatmen? Sind Einatmen und Ausatmen gleich oder verschieden lang? ...

Nun atme relativ schnell und mache Einatmen und Ausatmen gleich lang. Atme tief und schnell.

Falls du eine Pause nach dem Einatmen oder Ausatmen machst, lasse diese Pause jetzt weg. Atme nach dem Einatmen sofort aus und nach dem Ausatmen sofort ein, so dass so etwas wie ein Rad des Atmens entsteht, das sich pausenlos dreht.

Trommeln oder Rasseln

Der dritte Weg zum Unbewussten, den ich hier beschreiben möchte, ist ebenfalls viele, viele Jahrtausende alt. In dem, was heute oft „Schamanische Reise“ genannt wird, bildet Trommeln oder Rasseln das Transportmittel in den Bereich der Traumwelt. Neurobiologen haben herausgefunden, dass ein gleichförmiger Rhythmus, der über längere Zeit beibehalten wird, Trancezustände auslösen kann. Naturvölker wissen das schon länger.

Ich selbst konnte die Kraft einfacher Rhythmen unter anderem beim Sundance der Lakota erfahren. Während der vier Tage, die der Sonnentanz dauert, wird einen Großteil der Zeit getrommelt, gesungen und dazu getanzt. Die Lieder haben ausnahmslos denselben ganz einfachen Rhythmus, der von einem Kreis von Trommlern auf einer oder mehreren großen Rahmentrommeln gespielt wird und den man mit Dum – Da – Dum – Da – Dum – Da umschreiben könnte. Obwohl ich nicht getanzt habe, kam ich mit der Zeit in einen faszinierenden Trancezustand, der mein Körperempfinden und meine Wahrnehmung stark veränderte und der, denke ich, bei den Tänzern dazu führt, dass sie vier Tage ohne Essen und Trinken in der Sonne tanzen können, ohne zusammenzubrechen.

Ebenfalls sehr kraftvoll ist ein noch einfacherer Rhythmus. Die Trommeln werden dabei konstant etwa in der Frequenz des Herzschlages geschlagen. Statt der Trommeln können auch Rasseln verwendet werden, die den gleichförmigen Rhythmus vorgeben. Eine Phantasiereise kann das Trommeln oder Rasseln intensivieren und vertiefen. Ich kann aber auch einfach nur wahrnehmen, was der Rhythmus auslöst und wohin er mich führt.

Für Medizinmänner und –frauen und für Schamanen ist das Rasseln und Trommeln heilig. Ich binde es deshalb gerne in ein Ritual ein. Damit erkenne ich an, dass unter Umständen besondere Kräfte wirksam werden, und ich bezeuge ihnen Respekt.

Manchmal wird davor gewarnt, dass das „schamanische“ Trommeln oder Rasseln Geister rufen könnte, die man nicht mehr los wird. Das entspricht nicht meiner Erfahrung. Natürlich können bei Trancezuständen, die durch Rhythmus ausgelöst werden, wie bei allen anderen auch unliebsame oder beängstigende Inhalte aus dem Unbewussten auftauchen. Sie hängen meiner Erfahrung nach mit der persönlichen Geschichte zusammen, wie ich es weiter oben beschrieben habe, und sind nicht das Werk äußerer „Geister“ oder „Spirits“. Ich möchte nicht ausschließen, dass es solche gibt und dass sie gegebenenfalls durch Medizinleute oder Schamanen über spezielle Rituale eingeladen werden können. Ich konnte aber bisher alles, was ich oder andere in Trancezuständen erlebt haben, ob durch Anleitung zum bildlichen Erleben, durch Atemtechniken oder durch Rhythmus ausgelöst, als innerpsychische Vorgänge erklären.

Erfahrungsbereiche des Unbewussten

Was kann man nun in der Welt des Unbewussten erleben? In der heutigen Zeit hat vor allem der bereits erwähnte Arzt Stanislav Grof die Heilkraft von Reisen in die Trancewelt erforscht. Grof arbeitete viele Jahre intensiv daran, die Erlebnisse seiner Klienten zu ordnen und zu systematisieren. Doch bevor ich näher darauf eingehe, möchte ich eine Geschichte erzählen:

Die Geschichte vom Zen-Mönch, der erleuchtet werden wollte.[27]

Eines Tages kam ein Mann zu einem Zen-Meister, der in weitem Umkreis wegen seiner äußerst wirksamen Methoden bekannt war, und bat darum, ihn als Schüler anzunehmen und zur Erleuchtung zu führen. Der Meister willigte ein. Auf die Frage des Mannes, was er nun tun solle, antwortete der Meister nur: „Gehe in die Zelle, die dir zugewiesen wird, lege dich auf die Matte und atme. Atme schnell und tief und ohne Pause."

Der Schüler tat wie ihm gesagt wurde. Er ging in die Zelle, legte sich auf die Matte und versuchte, etwas tiefer und schneller zu atmen, als er es sonst tat, und versuchte auch, die Pausen zwischen Einatmen und Ausatmen wegzulassen. Eine Weile geschah nichts, dann wurde es ihm etwas seltsam zumute, und er atmete weniger. Er atmete wieder mehr und dann wieder weniger. Schließlich dachte er, es müsste genügen. Er fühlte sich frisch und wach. Er verließ seine Zelle, ging zum Meister, berichtete, was er erlebt hatte, und fragte: „Bin ich jetzt erleuchtet?"

Der Meister antwortete nur: „Geh wieder in deine Zelle und atme weiter."

Der Mann legte sich wieder auf seine Matte und versuchte, noch tiefer und schneller zu atmen. Er fing an, richtig zu schnaufen. Plötzlich geschah etwas Seltsames. Seine Hände verkrampften sich, seine Finger wurden steif, die Daumen wurden an die Mittelfinger gepresst, die Handgelenke knickten ab, die Arme kamen ihm vor wie Hühnerflügel, der Mund wurde spitz wie ein Schnabel und der ganze Körper fühlte sich an wie voller Ameisen. Und er konnte nichts dagegen tun! Was für eine sonderbare Erfahrung. Mutig, wie er war, atmete er immer weiter. Plötzlich lösten sich alle Krämpfe, und er fühlte sich unglaublich leicht und entspannt. Das musste es sein. Er lief zum Meister, sagte, er wäre völlig gelähmt gewesen und jetzt unglaublich entspannt. Er müsse doch jetzt erleuchtet sein.

Der Meister antwortete nur: „Geh wieder in deine Zelle und atme weiter."

---

[27] Nach Paul Rebillot: Die Heldenreise, S, 219 ff

Na gut. Auf ein Neues begann der Schüler mit dem Atmen. Dieses Mal tauchten plötzlich Erinnerungen aus seiner Kindheit auf. Er erlebte, als sei es gerade Wirklichkeit, wie ihn sein Vater zu Unrecht verprügelte, weil er angeblich ein Dutzend Eier an eine Wand geworfen hatte. Dabei war es sein Bruder gewesen. Eine unglaubliche Wut stieg in ihm hoch. Er schlug auf die Matte ein und stellte sich vor, es wäre sein Vater. Seinem Bruder drehte er in der Phantasie den Hals um und riss dabei fast ein Kissen entzwei. Es kam ihm vor, als weinte er Stunden um seine Mutter, die er früh verloren hatte. Irgendwann erschien er schuldbewusst bei seinem Meister und sagte: „Mein Meister, ich bin es nicht wert, dein Schüler zu sein. Ich habe meinen Vater geschlagen, meinen Bruder ermordet, die Trauer über den Verlust meiner Mutter hat mich überwältigt. Bitte entlasst mich!“

Der Meister sah ihn mit milden Augen an und antwortete: „Es ist gut so. Geh wieder in deine Zelle und atme weiter.“

Dieses Mal geschah eine Weile nichts. Plötzlich hatte er das Gefühl, nur aus einem Kopf mit einem langen, starken Schwanz zu bestehen. Er schwamm so schnell er konnte in einer milchigen Flüssigkeit, im ihn herum andere, die genauso aussahen wie er. Und er wusste: Er hatte ein Ziel! Plötzlich war da eine riesige Kugel und ihn war klar, dass er sich mit ihr vereinigen musste. Es geschah, und es fühlte sich an wie eine Explosion. Die Kugel teilte sich, sie teilte sich wieder und wieder. Er schwamm in einer warmen Flüssigkeit, er hörte das schnelle Pochen seines Herzens und einen langsamen Herzschlag irgendwo außerhalb. Eine gute Weile war es wie im Paradies. Kein Zweifel: Er war im Bauch seiner Mutter. Doch dann wurde es enger und enger. Er fühlte sich eingesperrt. Die erste Wehe erschreckte ihn fast zu Tode. Er wurde mit aller Gewalt mit dem Kopf voraus in einen engen Gang gepresst. Würde er das überleben? Wo ging es hin? Er kämpfte und ließ geschehen, bis er endlich einen Weg in die Freiheit gefunden hatte. Er erlebte all das wieder, was ihm nach seiner Geburt widerfahren war, und fühlte sich schließlich wie neugeboren. „Ich muss erleuchtet sein!“ rief er seinem Meister schon von weitem zu. Der Meister antwortete nur: „Geh wieder in deine Zelle und atme weiter.“

Um es kurz zu machen: Dieses Mal tanzte er zuerst als Eingeborener um ein Lagerfeuer, dann zog er als Ritter in eine Schlacht, er war Baumeister einer ägyptischen Pyramide, jagte im Fellkleid und mit der Steinaxt nach Zwergrindern, streifte dann als Tiger durch den Dschungel, flog als Adler und schwamm mit den Delfinen, sonnte sich als Echse auf einem Stein und schwebte zu guter Letzt als Amöbe im Weltmeer. Fassungslos trat er vor seinen Lehrer: „Ich habe die gesamte Geschichte der Menschheit und allen Lebens auf dieser Erde erfahren. Ich weiß alles darüber, was es heißt, auf der Erde inkarniert zu werden. Ich muss erleuchtet sein!“ Der Meister antwortete nur: „Geh in deine Zelle und atme weiter.“

Lange Zeit geschah nichts, wie intensiv der Schüler auch atmete. Einen Tag, eine Nacht, vielleicht sogar drei Tage und drei Nächte lag er da und atmete. Als er schon aufgeben wollte, oder vielleicht genau dann, als er aufgegeben hatte, fühlte

er sich plötzlich sehr leicht und hatte den Eindruck zu schweben. Er schwebte höher und höher, durch die Wolken, ins All. Da taten sich die Himmel auf! Ein wunderbares Licht umhüllte ihn, Engelchöre sangen Hosianna und Halleluja, er sah Buddha, Krishna und Jesus, die Götter der Griechen, der Germanen und Watussis. Alle winkten ihm zu, hießen ihn willkommen. Mitten aus dieser Erfahrung heraus schwebte er gleichsam zu seinem Lehrer und sagte: „Meister, ich danke dir. Ich bin in den Himmel aufgestiegen, habe alle Götter gesehen, die Engel haben für mich gesungen. Ich bin erleuchtet!“
Der Meister sah ihn eine Weile wohlwollend an. Dann sagte er: „Geh wieder in deine Zelle und atme weiter. Auch das geht vorbei.“

All das, was die Geschichte erzählt, kann bei der Reise ins Land der Wunder geschehen. Und wenn man immer weiter geht, kann man irgendwann über alle Erscheinungen hinaus gelangen. Vielleicht tatsächlich bis zur Erleuchtung.

Doch nun wieder etwas sachlicher zu den einzelnen Erfahrungsbereichen, die bei intensiven Tranceerfahrungen möglich sind:

Persönliche Erinnerungen

Eines der einschneidensten Erlebnisse, das wir alle zu verarbeiten hatten, ist unsere eigene Geburt. Es ist die Erfahrung vom Ende des gewohnten Lebens in der schützenden und versorgenden Atmosphäre der Fruchtblase und der wohl oft mit Todesangst verbundene Übergang in eine völlig neue Welt. Deshalb werden in Trancezuständen sehr häufig Erfahrungen rund um die eigene Geburt wieder erlebt. Daher auch der Name „Rebirthing“ für eine der trancefördernden Atemtherapietechniken.

Da die Geburt eine derart große Rolle spielt, unterscheidet Grof bei den Erfahrungen, die mit der persönlichen Geschichte zusammenhängen, zwischen postnatalen (nachgeburtlichen), perinatalen (mit der Geburt zusammenhängenden) und pränatalen (vorgeburtlichen) Erlebnissen.

Häufig tauchen bei den ersten Reisen ins Land der Wunder Szenen aus der persönlichen nachgeburtlichen Geschichte auf, vor allem konfliktbehaftete oder schmerzhafte. Sie stehen tieferen Erfahrungen im Wege und müssen erst neu erfahren und gelöst werden, bevor die Reise weitergehen kann. Das geht oft sehr schnell. Stark traumatisierte Menschen müssen jedoch mitunter wiederholt und intensiv arbeiten oder brauchen Unterstützung durch Methoden wie Meridianklopfakkupressur (z. B. EFT), bevor sie ihre Reise in angenehmere Bereiche führen kann.

Von zentraler Bedeutung beim Wiedererleben einer verletzenden nachgeburtlichen Erfahrung ist, dass es mit einem Erfolgserlebnis abgeschlossen werden kann. Sonst droht eine Retraumatisierung, die Wiederholung und Verstärkung der Verletzung. Als Held hast du in der Regel Kräfte, die du in der ursprünglichen verletzenden Situation nicht hattest. Du bist erwachsen und kein Kind mehr, du hast die Kräfte deines Dämons integriert, hast also deine Aggression zur Verfügung, um dich zu schützen und dich zu verteidigen. Du hast dein „Instrument der Kraft“ und deinen „Inneren Führer“ zur Unterstützung. Und du hast die Energie aus der Atemtechnik, wenn du eine solche benützt. Deine Chancen stehen also sehr gut. Dennoch empfehle ich dir, intensive Trancereisen nur mit möglichst gut geschulter Begleitung und in einem sicheren Rahmen anzugehen. Die Gefahr besteht sonst darin, dass du dich durch die Erfahrungen der Reise noch mehr verschließt, als du es sowieso schon bist.

Auch die Erfahrung des neu geboren Werdens sollte möglichst mit einem Erfolgserlebnis enden. Wenn die Geburt sehr schwer war, kann sie auch im Wiedererleben zum langen Kampf werden. Umso schöner, wenn der Neugeborene dann die Erfahrung von körperlicher Nähe, von Wärme, Geborgenheit und Schutz genießen kann. Kinder, die nach der Geburt lange im Brutkasten oder aus anderen Gründen von der Mutter getrennt waren, brauchen ebenfalls sehr viel Liebe und Gehaltensein, um zu heilen. Auch deshalb sollten intensive Trancereisen nicht alleine unternommen werden, sondern nur mit liebevoller Begleitung.

Vorgeburtliche Erinnerungen werden meist als paradiesisch erlebt. Man fühlt sich schwerelos, für alles ist gesorgt, es gibt weder Kälte, Hunger noch Durst, das Licht ist gedämpft und die Umgebungsgeräusche auch. Man schwimmt in einem freundlichen und friedlichen Ozean und fühlt sich mit allem eins. Nur wenn der Organismus der Mutter während der Schwangerschaft chemisch oder psychisch sehr stark vergiftet war, wird die Erinnerung an diese Zeit problematisch.

Körperliche Erscheinungen

Bei Trancereisen in Verbindung mit Atemtechniken wie Holotropes Atmen treten häufig körperliche Spannungen und Energieblockaden auf, die meist mit unbewussten Ängsten zusammenhängen und die nicht mit Bildern oder bewusst zugänglichen Erinnerungen verknüpft sind. Möglicherweise haben einzelne Muskeln oder Muskelgruppen die Erinnerung an Verletzungen bewahrt, vielleicht werden Arme, Hände oder Beine von tief sitzenden Verboten gelähmt oder das Becken ist aufgrund sexueller Verbote oder Verletzungen blockiert. Alle möglichen Erscheinungsformen des „Zurückhaltens“, der Retroflektion, die wir weiter oben beschrieben haben, gehören hier dazu. Diese Blockaden werden durch die Atemtechnik aktiviert. Können sie in der Trance gelöst werden, hat das oft sehr heilsame Auswirkungen, da die entsprechenden Körperbereiche wieder durchblutet und mit Energie versorgt werden und da zurückgehaltene Emotionen fließen können. Manchmal verschwinden chronische Beschwerden auf einen Schlag. Ich selbst hatte zum Beispiel als junger Erwachsener jahrelang eine chronische Entzündung der Nebenhöhlen, die nach einer Rebirthing-Trancereise völlig und für immer verschwand.

Transpersonale Erfahrungen

Neben den rein körperlichen und den mit persönlichen Erinnerungen verbundenen Erfahrungen gibt es die Bereiche, die man unter dem Begriff „Transpersonale Erfahrungen“ zusammenfassen kann, da sie über persönliche Erinnerungen und alltägliche menschliche Erfahrungen weit hinausgehen können.

Sehr häufig werden Szenen erlebt, die man als Erinnerungen aus früheren Leben interpretieren könnte. Oft findet man sich auch im Körper eines Tieres wieder und erlebt plastisch, wie es ist, als Wolf auf allen Vieren zu laufen, als Vogel zu fliegen oder als Delfin oder Wal durch das Meer zu schwimmen. Erlebnisse an Plätzen und mit Menschen der verschiedensten Kulturen werden sehr oft berichtet. Viele tanzen zum Beispiel mit Indianern oder afrikanischen Eingeborenen um ein Lagerfeuer. Auch überwältigende spirituelle Begegnungen und Erfahrungen sind möglich.

Ob es sich bei all diesen Erfahrungen nur um Bilder handelt oder ob es einen realen Hintergrund gibt, ob man sich zum Beispiel tatsächlich an ein früheres Leben erinnert, darüber scheiden sich die Geister und wird zum Teil erbittert diskutiert. Für mich ist das zwar eine spannende Frage, aber letztlich ist nicht entscheidend, was tatsächlich zutrifft. Real sind diese Erfahrungen so und so, zumindest als innere Realität. Und wer sagt, dass die äußere Realität realer ist als die innere?

Eine gewisse Gefahr, vor allem in Zusammenhang mit transpersonalen Erfahrungen, besteht darin, die Grenze zwischen Alltagsrealität und Trancerealität zu verlieren. Mehr dazu schreibe ich im Abschnitt über die Rückkehr (vgl. Seite 216).

Zur Ehre meiner Ahnen.

Ich danke meiner Mutter,
dass sie mich unter Lebensgefahr geboren hat.
Meinem Vater verdanke ich,
dass ich immer wieder aufstehe.
Ich danke der langen Reihe meiner Ahnen,
dass ich mit ihnen, bis zum Beginn der Schöpfung
und damit zu Gott in Kontakt bin.
Ich bin ein gesunder Teil der Schöpfung.
Ich kenne den Grund,
warum ich aus allen Gefahren herausgefunden habe
und ich wohlbehalten bin.
Möge durch mich Wohlergehen und Gesundheit
zum Nutzen der Welt kommen!
Danke

Rudolf Bachmaier

In vielen Mythen und Märchen wird es beschrieben: die Menschen oder anderen Wesen, die den Helden großziehen und ihn lehren, wie er in der Welt zu recht kommt, sind nicht seine wahren Eltern. Sie sind nur seine Zieheltern. In Wirklichkeit ist er göttlicher Abstammung. Das bedeutet letztlich, dass es nie zu spät ist für eine glückliche Kindheit.

Wir unterscheiden die „realen“, die „idealen“ und die „göttlichen“ Eltern. Alle drei haben große Bedeutung für die Heldin, den Helden.

Die realen Eltern

Die Botschaften der Eltern

Zuerst einmal sind die realen, physischen Eltern sehr bedeutsam. Sie bilden das Umfeld, in dem wir die ersten, sehr wichtigen und tief greifenden Lernschritte unseres Lebens machen. Die Eltern sind Modell für uns, sie beeinflussen uns bewusst und unbewusst, verbal und nonverbal, sie geben uns, was wir brauchen – Aufmerksamkeit, Zärtlichkeit, Sicherheit – oder auch nicht, verletzen uns vielleicht gewollt oder ungewollt. Was wir in den ersten Jahren unserer Kindheit erfahren, prägt uns für das ganze Leben. Doch nicht unwiderruflich.

Die Parzifal-Sage beschreibt sehr anschaulich, was geschieht, wenn der Held den Botschaften der Eltern, hier seiner Mutter, blind folgt. Als er von ihr fort gehen will, um Ritter zu werden, gibt sie ihm drei gut gemeinte Ratschläge mit. Erstens schärft sie ihm ein, alle schönen Frauen zu achten. Zweitens soll er jeden Tag in die Kirche gehen, wo er jederzeit alle Nahrung finden könne, die er braucht. Und sie ermahnt ihn, keine Fragen zu stellen. Parzifal leistet diesen Anweisungen naiv und wortwörtlich Folge. Er dringt unter anderem in das Zelt der schönen Frau Jeschute ein, das er für eine Kirche hält und schürt damit die Eifersucht ihres Gatten, der seine Frau beinahe tötet. Seine gesamte Mission scheitert letztendlich fast daran, dass er den kranken Fischerkönig nicht fragt, was ihm denn fehlt. Der Mythos fordert uns also auf, den Botschaften der Eltern nicht blind zu folgen, sondern sie zu überdenken und zu überprüfen. Das ist gar nicht so einfach, denn was uns die Eltern mitgeben, ist vielschichtig und umfassend.

Unsere Eltern sind, wie gesagt, erst einmal Modell für uns, unsere erste Orientierungshilfe. Wir lernen von ihnen, wie sich Menschen verhalten. Wir imitieren sie, übernehmen ihre Haltung dem Leben gegenüber, ihre Gefühle, Ängste, ihre unbewussten und bewussten „Programme“. Wenn ein Kind zum Beispiel herausfindet, dass die Mutter vom Vater alles bekommen kann, wenn sie ihn erst angreift und dann weint, dann ist sehr wahrscheinlich, dass es dieselbe Taktik ausprobiert.

Wir kopieren nicht nur das Verhalten der Eltern, wir machen uns auch die Gedanken, die sie aussprechen, zu Eigen und bilden aus ihnen unsere eigenen Überzeugungen, da wir sie erst einmal nicht kritisch hinterfragen können. Es ist nicht so, auch nicht bei kleinen Kindern, dass wir alles annehmen. Wenn das, was die Eltern sagen, unseren Bedürfnissen widerspricht, gehen wir, vor allem in den „Trotzphasen“, schon früh in Widerspruch. Dennoch übernehmen wir auch vieles, schlucken es sozusagen, ohne es richtig zu kauen und zu verdauen. Als Ergebnis haben wir so etwas wie „Fremdkörper“ in uns, die in der Gestalttherapie „Introjekte“ genannt werden. Diese Introjekte sind in der Regel unbewusst. Wenn junge Menschen zum Beispiel Kinder bekommen, wollen sie meist alles anders machen als ihre eigenen Eltern. Früher oder später entdecken sie dann, dass sie doch ihren eigenen Eltern viel ähnlicher sind, als ihnen lieb ist. Das ist die Folge der Introjekte.

Die Transaktionsanalyse (TA), eine von der Psychoanalyse abgeleitete psychologische Theorie und Psychotherapie, unterscheidet die von den Eltern übernommenen Botschaften genauer[28]. Die Botschaften können verbal, also in Worten, oder nonverbal, durch Handlungen, Gesten, Gesichtsausdruck, Klang und Lautstärke der Stimme usw. übermittelt werden. Nonverbale Botschaften wirken meist stärker als verbale. Wenn eine Mutter ihr Kind ganz nah und warm an sich hält, so dass sich das Kind ganz an den Körper schmiegen kann, dann kommt die Botschaft „Ich liebe dich und nehme dich an“ viel eher an, als wenn sie diesen Satz mit kalter Stimme sagen, sich verspannen und das Kind von sich weg halten würde.

Verbale Botschaften

Doch auch die verbalen Botschaften sind wichtig. Die meisten Eltern überschütten ihre Kinder mit dem, was in der TA „Wegweiser“ genannt wird. Damit wird gesagt, was zu tun und zu lassen ist. „Sei schön brav!“, „Am Tisch wird nicht gezappelt!“, „Wer einmal lügt, dem glaubt man nicht“. Man hat herausgefunden, dass es fünf solcher Gebote gibt, die vom Kind fast zwanghaft befolgt werden und die deshalb „Antreiber“ genannt werden:

„Sei perfekt!“
„Sei stark!“
„Streng dich an!“
„Sei (anderen) gefällig!“
„Beeil dich!“

Diese Antreiber wirken deshalb besonders stark, weil das Kind meint, nur dann in Ordnung zu sein, wenn es diese Gebote befolgt.

Die Wegweiser sind an sich nicht problematisch. Wir alle haben eine große Menge davon gehört und auch übernommen. Die Schwierigkeiten beginnen dann, wenn wir ihnen zwanghaft folgen. Wenn wir zum Beispiel meinen, erst dann in

[28] Vgl. z.B. Stewart, Ian/Joines 2000

Ordnung zu sein, wenn wir Perfektion erreicht haben, wenn wir uns nie erlauben, schwach zu sein, wenn wir unsere eigenen Bedürfnisse immer hintan stellen.

Eine andere Form meist verbal übermittelter Botschaften sind Zuschreibungen: „Das schaffst du nie!", „Du bist mein Liebling!", „Du bist dumm!". Diese Zuschreibungen können sich positiv und negativ auswirken. Manchmal werden sie über Generationen weitergegeben.

Nonverbale Botschaften

Nicht mit Worten ausgedrückte Botschaften können bereits ab Geburt, vielleicht sogar schon im Mutterleib wirken. Sie beeinflussen das Kind also nicht nur meist stärker, sondern auch früher als die verbalen. Die Transaktionsanalyse hat herausgefunden, dass die negativen nonverbalen Botschaften zwölf Themenbereichen zugeordnet werden können, und hat daraus zwölf „Bannbotschaften" formuliert, die einen so starken Einfluss auf uns ausüben, dass sie wie ein Bann wirken.

Sehr häufig ist die Botschaft **„Sei nicht! (Existiere nicht!)"**. Jemand, vielleicht Mutter oder Vater, vielleicht auch ein Geschwister oder genauer gesagt dessen kindlicher Teil, hat uns signalisiert, es wäre besser, es gäbe uns nicht, dann ginge es ihm viel besser. Vielleicht haben wir aber auch selbst so „schlimme" Gefühle entwickelt wie zum Beispiel Hass auf das kleinere Geschwister, dass wir meinten, es wäre besser, wir würden gar nicht existieren.

Eine Abschwächung davon ist **„Sei unwichtig!"** Die nonverbale Botschaft von Eltern oder Geschwistern könnte in die Worte gefasst werden: „Ich habe mich damit abgefunden, dass du existierst. Aber nur, wenn dir klar ist, dass du nicht zählst und deine Bedürfnisse auch nicht."

Eine weitere Variante dieses Themas ist **„Sei nicht zugehörig!"**. Häufig kommt das „Du gehörst nicht dazu" von eifersüchtigen Geschwistern. Die Botschaft kann aber auch vom inneren Kind eines Elternteils kommen, das sich selbst als nicht zugehörig erlebt hat.

Die Botschaft **„Sei nicht du selbst!"** senden Eltern zum Beispiel, wenn sie ein Mädchen wollten, aber einen Jungen bekommen haben oder umgekehrt. Sie kann auch die Folge negativer Projektionen auf das Kind sein: „Du wirst genau so wie dein Onkel, dieser Taugenichts!"

Den Bann **„Schaff es nicht!"** sendet meist der eifersüchtige kindliche Teil eines der Eltern aus. Vielleicht ist der Vater zum Beispiel einerseits stolz auf die Leistungen seiner Tochter, sein unbewusster kindlicher Teil signalisiert ihr aber, dass sie ihn auf keinen Fall übertrumpfen darf.

„Lass das! Tu nichts!" („Am besten tust du überhaupt nichts, denn es ist zu gefährlich!)" kommt meist vom ängstlichen inneren Kind eines Elternteils oder beider Eltern.

Die Bannbotschaft **„Sei kein Kind!"** vermitteln oft die Eltern ihren Kindern, die ihr eigenes inneres Kind und Kindsein überhaupt ablehnen. Ähnliche Themen sind „Sei nicht kindisch", „Hab keinen Spaß", „Genieße nicht".

„Werde nicht erwachsen!" wird häufig dem jüngsten Kind zugewiesen. Es ist Ausdruck dessen, dass die Eltern nicht Abschied nehmen wollen vom Elternsein, davon, ein Kind in der Nähe zu haben oder von der Person des Kindes selbst.

„Sei nicht gesund! (Sei nicht normal!)" kann beim Kind dann ankommen, wenn die Eltern nur dann Aufmerksamkeit und Zuwendung schenken, sobald es krank oder auffällig ist.

Die Bannbotschaften **„Sei nicht nahe!"** und **„Fühle nicht!"** werden in der Regel von Eltern ausgeschickt, die sich selbst mit körperlicher oder emotionaler Nähe und mit Gefühlen schwer tun.

„Denke nicht!" entsteht dagegen, wenn die Bemühungen des Kindes, zu denken, abgewertet, belächelt werden oder wenn es sieht, dass man weiter kommt, wenn man sich dumm stellt.

Das wirkliche Problem mit all diesen Bannbotschaften ist, dass wir auf ihrem Hintergrund unsere frühen und meist unbewussten Entscheidungen darüber fällen, wie das Leben beschaffen ist und wie wir uns am besten verhalten, um zu überleben. In der Sprache der TA schreiben wir unser „Lebensskript" aufgrund dieser Botschaften.

In der Folge inszenieren wir unser Leben mit allen Mitteln so, dass unsere Erfahrungen dieses Skript laufend bestätigen. Die Bannbotschaft „Sei nicht" kann dazu führen, dass wir uns immer wieder nutzlos und nicht liebenswert finden oder daran denken, mit unserem Leben Schluss zu machen, „Schaff es nicht" kann dazu führen, dass wir immer wieder scheitern, ohne den Grund dafür zu verstehen, „Sei nicht gesund" lässt uns von einer Krankheit in die nächste wandern.

Eine sehr, sehr wichtige Aufgabe der Heldin, des Helden ist, sich von Botschaften der Eltern, die sich negativ auswirken, zu befreien. Dafür gibt es verschiedene Möglichkeiten.

Übungen
zu den negativen Botschaften

Erinnere dich an die Menschen, die im Alter von etwa vier bis sechs Jahren den stärksten Einfluss auf dich ausgeübt haben. Wähle die vier oder fünf wichtigsten aus. Dazu gehören so gut wie immer Mutter und Vater, auch wenn du zu dem Zeitpunkt nicht mit ihnen oder mit einem von ihnen zusammen gelebt hast.

Dann schreibe für jeden von ihnen die fünf wichtigsten Botschaften an dich auf, die dich negativ beeinflusst haben. Das können Sätze sein, die du tatsächlich so von ihnen gehört hast wie „Du bringst mich noch ins Grab". Es können aber Botschaften sein, die ohne Worte vermittelt wurden wie „Nur wenn du brav bist, habe ich dich lieb". Hilfreich kann dabei sein, die oben aufgeführten Wegweiser und Bannbotschaften durchzugehen und nachzuspüren, welche Botschaften dich besonders berühren und von wem du sie empfangen hast.
Nun gilt es, sich mit diesen Botschaften auseinander zu setzen und sie so weit wie möglich los zu werden. Ich führe hier vier Möglichkeiten mit ansteigender Intensität auf:

Erlaubnisse

Eine einfache Möglichkeit, vor allem den verbalen Botschaften entgegenzuwirken, sind Erlaubnisse. Für jede negative Botschaft gibt es ein Gegenmittel, eine Erlaubnis, die wir uns selbst geben können und in der wir uns bestärken können.

Am Beispiel der Antreiberbotschaften möchte ich deutlich machen, wie diese Erlaubnisse aussehen können:

Antreiber	*Erlaubnis*
Sei perfekt!	Ich bin gut genug, so wie ich bin!
Sei anderen zu Gefallen!	Ich darf tun was mir gefällt!
Sei stark!	Ich darf offen sein und meine Gefühle und Wünsche zeigen!
Streng dich an!	Ich tu es einfach!
Beeil dich!	Ich darf mir Zeit nehmen!

Finde zu jeder negativen Botschaft einen Satz, der dir erlaubt, der Botschaft nicht zu gehorchen oder dich nicht von ihr beeinflussen zu lassen. Stelle dir die Personen vor, von denen die Botschaften stammen und spreche die jeweiligen Erlaubnisse laut aus. Die wichtigsten Erlaubnisse kannst du dir abends vor dem Einschlafen oder morgens nach dem Aufwachen vorsagen, du kannst sie auf einen Zettel schreiben und an den Badezimmerspiegel kleben, auf ein Plakat schreiben und dort aufhängen, wohin du oft schaust usw.

Gestalt-Dialog
(therapeutisch geschulte Leitung empfohlen)

Eine sehr effektive Methode, sich mit den negativen Botschaften auseinanderzusetzen ist der Gestalt-Dialog, der dem bereits beschriebenen Gestalt-Drama ähnlich ist (Vergl. Seite 88). Die beiden Beteiligten sind der Akteur und – allerdings nur in der Vorstellung - das jeweilige Familienmitglied, von dem die negativen Botschaften stammen.
Der Dialog wird normalerweise in Paaren durchgeführt. Die erste Person ist der Akteur, die zweite der Unterstützer. Der Unterstützer sollte therapeutisch ausgebildet sein oder in einer Gruppe seinerseits von einem ausgebildeten Therapeuten unterstützt werden.
Benötigt werden zwei gegenüberliegende Sitzplätze für den Akteur und die Rolle des Familienmitglieds und seitlich dazu ein Platz für den Unterstützer. Sehr hilfreich ist eine Matratze oder ein Kissen, um aggressive Impulse ausdrücken zu können.
Zu Beginn schließt der Akteur die Augen und stellt sich vor, Vater, Mutter - oder wer sonst an der Reihe ist - sitzt ihm gegenüber. Der Unterstützer liest nun die erste Botschaft vor und der Akteur stellt sich vor, sie kommt von dem betreffenden Familienmitglied.
Nun antwortet er auf diesen Satz und zeigt dabei alle Gefühle, sei es Ärger oder Wut, Trauer oder Hilflosigkeit. Wichtig ist, auszudrücken, welche Folgen die Botschaft hatte und was es den Akteur kostete, ihr Folge zu leisten (oder zu ihr in Trotz zu gehen). Ist alles gesagt oder gezeigt, wechselt der Akteur die Rolle, setzt sich an den Platz des Familienmitglieds und antwortet. Auch in dieser Rolle drückt er alle Emotionen aus.
Der Akteur wechselt zwischen beiden Rollen, bis der Eindruck entsteht, dass von beiden Seiten alles zu dieser Botschaft gesagt wurde. Dann kommt der nächste Satz an die Reihe.
Wenn alle Sätze bearbeitet sind, tauschen beide Seiten aus, was sie gegenüber dem jeweils anderen fühlen. Ist aller Ärger, alle Wut ausgedrückt, zeigt sich oft sehr viel Liebe.

Der Dialog kann beendet werden, wenn die beiden Figuren Verständnis füreinander entwickelt und die Liebe zueinander entdeckt haben. Ist das (im Moment) nicht möglich, weil die Verletzung zu tief ist, helfen systemische Lösungssätze, um den Prozess gut abzuschließen.
Sätze der Elternfigur können zum Beispiel sein: „Ich liebe dich. Es tut mir leid, dass ich es dir nicht so zeigen konnte, wie ich es wollte. Ich habe es selbst nicht gelernt."

Sätze des Akteurs könnten sein: „Ich danke dir dafür, dass du mir das Leben geschenkt hast. Ich gehe jetzt meinen eigenen Weg. Die Botschaften von dir, die mir schaden, befolge ich nicht mehr."

Niederschlagen
(therapeutisch geschulte Leitung empfohlen)

Eine ebenfalls sehr effektive und besonders tiefgreifende Methode, die negativen Botschaften auf allen Ebenen aus unserer Persönlichkeit zu verbannen, ist das „Niederschlagen". Es wurde von dem Gestalttherapeuten und Tänzer Al Pesso entwickelt und von Paul Rebillot in seinen Prozess „Family Circles" integriert. Da sie nicht ohne entsprechendes Training angewendet werden kann, möchte ich sie hier nur kurz skizzieren.
In einer Gruppe übernehmen verschiedene Mitglieder die Rollen der „Träger der negativen Botschaften" der Mutter, des Vaters usw. Der erste Rollenträger präsentiert nun die erste Botschaft und der Akteur schlägt sie nieder, bis sie nicht mehr aufsteht. Allerdings schlägt er nicht auf den Rollenträger ein, das würde zu viele Kollateralschäden verursachen, sondern auf eine Matte oder Matratze. Der Rollenträger reagiert jedoch so, als würden die Schläge ihn treffen. Wenn der Akteur die Botschaft mit aller Energie, mit vollem Einsatz des Körpers und der Stimme, niederschlägt, spürt er irgendwann, dass dieser Satz keinen Einfluss mehr auf ihn hat. Seine gesamte Persönlichkeit, auch der unbewusste Anteil, hat verstanden, dass er stärker als die Botschaft ist. In diesem Moment sagt er „Ich bin fertig mit dir! Diesen Satz höre ich nie wieder von dir, nie wieder, nie wieder." Unserer Erfahrung nach ist die Botschaft dann tatsächlich nicht mehr wirksam. Auch wenn der Akteur sie hört, beeinflusst sie ihn nicht mehr.
Wichtig ist, die negativen Botschaften von den Menschen zu trennen, von denen sie stammen. Nicht die Mutter wird niedergeschlagen, sondern der negative Einfluss ihrer Botschaften. Diese Trennung ist nicht immer vollständig möglich, aber sie hilft, Verwirrung zu vermeiden.

Wie wir gesehen haben, ist es kaum möglich, die negativen Botschaften ohne ein erhebliches Maß an Aggression loszuwerden. Ein Hindernis ist dabei für viele Menschen, dass sie ihren Eltern nicht böse sein dürfen. Sie dürfen ihnen gegenüber weder Wut noch Ärger zeigen, sie nicht anschreien, geschweige denn auf sie einschlagen. Meiner Meinung nach ist es auch völlig richtig, seine Eltern respektvoll zu behandeln.

In den Übungen, die ich eben beschrieben habe, stehen jedoch nicht die realen Eltern gegenüber, sondern ihr Abbilder in deiner Psyche, ihre „Repräsentanzen". Auch wenn du heute ein sehr gutes Verhältnis zu deinen Eltern haben solltest, kann es sein, dass sie dich in deiner Kindheit verletzten und dir bewusst oder unbewusst sehr negative, schädliche Botschaften sendeten. Wichtig ist, all den Zorn, den Ärger oder die Trauer auszudrücken, den diese Botschaften und ihre Folgen in dir auslösten. Wenn du das innere Bild der verletzenden Eltern umbringen musst, um frei zu werden, dann tu sogar das. Deine Beziehung zu den realen Eltern wird das auf die Dauer nur verbessern, weil die unterdrückte Wut nicht mehr zwischen euch steht.

Das „verletzte innere Kind"

Auch wenn wir in unseren ersten Jahren keine idealen Bedingungen hatten, blieb uns nichts anderes übrig als uns anzupassen. Als kleines Kind sind wir auf Leben und Tod abhängig von unserer Umgebung und damit natürlich von Mutter und später Vater oder den Menschen, die sie ersetzen. Wir können uns mit ein, zwei oder drei Jahren nicht einfach eine neue Familie suchen, wenn wir mit der bestehenden nicht klar kommen. Wie auch immer die Situation aussieht, der wir als kleine Kinder gegenüber stehen: Wir müssen die Heldentat vollbringen, uns so anzupassen, dass wir überleben.

Die Situation, in der sich kleine Kinder befinden, ist natürlich von Familie zu Familie und von Kultur zu Kultur sehr unterschiedlich. Ein Kind erlebt Geborgenheit und Wärme, ein anderes nicht. Ein Kind bekommt sehr starre Grenzen, ein anderes kaum welche. Manche Kinder werden bedroht, geschlagen, psychisch oder körperlich missbraucht. Die einen dürfen Ärger und Wut zeigen, dürfen laut und lustvoll sein, den anderen wird dies strikt verboten. Viele Kinder werden von den Eltern auch bewusst oder unbewusst instrumentalisiert, verantwortlich gemacht für deren Wohlergehen, als Ersatzpartner missbraucht usw.: „Ich bin so traurig, wenn du nicht da bist. Ich hab ja nur noch dich!"

Die meisten Menschen erleben in ihrem Heranwachsen zudem einen Bruch. Dies kann zum Beispiel die Zeit sein, in der sie alleine im Krankenhaus liegen, der Übergang von der Geborgenheit der Familie in den Kindergarten oder die Schule, eine Krise in der Beziehung der Eltern oder der Verlust eines Elternteils oder eines anderen nahen Menschen durch Tod oder Trennung.

Was auch immer wir als Kind erleben: Eine unserer ersten Heldentaten ist, uns so weit anzupassen, dass wir überleben. Wir entwickeln Strategien, wie das zu schaffen ist und wie der Schmerz, den die Situation zufügt, zu ertragen ist. Zuerst passen wir uns völlig unbewusst an. Mit etwa fünf oder sechs Jahren entwickeln wir eine bewusste Sicht der Welt und eine Strategie, wie wir mit ihr am besten umgehen. Diese Sicht der Welt und diese Strategie behalten die allermeisten Menschen, meist unbewusst, ein Leben lang bei.

Meist besteht die Strategie im Wesentlichen darin, sich zurückzuhalten und zu beschneiden. Die lebendige, fröhliche, spontane, authentische Persönlichkeit des freien Kindes wird abgelegt, wird abgespalten und zurückgelassen, um den Erwartungen zu entsprechen. Damit verlieren wir unsere „Kinderseele" oder zumindest einen Teil davon. Dieser abgespaltene Teil meldet sich im Erwachsenen in der Teilpersönlichkeit des „verletzten inneren Kindes".

Mit dem inneren Kind, mit der Kinderseele, verlieren wir meist einen großen Teil unserer Kreativität, unserer Lebensfreude und überhaupt unserer Energie. Was wir ins Erwachsenenleben retten, ist nur noch ein Schatten unserer Selbst und unseres Potentials. Ein mythisches Bild dafür finden wir in der griechischen Sage von Dädalos, der seinen kreativen, talentierten Neffen Talos (sein inneres Kind) tötet, um erfolgreich zu sein. Er hat zwar tatsächlich Erfolg, bleibt aber unerfüllt und scheitert auf seinem spirituellen Weg.

Eine sehr wichtige Aufgabe, die wir als erwachsene Heldinnen und Helden zu vollbringen haben, ist, das Kind wieder zu finden und zu integrieren, im Bild der Märchen die entführte Prinzessin zu befreien und zurück ins Königreich zu bringen.

Übung:
Phantasiereise zum inneren Kind

Lege dich auf einen bequemen Platz und schalte ruhige, entspannende Musik ein.
Nimm deinen Atem wahr und komme mit dem Ausatmen immer mehr auf dem Platz an, auf dem du liegst. Lasse alle Spannung in deinem Körper abfließen in der Reihenfolge, in der sie dir bewusst werden. Vielleicht spürst du, dass es dir gut tut.
Ich zähle von Eins bis Fünf. Bei Fünf kannst du vielleicht noch tiefer loslassen und dein Geist wird noch klarer.
Eins - Spüre, wie dein Atem fließt und deine Atemzüge allmählich länger werden.

Zwei – du bemerkst, dass sich dein Geist allmählich vom Körper befreit und dass er lebendiger wird. Die Musik setzt etwas in dir in Bewegung. Vertraue auf das, was kommt.
Drei - du nimmst deine Beine, die Länge, die Breite, die Tiefe, die Masse wahr. Wenn du die ganze Masse spürst, lässt du sie los, gibst sie an die Erde ab.
Vier- du spürst deinen Rumpf, das Becken, den Bauch, den Rücken, die Schultern. Die Masse in der Länge, Breite und Tiefe und lässt alles los.
Fünf - Allmählich trennt sich der Geist vollständig vom Körper. Du schwebst über deinem Körper, bist frei zu fliegen, fliegst zur Decke, durch das Dach, in die Nacht hinaus. Den Sternen entgegen, über Wolken, Berge, Täler, in Richtung Tageslicht. Du fliegst weite Strecken, über Gebiete, die dir völlig unbekannt sind. Ganz leicht, in klarem Dasein, überquerst du Wälder und Wiesen, Tundras und große Seen. Allmählich näherst du dich helleren Gefilden, einem großen Wasser.
Da kommt ein Land, das dir irgendwie bekannt ist. Es kommt dir vor wie Heimatland. Du kommst an einen breiten Fluss und bewegst dich mühelos flussaufwärts. Du fliegst den Fluss entlang, immer weiter. Alles ist dir eigenartig bekannt, aber weil du einen neuen Blick hast, hat es auch etwas Mysteriöses. Du erreichst eine Stelle, die dich wirklich anzieht, und landest auf einer kleinen Lichtung am Fluss ...
Du gehst in den Wald, einen dunklen Pfad entlang. Innerlich wirst du immer gespannter, da immer mehr bekannte Stellen auftauchen...
Schließlich erreichst du eine Lichtung. Auf ihr steht ein Haus, das irgendwie aussieht, als würde es aus deiner Kindheit stammen. Es ist dir sehr bekannt, auch wenn du es jetzt mit neuen Augen siehst. Du entdeckst eine Tür und fragst dich: „Gehe ich hinein oder nicht?" Es wird dir immer klarer, dass es ein Haus ist, das du lange Zeit so nicht mehr gesehen hast. Das Haus deiner Kindheit...
Du beschließt, hineinzugehen. Sofort steigt dir der Geruch in die Nase, den du als Kind so oft gerochen hast. Alles ist dir so bekannt. Vielleicht ist da ein Gang, sind da Zimmer.
Dein Schritt scheint zu wissen, wohin er dich führt. Du nimmst Klänge wahr. Sie sind dir ebenso tief bekannt wie das Licht in diesem Haus. Ich weiß nicht, ob du die Treppe hoch oder hinunter gehst...
Du gehst durch alle Zimmer außer einem. Das letzte, das du noch nicht gesehen hast, ist das Zimmer deiner Kindheit. Du näherst dich der Tür. Sanft öffnest du sie.
Drinnen siehst du ein Kind, das Kind, das du einmal warst. Es sitzt irgendwo. Was macht es? Schaut es dich an? Spielt es? Welche Atmosphäre nimmst du wahr? Wie fühlt es sich im Raum an? Was geschieht?

Du siehst einen Tisch. Darauf liegt ein Heft oder Buch. Du gehst hin und öffnest es bewusst. Ich weiß nicht, was sich zeigt. Bücher, Geschriebenes?
Was macht das Kind? Bewegt es sich? Geht es in Kontakt mit dir?
Schau dich um. Wie fühlst du dich in diesem Raum? Wie wird das Kind sich fühlen?
Ist der Raum geschmückt, ist er ordentlich, strahlt er Fürsorge und Liebe aus? ...
An was mangelt es dem Kind wohl? Welche Sehnsucht hat es? Was wünscht es sich? Ganz tief? ...
Spür nach, ob in dir ein Impuls ist, auf das Kind zuzugehen. Ihm Energie zu schicken, ihm etwas zu sagen. Wie fühlt sich das für dich an? ...
Du merkst allmählich, dass es Zeit ist, wieder zu gehen. Auch das Kind merkt es. Seltsam. Es fühlt sich nicht an wie eine Trennung, sondern wie ein wunderbarer Anfang. Auf einer Ebene Trennung, auf der anderen Ebene gar nicht.
Schau, das Kind gibt dir ein Geschenk... Vielleicht ist es erst einmal gar nicht zu verstehen, vielleicht ist es auch ganz klar. Schau, ob du es einfach annehmen kannst...
Du verabschiedest dich, drehst dich um und verlässt den Raum, das Haus oder die Wohnung. Du gehst über die Wiese in den Wald und über den dunklen Pfad zurück. Du hast das eindeutige Gefühl, tief bereichert zu sein. Vielleicht ist es unerklärlich, vielleicht auch ganz klar. Du kommst wieder an die Stelle am Fluss, an der du gelandet bist. Dein Geist hebt ab, du fliegst wieder den Fluss die Jahre entlang. Du fliegst höher und höher, größere Gewässer tauchen auf, die Tundra. Schließlich wieder die Berge, die Wälder in der Nacht. Du fliegst über Wolken, unter Sternen entlang an den Ort, an dem du in der Jetztzeit bist.
Nimm dir noch einen Augenblick Zeit, dich auf dein Geschenk zu besinnen. Ich weiß nicht, ob dein Geist, dein Verstand alles begreifen kann. Wahrscheinlich ist das auch gar nicht wichtig...
Vielleicht kommt dir ein Gedanke, wie du das Geschenk in den Alltag mitnehmen kannst, wie es in deinem jetzigen Leben verwurzelt werden kann. Wie es da bleiben kann, auch wenn du sehr beschäftigt bist, auch wenn du nur noch reagierst.
Ich zähle jetzt zurück von Fünf bis Eins. Bei Eins wird dir alles ganz klar und deutlich sein.
Fünf - dein Geist verlässt den endlosen Raum und kehrt in deinen Körper zurück.
Vier - du verlässt die zeitlose Zeit, in der ein Moment die Ewigkeit ist und die Ewigkeit ein Moment, und kehrst in die lineare Zeit zurück, in der du jetzt im Moment hier in diesem Raum liegst
Drei - du fängst vielleicht an, tiefer zu atmen, spürst den Boden.

Zwei - du bewegst die Fingerspitzen, die Hände, die Zehen, die Füße, den Nacken.
Eins - Du öffnest die Augen, ohne etwas zu fixieren. Alles ist da. Alles, was du erlebt hast, hast du mitgebracht.
Lege dich einige Minuten auf die linke Seite und sei für dich...

Was auch immer dir deine realen Eltern geben konnten oder nicht, wie auch immer sie dich eventuell verletzt haben, sie haben dir das Leben geschenkt. In der folgenden Meditation kannst du dich damit verbinden.

Übung
Meditation zu den „Realen Eltern"

Wenn du an die Wunden denkst, die dir Vater und Mutter zugefügt haben:
Wie haben sie dich in deinem Leben beeinträchtigt?
Wie bist du mit diesen Verletzungen umgegangen?
Hast du dich selbst verletzt oder die Verletzungen weitergegeben?
Hast du dir unbewusst immer wieder Situationen ausgesucht, in denen sich die Verletzungen der Kindheit wiederholten?
Wenn du deine Vater- und Mutterwunden anschaust, kannst du darin auch einen Schatz entdecken?
Deine Sensibilität, dein Mitgefühl, dein Gespür für wirkliche Liebe, deine Lebendigkeit, deine Sehnsucht nach Gott?
Inwieweit kannst du deine persönliche Berufung, deine Lebensspur, deinen Lebenssinn, dein Charisma gerade im Blick auf deine Verletzungen entdecken?

Lasse jetzt deine Eltern vor deinem inneren Auge erscheinen.
Was auch immer sie dir sonst noch gegeben und mitgegeben haben an Negativem und Positivem: Sie haben dir das Leben geschenkt. Dein Vater hat dich gezeugt, deine Mutter hat dich ausgetragen und zur Welt gebracht. Sie haben dich genährt, dir Kleidung und ein Dach über dem Kopf gegeben. Sie haben dir gegeben, was du brauchtest, so wie sie es konnten.
Vielleicht hat es dir an vielem gefehlt: an Zuwendung, Zärtlichkeit. Vielleicht haben sie dich mit etwas belastet, das nicht deins war. Eines ist sicher: Du verdankst ihnen das Geschenk deines Lebens. Deine Eltern bekamen ihr Leben von deinen Großeltern geschenkt, diese wieder von ihren Eltern und auch diese von ihren Eltern und das zurück über die Jahrhunderte und Jahrtausende bis zum Beginn der Menschheit. Und

noch weiter zurück bis zum Beginn des Lebens auf der Erde. Dass du heute hier sitzt, ist nur möglich, weil das Leben jahrtausendelang weitergegeben wurde, weil sich immer wieder und wieder Eltern um ihren Nachwuchs gekümmert haben, oft unter schwierigen Umständen und Entbehrungen.
Vielleicht magst du deinen Eltern und deinen Vorfahren einen Moment dafür danken ...

Nun verabschiede dich von den Eltern und lasse ihr Bild gehen.

Die „idealen" Eltern

„Es ist nie zu spät, eine glückliche Kindheit gehabt zu haben"

Ben Furman

Wie wir gesehen haben, üben die realen Eltern einen sehr großen Einfluss auf uns aus. Dies gilt auch, wenn wir keinen Kontakt mehr mit ihnen haben, weil sie bereits gestorben sind oder wir den Kontakt zu ihnen abgebrochen haben. Wir haben innere „Eltern-Repräsentanzen" aufgebaut, die Anweisungen und Botschaften der Eltern weitertragen, die uns deren (vermeintlichen) Kommentar zu unserem Tun und Lassen einflüstern, die uns an Verletzungen und Enttäuschungen durch die realen Eltern erinnern. So lange diese „inneren realen Eltern" unbewusst bleiben, sind sie sehr, sehr mächtig. Sie erscheinen als unüberwindbar und ihr Einfluss ist unabwendbar. „Mein Vater hat mich nie gesehen und deshalb bin ich immer auf der Suche nach Anerkennung. Und da sich mein Vater nie ändert – oder sich nie ändern wird, wie er war, weil sich die Vergangenheit nicht ändern kann, ist es auch mir unmöglich, mich zu ändern".

Diese „inneren realen Eltern" beruhen aber, genauer betrachtet, nur auf dem Erinnern an Erfahrungen und daraus resultierenden Überzeugungen. Sie existieren nur in unserem Bewusstsein, wenn auch meist im Unterbewussten. Deshalb können wir ihnen mindestens ebenso mächtige neue Repräsentanzen gegenüberstellen – die „idealen Eltern". Es sind genau die Eltern, die uns das geben, was uns die realen Eltern nie geben wollten oder konnten, die Aufmerksamkeit, Wertschätzung, Zuneigung und Liebe, die wir als Kind gebraucht hätten. Es sind die Eltern, die uns nie enttäuscht hätten und uns nie enttäuschen würden. Die uns nie in die Lage bringen würden, uns für sie verantwortlich zu fühlen, die uns nie benützen oder missbrauchen würden, weder emotional noch sexuell. Es sind die Eltern, die uns mit der Kraft aller Männer und Frauen unserer positiven, heilen Ahnenreihe verbinden können.

Schön wär's, aber diese „idealen Eltern" sind doch nur Fiktion, nur Einbildung, oder? Nein. Diese „idealen Eltern" sind genauso „real" wie die inneren Repräsentanzen unserer realen Eltern – auch sie existieren in unserer Psyche. Der Unterschied besteht nur darin, dass wir die „inneren realen Eltern" bereits in uns tragen, die „idealen Eltern" dagegen erst erschaffen müssen. Eine sehr schöne, rituelle Methode dafür ist das „Reparenting"[29].

Übung:
„Reparenting"
(therapeutisch geschulte Leitung empfohlen)

Diese Übung wird möglichst in Dreier- oder Vierergruppen durchgeführt. Der Teilnehmer, der seine „idealen Eltern" erschaffen will, wir nennen ihn Protagonist, wählt unter den anderen, wer von ihnen die Rolle seines „idealen Vaters" und die seiner „idealen Mutter" übernehmen soll. Die vierte Person in Vierergruppen kann die Aufgabe eines „Unterstützers" übernehmen.
Sehr hilfreich sind klare Verträge: „Ich bitte dich, für mich die Rolle meines idealen Vaters zu übernehmen" – „Ich übernehme für dich die Rolle deines idealen Vaters" usw.
Hilfreich ist so etwas wie eine Couch, vielleicht auch nur ein paar Matratzen oder Polster. Der Protagonist gestaltet mit den beiden Rollenspielern eine Art „Skulptur" auf der Sitzgelegenheit, die seinem Bild der idealen Eltern entspricht. Wie nah sollen sie beieinander sitzen, sollen sie sich umarmen usw. Dann sucht er sich einen Platz vor seinen „idealen Eltern", der sich angenehm anfühlt. Er entscheidet nun, von wem er Sätze hören möchte, die ihm gut täten, wenn er sie von seinen Eltern hören würde. Er kann zum Beispiel der Mutter den Satz vorgeben „Ich liebe dich genau so, wie du bist" oder dem Vater „Ich bin stolz auf dich". Der angesprochene Rollenspieler sagt nun den Namen des Protagonisten und den gewünschten Satz: „Klaus, ich liebe dich genau so, wie du bist". Der Protagonist hört zu, atmet und spürt nach, was der Satz auslöst. Dann überlegt er sich den nächsten Satz, den er hören möchte. Dies macht er mit beiden Eltern so lange, bis er absolut zufrieden ist. Wenn keine Wünsche mehr offen sind, sucht er sich einen Platz bei seinen „idealen Eltern", der ihm das Gefühl gibt, bedingungslos angenommen

[29] Das „Reparenting" wurde von dem Tänzer und Therapeuten Al Pesso entwickelt.

und geliebt zu sein. Ist alles stimmig, so speichert er das, was er fühlt, als inneres Bild für immer in seiner Psyche ab. Gibt es eine übrige Person, z.B. den Unterstützer, so kann diese für kurze Zeit die Rolle des Protagonisten einnehmen und dieser kann sich das Bild von außen ansehen und so zusätzlich speichern. Eine weitere unterstützende Idee ist, ein Foto vom Protagonisten bei seinen idealen Eltern zu machen. Es kann ihn später dabei unterstützen, sich an das Gefühl, von den Eltern getragen zu sein, zu erinnern.
Am Ende der Übung werden die Verträge gelöst und die Rollen abgelegt: „Ich bin nicht mehr in der Rolle deines idealen Vaters, ich bin wieder ...".

Hinweise zu dieser Übung:
Die „idealen Eltern" sind nicht veränderte reale Eltern. Sicher hängen sie mit den realen Eltern zusammen, da sie genau das geben, was diese nicht geben konnten. Aber es sind neue Gestalten, völlig neue Figuren des „inneren Teams", die in diesem Ritual erschaffen werden.
Damit diese Übung ihre tiefe Wirksamkeit entfalten kann, ist Zeit nötig. Pro Person sollten mindestens 45 Minuten gerechnet werden.
Wir benützen das „Reparenting" in verschiedenen Rebillot-Prozessen wie „Family Circles" und „Tod und Auferstehung", um nach der Aufarbeitung der Vergangenheit die Zukunft grundzulegen. Will man es als eigenständiges Ritual verwenden, sollte vorher ebenso eine Phase der Aufarbeitung und Reinigung stehen.

Die „spirituellen Eltern"

Gott war es langweilig. So erschuf er sich in die Materie, um sich zu erfahren. Und über den Menschen kehrt er zu sich zurück.

Östliche Weisheit

Viele Mythen sprechen davon, dass die Helden zwei Elternpaare haben: ein irdisches und ein himmlisches. Sie wachsen zwar bei ganz alltäglichen Eltern auf, vielleicht auch bei Stiefeltern oder bei anderen Figuren wie Jason, der vom Kentaur Kyron großgezogen wird, aber tatsächlich sind sie königlicher oder göttlicher Abstammung. Die königliche oder göttliche Herkunft bedeutet, dass in uns und durch uns Menschen höhere Kräfte wirken. Wir sind nicht nur Kinder unserer irdischen Eltern, wir sind Kinder des Göttlichen.

Alte mythische Bilder geben interessante Hinweise darauf. Frühe Kulturen betrachten die Erde als unsere große Mutter und die Sonne als unseren großen Vater. Unser Körper stammt von der Erde ebenso wie das Wasser, unsere Nahrung, unsere Kleidung und alles andere, was uns zur Verfügung steht. Alles verdanken wir der Erde, alles außer dem Licht der Sonne, ohne das unsere Existenz ebenfalls nicht möglich wäre. So sind wir tatsächlich Kinder der Erde und der Sonne. Dies ist die materielle Ebene. Erde und Sonne werden aber seit jeher auch als Symbole gesehen, als Bilder für Materie und Geist. Wir sind Kinder der beiden Erscheinungen des Göttlichen, des Schöpfers und der Schöpfung, des Geistes und der Materie.

Als Kinder von Materie und Geist sind wir auch Kinder des archetypisch Männlichen und Weiblichen. Einen Hinweis darauf geben nach Hajo Banzhaf die Tarotkarten. Die ersten 21 Karten, die "großen Arkana", sind bildhafte Beschreibungen der großen Heldenreise. Der „Magier" und die „Hohepriesterin" stehen für die himmlischen Eltern und verkörpern die Urpolarität des männlichen und weiblichen Prinzips auf der „himmlischen Ebene", das heißt auf der Ebene der Ideen, der Symbole. Männlich und weiblich bedeuten dabei weder eine Rollenverteilung noch die Summe männlicher oder weiblicher Eigenschaften, sondern ausschließlich die symbolische Bedeutung der Begriffe. Das archetypisch Männliche und der Archetyp des Weiblichen sind Ausdruck der beiden Urprinzipien, die - wie Yin und Yang - nur gemeinsam das Ganze bilden. Sie symbolisieren die beiden Pole der Dualität, mit der unser Bewusstsein die Wirklichkeit wahrnimmt. Beispiele dafür sind:

„männlich"	**„weiblich"**
aktiv	passiv
oben	unten
rechts	links
Tag	Nacht
hell	dunkel
Sonne	Mond
Flut	Ebbe
bewusst	unbewusst
Geist	Seele
Ratio	Intuition
Quantität	Qualität
Haben	Sein
durchdringend	durchlässig
handeln	geschehen lassen
zeugen	empfangen
spannen	entspannen
erneuern	bewahren
agieren	reagieren
extravertiert	introvertiert
willkürlich	unwillkürlich

Begriff	Bild
Logos	Eros
kausal	analog
abstrakt	konkret
Analyse	Synthese
detailliert	ganzheitlich
trennen	verbinden
Distanz	Nähe
außen	innen
direkt	indirekt
extensiv	intensiv
linear	zyklisch
eckig	rund
hart	weich
Recht	Sitte
Gesetz	Gnade
konstant	veränderlich

Diese Dualität zeigt sich sowohl in den grundlegenden Möglichkeiten, der Natur zu begegnen, als auch in den Wegen, die uns Menschen zur Erkenntnis führen. In Beziehung zur Natur gibt es zwei polare Möglichkeiten: Sich anzupassen, wie es die Naturvölker taten und zum Teil heute noch tun und wie es dem Archetyp der Hohepriesterin entspricht, oder aktiv einzugreifen, die Natur zu erforschen und zu beherrschen, um sie den eigenen Bedürfnissen anzupassen, wie es der westliche, sogenannte zivilisierte Mensch praktiziert. Es ist der Weg der äußeren Macht und des Machens mit all seinen bekannten Licht- und Schattenseiten. Auf dem Weg der Erkenntnis ist der Magier der Suchende, die Hohepriesterin lässt sich dagegen finden. Der Magier ist auf aktives Handeln ausgerichtet, die Hohepriesterin weist dagegen den Weg des mystischen Menschen, der die Kunst des „Geschehen-lassen-Könnens" pflegt und sich geduldig übend bereit hält, bis er vom Göttlichen gefunden, berührt und transformiert wird.

„Beides sind Wege der Erkenntnis", schreibt Banzhaf, „die ihre Polarität in der Schöpfung ebenso wie in den beiden Hälften unseres Gehirns finden. Kein Weg ist wichtiger, richtiger oder besser als der andere. Jeder ist schlecht in seiner Übertreibung, aber wertvoll und gut, wenn er im rechten Maß gegangen wird. Der Held … wird nacheinander beide Wege gehen müssen, um das Ziel zu erreichen."[30] Im Sinne der Ganzheit ist eine zentrale Aufgabe des Helden, den Pol, den er bisher noch wenig in sein Leben integriert hat, zu entwickeln. Darin liegt einer der größten Schätze, den die Reise des Helden bereit halten kann. Die folgenden Kapitel dieses Buches halten weitere Hinweise dafür bereit, wie das gelingen kann.

[30] Banzhaf: „Tarot und die Reise des Helden", S. 31

Das nächste große Thema nach der Auseinandersetzung mit der Herkunft des Helden ist die Identität. Herauszufinden, wer, wie oder was ich bin und wer, wie oder was ich nicht bin, ist an sich Aufgabe der Jugend, vor allem in der Zeit der Pubertät. Doch es ist sehr wahrscheinlich, dass in dieser Phase, wie in der Kindheit, Verletzungen stattgefunden haben oder Prozesse nicht gut abgeschlossen werden konnten. Eine bedeutsame Aufgabe des Helden auf seiner Reise ist, herauszufinden, ob und was in diesem Zusammenhang geheilt werden oder nachreifen muss.

Erste Identitätsfindung

Der Weg der ersten Identitätsfindung ist sehr schön beschrieben in einem der ältesten schriftlich überlieferten Mythen der Welt – der Geschichte der sumerischen Göttin Inanna. Die junge Inanna fischte einen Baum aus dem Fluss, den Huluppu-Baum, den der Südwind an den Ufern des Euphrat losgerissen hatte, und pflanzte ihn in ihren heiligen Garten. Eines Tages wollte sie einen strahlenden Thron und ein schimmerndes Bett aus seinem Holz machen. Der Baum wuchs heran, fünf Jahre, zehn Jahre. Doch dann machte eine Schlange, die niemand zähmen konnte, ihr Nest in den Wurzeln des Huluppu-Baumes. Der Anzu-Vogel legte seine Jungen in die Zweige des Baumes und das geheimnisvolle, dunkle Mädchen Lilith baute ihr Haus im Stamm.

Diese Episode beschreibt, was in der Pubertät geschieht. Der Baum steht für die Persönlichkeit Inannas. Die drei Baumbewohner sind Inannas eigene, noch unbewusste und unkontrollierbare Wünsche und Begierden, die in der Jugend auftauchen. Die Schlange in den Wurzeln steht für eine starke, erdbezogene Kraft, für ungehemmte Sexualität, der Anzu-Vogel für den Wunsch nach absoluter Macht und das dunkle Mädchen Lilith für ungebundene und unkontrollierbare Gefühle.

Inanna ist noch nicht stark genug, sich mit diesen mächtigen unpersönlichen und instinktiven Kräften auseinanderzusetzen und sie zu integrieren. Sie ist sehr traurig und sucht Hilfe bei ihren Brüdern. Schließlich hilft ihr Gilgamesch, der die Baumbewohner mit seiner Bronzeaxt vertreibt, und aus dem Holz des Baumes Thron und Bett für Inanna baut. In der Pubertät ist unser Ich noch nicht stark genug, all die mächtigen Kräfte, die in uns schlummern, zu integrieren. Deshalb sind wir in dieser Zeit vor allem damit beschäftigt, festzulegen, was wir nicht sind oder genauer gesagt was wir nicht sein wollen. Alles andere wandert in den Schatten, den ich später ausführlich beschreibe.

Eine schöne Möglichkeit, dieser ersten Phase der Identitätsfindung nachzuspüren, ist folgende Tanzmeditation.

Übung
Huluppu-Tanzmeditation

Die mindestens 4000 Jahre alte Geschichte von Inanna, Königin Sumers, ist außerordentlich reich an Wissen und Weisheit. Diese Tanzmeditation erlaubt, dem Anfang dieses großen Heldenmythos nachzufühlen: Die junge Inanna findet den Huluppu-Baum, Symbol für ihren Körper.

Lege dich auf den Boden und rolle dich ein.
Stell dir vor, du bist ein **Samenkorn**. Du bist tief in die Erde eingebettet. Fühle dieses Bild mit deinem ganzen Körper. Du bist der Same eines Baumes.

Du spürst, dass du größer wirst. Du dehnst dich etwas aus und wächst. Deine Schale platzt und du durchstößt als kleiner Keimling die Erdoberfläche. Du spürst die Sonne, das Licht, die Luft.

(Rhythmische, melodische Musik, z.B. Gandalf: Fantasia, Track 1,2,3)
Du wirst größer und größer und entwickelst **Wurzeln**. Tanze den Tanz deiner Wurzeln. Vor allem mit Füssen, Beinen und Becken.
Welche Art von Wurzeln wachsen aus dir? Wie tief und wie breit dringen deine Wurzeln ins Erdreich?
Gibt es etwas, das dich behindert? Steine, Tiere, Trockenheit? Gibt es Stellen in deinen Beinen oder im Becken, die verspannt sind, die schmerzen, die dunkel sind?
Welches Element oder welche Elemente unterstützen dich besonders?

Du wirst größer und dein **Stamm** beginnt zu wachsen. Tanz deinen Stamm. Bauch, Brust, Oberkörper. Welche Art von Stamm fühlst du wachsen? Bist du kräftig und stark oder geschmeidig und biegsam? Gibt es etwas, was dich am Wachstum hindert? Gibt es angespannte, schmerzende, taube Bereiche in Bauch und Brust?
Welches Element oder welche Elemente sind für deinen Stamm besonders wichtig?

Jetzt wächst deine **Krone**. Tanze deine Krone. Arme, Kopf. Welche Art von Krone trägst du? Hat sie Blätter oder Nadeln? Trägt sie Blüten, Zapfen, Früchte?
Welche Elemente sind für dich besonders wichtig. Gibt es etwas, mit dem du kämpfen musst? Sind da Schmerzen?

Tanze den Tanz des ganzen Baumes... In welcher Landschaft stehst du? Auf welchem Boden?

(Erst stark bewegende, dann ruhige Musik, z.B. Gabrielle Roth: Intitiation, Track 3, 4)
Spüre den Wind in deiner Krone. **Sturm** kommt auf. Wasser tritt über die Ufer. Langsam lösen sich deine Wurzeln, du kommst in Bewegung ...

Du wirst von den Fluten mitgerissen...
Plötzlich spürst du, dass dich jemand ganz vorsichtig hält. Du wirst in einen Garten getragen und wieder eingepflanzt. Erde umgibt deine Wurzeln. Du richtest dich wieder auf.

Wenn du willst, kannst du die Übung damit abschließen, dass du ein Bild deines Baumes malst und dich mit einem Partner über folgende Frage austauschst: Wenn die Wurzeln für Lust und Sexualität, der Stamm für Gefühle und die Krone für den Geist stehen: Was hat das mit meinem Leben zu tun?

Den Körper annehmen

Inanna setzte die Shugurra, die Krone des Weidelandes, auf.
Sie ging zur Schafbürde, zum Schäfer.
Sie lehnte sich zurück an den Apfelbaum.
Als sie sich an den Apfelbaum lehnte,
war ihre Vulva wundervoll anzusehen.
Sie freute sich so an ihrer wundervollen Vulva,
dass sie sich selbst beglückwünschte.
- aus dem Inanna-Mythos

Nach der ersten Identitätsfindung, die eher dadurch geschieht, dass wir alles ausgrenzen, was wir nicht sind, müssen wir uns die wichtigsten Bereiche unseres Lebens erobern – unseren Körper und unseren Geist. Damit, ihre Körperlichkeit, ihre Sexualität anzunehmen, tat sich Inanna leicht. Wie der oben zitierte Ausschnitt aus dem Mythos beschreibt, lehnte sie sich an einen Apfelbaum, betrachtete ihre Vulva (ihre Geschlechtsorgane) und freute sich. Leider ist es nicht immer so einfach, denn häufig ist die Sexualität verletzt, meist durch Ablehnung oder irgendeine Form von Missbrauch. Paul Rebillot hat eine sehr hilfreiche Übungsreihe zur Heilung sexueller Verletzungen entwickelt, die ich hier vorstellen möchte:

Übungsreihe
Heilungsrituale zur sexuellen Entwicklung

Erster Schritt: Landkarte der sexuellen Entwicklungsgeschichte malen
Nimm ein großes Blatt Malpapier und Kreiden. In eine Ecke des Blattes male Formen und Farben, die dein momentanes Gefühl ausdrücken. Dann male die gesamte Geschichte der Entwicklung deiner Sexualität und deiner sexuellen Beziehungen beginnend bei deiner Geburt bis zum heutigen Tag. Die einfachste Möglichkeit ist, die Geschichte als Weg zu malen. Benütze Farben und Symbole für besonders schöne oder schmerzhafte Erlebnisse. Lasse keine wichtigen Erfahrungen aus.

Zweiter Schritt: Besprechen der Geschichte
In unseren Seminaren teilen wir die Gruppe nach dem Geschlecht auf. Die Entwicklungswege werden dann in den gleichgeschlechtlichen Untergruppen besprochen. Jede Person bekommt etwa eine Stunde Zeit, um ihre Geschichte zu erzählen. Wichtig ist, dass die anderen aufmerksam zuhören und wenn nötig Verständnisfragen stellen, aber nicht bewerten oder Ratschläge erteilen. Dieses Gespräch wird in der Regel als sehr berührend und heilsam erlebt.

Dritter Schritt: Vorbereitung des Heilungsrituals
Rituale dienen dazu, Energie zu sammeln und in Bewegung zu bringen, um innere oder äußere Kräfte für bestimmte Ziele zu mobilisieren. Ein Heilungsritual ist eine symbolische Handlung mit dem Ziel, alte Verletzungen aus Ablehnung, Missachtung oder Missbrauch zu heilen und alte Ängste abzulegen. Dabei ist nicht hilfreich, die Verletzung nur neu zu inszenieren. Im Mittelpunkt steht, das Heilende erfahrbar werden zu lassen. Einige Beispiele dazu:

Eine Frau, die sich bei der Begegnung mit Männern oft ungeschützt fühlt, sammelt die anderen Frauen um sich und lässt sie einen stärkenden und schützenden Schirm bilden. Ein Mann, dem es schwer fällt, den eigenen Körper schön zu finden, lässt sich von anderen positive Sätze zu seinem Aussehen sagen wie „Ich mag dich, wie du bist. Dein Körper ist wunderschön". Jemand, dessen Sexualität unterdrückt war, befreit sich symbolisch von seinen Fesseln, wer schwer vertrauen kann, lässt sich von der Gruppe wiegen, wer wenig Berührung erlebt hat, lässt sich massieren.

Um die heilende Handlung herauszufinden, ist es hilfreich, nachzuspüren, wo eine noch eine Wunde ist, wo etwas fehlt oder wo eine unbefriedigte Sehnsucht ist und welche Handlung diese Sehnsucht symbolisch erfüllen könnte.

Die Rituale werden in unseren Workshops in den gleichgeschlechtlichen Gruppen vorbereitet. Bei der Durchführung und Unterstützung sind aber alle anwesend, da es für die Männer sehr aufschlussreich ist, zu erfahren, was die Frauen brauchen und umgekehrt. Die einzelnen Ritualgruppen überlegen sich einen gemeinsamen Beginn und Abschluss ihrer Rituale. Die persönlichen Heilungsrituale sind auf etwa drei bis fünf Minuten Dauer angelegt.

Vierter Schritt: Durchführung des Rituals
Das Ritual wird gemeinsam begonnen, zum Beispiel mit Trommeln, dem „Earth Cry" (Vgl. S. 83) und einer Anrufung mit der Bitte um Schutz und um Unterstützung, damit die Rituale ihre Heilkraft entfalten können. Dann folgen die Gruppen mit den Ritualen der einzelnen Teilnehmer. Den Schluss können ein Lied (z.B. „The River is flowing") und der Abschluss-„Earth Cry" bilden.

Den Geist entwickeln

Der menschliche Verstand ist schon eine tolle Sache.
Technisch gesehen hat ihn jeder und kann ihn sogar kostenfrei und vernünftig benützen.
Ein Großteil tut es allerdings nicht, aus welchem Grund auch immer. Manche aus Trotz, andere aus Angst, es könnte wehtun, viele aus Faulheit und einige, weil sie die Gebrauchsanleitung nicht finden.
Oliver Kalkofe

Nachdem Inanna ihren Körper angenommen hatte und im mythischen Bild damit zur Königin des Weidelandes geworden war, machte sie sich auf den Weg zu Enki, in gewisser Weise ihrem Vater, dem Gott der Weisheit. Sie trank Bier mit Enki, und er gab ihr in seiner Trunkenheit all seine *Me*, womit die Gesetze des Himmels und der Erde gemeint sind, die Errungenschaften der Zivilisation. Wieder nüchtern wollte er sie zwar wieder zurück und sandte Inanna eine Menge Dämonen hinterher, doch es gelang ihr mit Hilfe ihrer Gefährtin Ninshubur, die *Me* sicher nach Hause zu bringen. So wurde sie auch Königin der Stadt. Das bedeutet Herrin ihres Verstandes und Geistes.

Nachdem unser gesamtes Schulsystem ziemlich einseitig darauf ausgelegt ist, in neun bis zwölf Jahren unsere intellektuellen Fähigkeiten zu schulen, sollte man meinen, dass es daran bei erwachsenen Menschen nicht mangelt. Wenn ich mir aber unsere Medienlandschaft betrachte oder das, was in manchen „spirituellen" Kreisen geschieht, dann kommt mir oft das kalte Grausen.

Da die meisten Menschen in unserer Kultur sehr „kopfgesteuert" sind und auf der Ebene der Ego-Maske agieren, ihre Emotionen und Körperempfindungen also vermeiden, legen wir in unserer Arbeit und lege ich in diesem Buch den Schwerpunkt auf die Entwicklung der Gefühle. Für die Heldin oder den Helden kann jedoch eine Gefahr darin bestehen, nach der Entdeckung der Emotionen und der Körperempfindungen den Verstand abzulehnen oder unterzubewerten. Das ist ein fataler Holzweg. Ein klarer Verstand ist für den Weg des Helden genau so wichtig wie kraftvolle Emotionen und der frei agierende Körper. Kopf, Brust und Bauch sind gleich bedeutsam.

Das innere Gegenüber – Anima und Animus

Nachdem wir unseren Körper angenommen und unseren Geist entwickelt haben, ist unsere Identitätsfindung erst einmal abgeschlossen. Im Laufe der weiteren Entwicklung unserer Persönlichkeit steht uns aber noch bevor, unsere Identität zu erweitern und zu vertiefen. Einer ersten Aufgabe können wir in Paarbeziehungen begegnen.

„Ein halbes Jahr war ich völlig in ihn verknallt. Dann ging es noch eine Zeit gut. Und jetzt sehe ich erst, dass er ein völlig anderer Mensch ist als der, den ich zuerst kennengelernt habe". C.G. Jung führt diese „Enttäuschungen", die seltsamerweise immer wieder passieren, auf das zurück, was er Animus- oder Anima-Projektionen nennt. Wir verlieben uns nicht in den realen anderen Menschen, so wie er ist, sondern als Mann in unsere innere „göttliche Frau" bzw. als Frau in den inneren „göttlichen Mann", den Archetyp der Anima bzw. des Animus, den wir auf den Menschen projizieren, in den wir uns verliebt haben. Wenn diese Projektion nachlässt, und wir immer mehr den realen Menschen kennenlernen, sind wir ernüchtert. Meist beginnen wir dann damit, unsere negativen Anteile auf den anderen zu projizieren, was die Enttäuschung komplett macht. Wir können uns nur noch trennen.

Ein wichtiger Schritt unserer Entwicklung besteht darin, Animus oder Anima nicht mehr zu projizieren, sondern in uns selbst ausfindig zu machen und anzunehmen. Deshalb widme ich mich diesem Konzept in diesem Abschnitt ausführlich.[31]

Wir Menschen begreifen uns normalerweise nur als Mann oder Frau, entsprechend unseren körperlichen Merkmalen. Doch tatsächlich trägt jeder von uns auch das andere Geschlecht in sich, wir sind also sozusagen „androgyne"[32] Wesen. Mythen und Anschauungen alter Traditionen geben davon Zeugnis. „Im Inneren jedes Mannes ist das Abbild einer Frau, und im Inneren jeder Frau ist das Abbild eines Mannes" schreibt der nordamerikanische Indianer Hyemeyohsts Storm und gibt damit altes Wissen aus der Medizinrad-Tradition wieder.[33] Viele Schöpfungsmythen beschreiben, dass Gott zuerst ein zweigeschlechtliches Wesen schuf, in dem Mann und Frau noch vereint waren, und es später in zwei teilte. Ein alter griechi-

---

[31] Ich folge in diesem Abschnitt weitgehend John A. Sanford: Unsere unsichtbaren Partner.

[32] griechisch Andros = Mann, Gynos = Frau

[33] Hyemeyohsts Storm, Sieben Pfeile, S. 21

scher Mythos beschreibt ursprüngliche Menschenwesen, die rund waren, vier Arme und Beine hatten und einen Kopf mit zwei Gesichtern, die in entgegengesetzte Richtungen schauten. Diese Wesen besaßen so großartige Eigenschaften, dass sie beinahe den Göttern gleich kamen. Um ihre Macht einzuschränken, schnitten die Götter diese Menschenwesen in zwei Teile, einen männlichen und einen weiblichen. Seit damals streben diese getrennten Hälften nach Wiedervereinigung und suchen einander. Seit jeher und in den verschiedensten Kulturen gibt es die Vorstellung einer Polarität der Energien, die mit weiblich und männlich verbunden wird, ob Yin und Yang genannt, ob mit Elementen (Wasser - Feuer) oder Himmelsrichtungen verbunden (Westen - Osten).

Nach Jung gehört zum ganzheitlichen Menschen das innere Gegenüber, zum Mann die Anima und zur Frau der Animus. Jung leitete diese Begriffe vom lateinischen *animare* ab, was beleben bedeutet, da er Anima und Animus als belebende Seelen für Mann und Frau empfand. *Anima* bedeutet im lateinischen aber auch Seele und *Animus* Geist. Es handelt sich dabei um zwei der wichtigsten Archetypen, also im kollektiven Unbewussten angelegte, von individueller Erfahrung unabhängige Urbilder, die sich unter anderem in religiösen Überlieferungen, Mythen oder Träumen niederschlagen. „Jeder Mann trägt das Bild der Frau von jeher in sich, nicht das Bild *dieser* bestimmten Frau, sondern *einer* bestimmten Frau. Dieses Bild ist im Grunde genommen eine unbewusste, von Urzeiten herkommende und dem lebenden System eingegrabene Erbmasse“ (Jung, zitiert nach Wikipedia).

Man kann nun darüber streiten, ob es überhaupt Unterschiede zwischen Mann und Frau gibt, die über das biologische Verschiedensein hinausgehen und nicht allein kulturell bedingt sind. Für uns ist nur wichtig, und das macht den eigentlichen Unterschied aus, wie weit unser Ich sich nur mit einem Pol identifiziert, also ausschließlich mit unserer Männlichkeit, wenn wir Mann sind, und unserer Weiblichkeit, wenn wir Frau sind.

Identifizieren wir uns als Mann nur mit dem, was für uns männlich ist, dann bleibt unsere „weibliche“ Seite unbewusst. Und alles „weibliche“, das wir selbst nicht sein wollen, projizieren wir nach außen und finden es bei Frauen, die unserem Idealbild nicht total widersprechen, unwiderstehlich. Dasselbe gilt natürlich umgekehrt für Frauen. „Du bist alles was mir fehlt“ ist ein Buchtitel[34], der auf den Punkt bringt, worum es geht. Wobei uns das, was der andere für uns sein soll, gar nicht wirklich fehlt. Es ist nur nicht bewusst.

[34] Banzhaf, Hajo/Theler, Brigitte: Du bist alles, was mir fehlt, München (Hugendubel) 2004

Animus- und Animaprojektionen werden erst einmal als positiv empfunden, von angenehm bis überwältigend, sowohl für den, der projiziert als auch für den, auf den projiziert wird, da sie mit starker psychischer Energie verbunden sind. Wer projiziert, hat das Gefühl, endlich gefunden zu haben, was er lange gesucht hat. Bei Männern ist es zum Beispiel die Lebendigkeit, die Gefühlstiefe, die Erotik und Unabhängigkeit, die ihnen selbst fehlt. Frauen sehen in dem Mann, in den sie sich verlieben, gerne den Retter, den Helden oder geistigen Führer. Wer die Projektion trägt, fühlt sich geschmeichelt und geschätzt, bekommt Anerkennung und Bewunderung, passt sich auch gerne ein wenig an, um dem Idealbild zu entsprechen und genießt, ob bewusst oder nicht, auch ein Machtgefühl.

Diese Projektionen sind erst einmal nicht schlecht. Sie fördern viel Energie zu Tage. Wer sich schon einmal richtig verliebt hat, weiß, welche immense Kraft sie haben und welche mächtigen Gefühle sie auslösen können. Das kann uns dabei helfen, unser Leben in Fluss zu bringen. Und es kann sich auch sehr positiv auswirken, wenn wir versuchen, uns dem Idealbild anzupassen, das auf uns projiziert wird. Es kann uns dazu motivieren, unsere guten Seiten zu entwickeln und unser Bestes zu geben. Es ist also nichts dagegen zu sagen, sich zu verlieben.

Doch wir dürfen nicht dabei stehen bleiben. Sowohl für die Beziehung als auch für uns selbst und unsere Weiterentwicklung ist es sehr wichtig, die Projektionen zurückzunehmen und selbst die Verantwortung für die projizierten Persönlichkeitsanteile zu übernehmen.

Wie alle großen Dichter wissen, kann die Verliebtheit den Spannungen des täglichen Lebens nicht standhalten. Deshalb musste die Beziehung zwischen Romeo und Julia auch im Tod enden, wie John A. Sanford meint: „Es wäre für Shakespeare undenkbar gewesen, seine große Liebesgeschichte abzuschließen, indem er sein Liebespaar ins Kaufhaus schickt, um Kochtöpfe zu besorgen. Sie hätten sofort darum gestritten, welche Bratpfanne man denn nehmen solle und wie viel sie kosten dürfe, und die ganze schöne Liebesgeschichte wäre verraucht. Große Dichter belassen solche Liebesgeschichten dort, wo sie hingehören: in den Händen der Götter".[35]

Ein weiterer Grund liegt darin, dass sich die Projektionen verwandeln. Je mehr wir den anderen Menschen tatsächlich kennenlernen und, wenn wir uns der Projektionen nicht bewusst sind, „enttäuscht" werden, umso mehr übertragen wir unsere eigenen negativen unbewussten Aspekte, unseren „Schatten", auf ihn. Spätestens das ist der Tod jeder lebendigen Beziehung.

---

[35] Sanford, Unsere unsichtbaren Partner, S. 31

Sich zu verlieben ist schön und kann sich positiv auswirken. Doch Liebe ist etwas anderes. Liebe ist die direkte Beziehung zum anderen Menschen, so wie er ist, zwischen Ich und Du, nicht zwischen mir und der „Schattenfigur", wie Fritz Perls sie nennt, die zwischen uns steht, die Summe aller meiner Ideen, Fantasien, Missverständnisse, Ideale und Schattenbilder, die ich mir von dir mache. Verliebtheit muss also reifen zur Liebe, wenn die Beziehung Bestand haben soll. Ich muss die Fähigkeit entwickeln, den anderen Menschen zu lieben, so wie er ist.

Ein Weg dazu ist nach Paul Rebillot, die Beziehung als eine Form der Hingabe zu erleben. Am Anfang wird die Beziehung durch Gefühle aufrecht erhalten. „An einem bestimmten Punkt muss jedoch die Entscheidung folgen, sich bewusst dieser Beziehung zu widmen. Just in diesem Augenblick des Übergangs in eine neue Phase der Partnerschaft fühlt es ich oft so an, als ob sie bald auseinanderbrechen würde. Immer, wenn wir im Leben an der Schwelle einer Veränderung stehen, fällt alles Vorherige auseinander. Die Anzeichen dieses Augenblicks können sehr dunkel und beängstigend sein, da nichts mehr so ist wie zuvor. Ein neuer Anfang zeichnet sich ab, die Möglichkeit einer wahren Partnerschaft: Den anderen immer ein wenig mehr in seiner Ganzheit kennenzulernen, vielleicht bis ans Ende seiner Tage zu begleiten - dies ist die Phase der Hingabe, durch die die Liebenden hindurch müssen, wenn die Beziehung gegenseitigem Wachstum und nicht gegenseitiger Abhängigkeit gewidmet sein soll."[36]

Für die persönliche Entwicklung ist elementar, die Anima bzw. den Animus ins Bewusstsein zu integrieren. Nicht nur, weil sonst ein wesentlicher und sehr wertvoller Teil der eigenen Person fehlt, sondern auch, weil sich eine missachtete Anima bzw. ein misschteter Animus in eine sehr böse Gestalt verwandelt. Dazu später mehr.

Wie kann ich nun meine Anima kennenlernen?

Eine erste Möglichkeit ist, mir meine Projektionen zu betrachten. Wenn ich mich verliebe: Welche Eigenschaften gefallen mir an der Person, nach der ich „verrückt bin", besonders gut? Was ist es, das mich fasziniert, mich begeistert, die schönsten und stärksten Gefühle auslöst? Schreibe diese Eigenschaften auf. Und dann setze ein „Ich bin …" vor jede dieser Qualitäten. So einfach ist es. Du musst es nur noch annehmen …

[36] Rebillot 1995, S. 5

Eine sehr schöne Phantasiereise, um die Anima oder den Animus kennenzulernen, hat Paul Rebillot entwickelt. Sie eignet sich vor allem für Gruppen. Der erste Teil kann mit Entspannungsmusik unterlegt werden, wenn man dies möchte. Für den Schluss ist Musik zum Tanzen und Feiern geeignet, zum Beispiel „Can You Hear Me" von Gabrielle Roth.

Übung
Phantasiereise zum Animus/zur Anima

Stell dir vor, du bist zuhause und liegst in deinem Bett. Du kuschelst dich in die Decke, entspannst dich und sinkst in den Schlaf ...
Du fängst an zu träumen
Im Traum gehst du durch einen Wald. Schau dich um.
Welche Bäume wachsen hier, wie riecht es?
Vielleicht gibt es Tiere, die du sehen kannst?
Vielleicht kannst du Pflanzen spüren, die Blätter der Bäume ...
Nun bemerkst du, dass der Wald heller wird und du dich allmählich einer Lichtung näherst, die von der Sonne beschienen wird.
Schließlich trittst du hinaus auf diese Lichtung, diese Wiese mitten im Wald. Schau dich um ...
Jetzt entdeckst du, dass in der Mitte dieser Wiese ein Teich ist, ein kleiner Weiher.
Und du ahnst, dass das Wasser dieses Teiches kein normales Wasser ist. Dass es damit eine besondere Bewandtnis hat.
Du gehst an diesen Weiher und setzt dich aufrecht ans Ufer.
Du nimmst das Wasser des Teiches wahr, die Lichtung, den Waldrand.
Du weißt, deine Aufgabe ist jetzt nur zu warten.
Nun geht dein Blick zum Waldrand. Du weißt, dass du da hinschauen musst. Und siehe. Aus dem Wald kommt ein Tier.
Es schaut zu dir. Du spürst, es ist dir freundlich gesonnen. Es gehört irgendwie zu dir. Du siehst es dir genau an. Es kommt allmählich auf dich zu, und du schaust zu, wie es sich bewegt. Es kommt immer näher und sieht dich an. Du weißt, es ist ein Teil von dir. Seine Kraft ist ein Teil deiner Kraft.
Jetzt steht oder liegt oder fliegt es direkt vor dir.
Du nimmst wahr, wie dieses Tier hinausgeht auf die Wasseroberfläche. Es kann auf dem Wasser laufen. Es geht in die Mitte des Weihers und tanzt.
Und während es tanzt, versinkt es allmählich im Zauberwasser des Teiches, bis es verschwindet.
Und du schaust wieder zum Waldrand. Jetzt taucht ein Mensch auf. Deine erste Liebe. Kommt aus dem Wald heraus und langsam auf dich zu.

Schaut dich an. Wie sie näher kommt, tauchen Gefühle bei dir auf, Erinnerungen, wie es war, am Anfang deiner ersten Liebe.
Und schließlich ist deine erste Liebe direkt bei dir. Ihr schaut euch an, vielleicht berührt ihr euch auch.
Und auch diese Person tanzt hinaus auf den Weiher, tanzt für dich auf diesem Zauberwasser ...
... und sinkt allmählich ein und verschwindet.
Dein Blick geht wieder zum Waldrand. Dieses Mal kommt ein Paar mit einem Kind. Es geht über die Lichtung zu dir.
Schau zu und nimm wahr, welche Gefühle es in dir auslöst.
Auch das Paar mit dem Kind geht auf das Wasser, tanzt und versinkt.
Wieder schaust du zum Waldrand, und es taucht eine wichtige Person des anderen Geschlechts auf. Eine Führerin, ein Lehrer oder Mentor, jemand, der dir weitergeholfen hat, dir den Weg gezeigt hat, der dir bei deiner persönlichen Entwicklung geholfen hat. Schau dir diese Person genau an. Die Körperhaltung, die Kleidung, den Gesichtsausdruck. Auch hier kommen dir Erinnerungen, Gefühle.
Dieser Mensch kommt zu dir, begrüßt dich, und ihr redet ein paar Sätze miteinander...
Ihr beendet Euer Gespräch, und die Person geht auf den Teich ...
... und versinkt im Zauberwasser.
Es wird still auf der Lichtung.
Da werden deine Augen zum Waldrand hingezogen. Und du entdeckst, dass ein starkes Licht aufscheint.
Und es kommt eine Figur, die so etwas ist wie dein spiritueller Lehrer, deine innere Führerin, vielleicht auch dein spiritueller Begleiter der Heldenreise, eine Figur, die dich kennt, die dir wohl gesonnen ist und die dich führt.
Dein spiritueller Begleiter kommt auf dich zu.
Er setzt sich vor dich hin.
Du schaust ihm tief in die Augen. Und durch seine Augen hindurch siehst du für einen Moment in die Ewigkeit ... Weit und tief gehen dein Blick und deine Bewusstheit.
Dein Blick verändert sich, und du siehst wieder die normalen Augen deines spirituellen Begleiters.
Er steht auf, verbeugt sich und geht hinaus auf die Wasseroberfläche.
Er steht in der Mitte des Teichs und geht langsam unter.
Das Wasser beginnt sich zu drehen ... und bildet einen Strudel.
Nebel steigt aus dem Strudel auf.
Der Nebel lichtet sich, und du beginnst, die Figur deines Animus / deiner Anima zu erkennen.
Sie ist nackt und wunderschön.

Dein Animus, deine Anima ist schön und strahlend. Er oder sie lächelt und winkt dich her.
Du gehst hinaus aufs Wasser.
Ihr berührt euch ... und beginnt zu tanzen.
Ihr tanzt zusammen übers Wasser.
Du merkst, dass ihr langsam versinkt. Und du weißt, dass du keine Angst zu haben brauchst. Ihr berührt euch, und auch du bist nackt.
Ihr spürt euch, liebt euch, schwebt unter Wasser, könnt euch frei bewegen.
Ihr geht vollkommen in der Bewegung auf, vereinigt euch immer mehr.
Du lässt ganz und gar los.
Ihr seid euch ganz, ganz nah.
Bis ihr schließlich eins werdet ...
Du wachst auf und liegst in deinem Bett.
Und du bemerkst, dass sich dein Körper völlig verändert hat.
Du bist im Körper deines Animus / deiner Anima aufgewacht!
Entdecke deinen Körper unter der Bettdecke. Befühle ihn.
Stell dir vor, du ziehst die Bettdecke weg und schaust deinen neuen Körper genau an.
Du siehst dich im Raum um. Auch das Zimmer hat sich völlig verändert.
Stell dir vor, dass du als Anima oder Animus aufstehst und ins Bad gehst.
Dein Körper fühlt sich sehr ungewohnt an.
Du schaust in den Spiegel und siehst das Gesicht deines Animus, deiner Anima.
Du gehst auf die Toilette. Du beschließt, dich anzuziehen. Im Schrank ist frische Unterwäsche. Und Kleidung.
Du bist fertig angezogen und siehst dich im Spiegel.
Du gehst zur Wohnungstür.
Du verlässt die Wohnung und machst dich auf den Weg in deine Arbeit.
Wie kommst du zur Arbeit? Zu Fuß, mit dem Fahrrad oder mit dem Auto? Mit welchem Auto?
Und du kommst in der Arbeit an. Was ist deine Aufgabe, in welchem Gebäude arbeitest du? Welche Menschen gibt es da? Wie fühlst du dich in deiner Arbeit?
Du verlässt die Arbeit und fährst nach ... (Ort der Gruppe).
Du öffnest die Augen und schaust dich um.
Du kennst alle hier. Alle sind Animae oder Animi.
Du fängst an, mit den anderen in Kontakt zu treten, zu tanzen, deinen neuen Körper zu erfahren.
Zum Abschluss trenne dich von den anderen und kehre in deinem Bewusstsein in deinen normalen Körper zurück.

Bisher haben wir uns mit den positiven Seiten von Anima und Animus beschäftigt. Diese Persönlichkeitsanteile können sich jedoch auch sehr negativ auswirken und gefährlich werden, wenn sie entweder ignoriert werden oder wenn man sich ihnen völlig ausliefert.

Ein mythisches Beispiel für den Fall, dass die Anima nicht genügend wahrgenommen wird, findet sich nach Sanford in der Gralslegende. Parzival, der Held der Geschichte, hat scheinbar in seiner ritterlichen Welt den Gipfel des Erfolgs erreicht. Er hat mehr Ritter besiegt und mehr Ruhm erlangt als alle anderen. So wird ihm zu Ehren ein Festmahl abgehalten. Er und die anderen Ritter der Tafelrunde gratulieren sich selbst dazu, was für tolle Kerle sie doch sind. Doch plötzlich tritt eine grauenerregende Frau herein, die so abscheulich ist, dass man sie die „hässliche Jungfer" nennt. „Ihr schwarzes Haar war in zwei Zöpfe geflochten, Hände und Nägel waren dunkel wie Eisen. Ihre schmalen Augen klein wie die einer Ratte. Die Nase von Affe und Katze. Die Lippen von Esel und Stier. Bärtig war sie, mit eingesunkener Brust, der Rücken krumm, Lenden und Schultern gewunden wie die Wurzeln eines Baumes. Nie zuvor an einem königlichen Hof ward eine solche Jungfer gesehen."[37] So wird in der Legende diese furchterregende weibliche Erscheinung beschrieben. Schon ihr Anblick legt Düsternis über die ritterliche Gesellschaft. Alle verstummen, hören mit den Prahlereien und dem Schmaus auf, und dann beginnt die hässliche Jungfer Parzivals Sünden aufzuzählen. Sie nennt alle Vergehen in seinem Leben, zählt die jungen Frauen auf, die er weinend zurückließ und die Kinder, die durch ihn zu Waisen wurden. Schließlich sagt sie, dass alles Parzivals Schuld ist.

Die hässliche Jungfer ist ein Bild für die Anima, die völlig verbittert und finster geworden ist, weil der Held über seine Suche nach Abenteuern und äußerem Erfolg seine weiblichen Anteile, seine Seele und seine spirituelle Suche aus den Augen verloren hat. Männer erfahren diese dunkle Anima nicht selten als bedrückende Stimmung, als großes Unbehagen oder auch als Depression, die gerade dann auftritt, wenn sie auf dem Höhepunkt ihrer Karriere stehen. Der gängige Name dafür ist Midlife Crisis. Oberflächlich betrachtet scheint die hässliche Jungfer direkt aus der Hölle zu kommen, und sie kann auch eine teuflische Kraft sein, die den Mann in Depression, Alkoholismus oder in den Selbstmord treibt. Tatsächlich hat sie aber in der Gralslegende einen sehr heilsamen Effekt, da sie bewirkt, dass Parzival seine Suche nach dem Heiligen Gral, Symbol für Ganzheit und Vervollkommnung, wieder aufnimmt. Wenn die dunkle Anima im Leben von Männern auftritt, versuchen sie häufig, der Depression durch noch mehr nach außen gerichtete Pläne und Akti-

[37] Robert Johnson, HE!, zitiert nach Sanford 1987, S. 86

onen oder durch Alkohol, Drogen oder Liebesabenteuer zu entkommen. Das hat aber zur Folge, dass sich die Anima immer noch mehr gegen sie wendet. Wenn der Mann aber die düstere Stimmung, das Unbehagen oder die Depression als Aufruf begreift, seine Seele zu finden und ein ganzer Mensch zu werden, verändert sich die Anima und wird zu seiner Verbündeten.

Für Frauen gilt heute oft genau dasselbe, was ich gerade in Bezug auf Männer beschrieben habe, da sie häufig das Leben von Männern führen und auf dem Karriereweg ihre weibliche Seele aus den Augen verlieren. Wenn sie aber eher den traditionell weiblichen Weg gegangen sind und sich auf Mann, Heim und Kinder konzentriert haben, dann kann sein, dass in den mittleren Jahren ihr Animus wütet und alles für belanglos erklärt, was sie bisher geleistet haben. Auch dieser düstere Animus hat zum Ziel, die Frau wieder auf den Weg zur Ganzheit zu führen. Entweder wächst sie auf neue Weise in die Welt des Geistes und des Verstandes hinein, oder sie wird griesgrämig und rechthaberisch.

Anima und Animus, die längere Zeit ignoriert werden, entwickeln sich zu Schatten-Gestalten, sie werden Teile des Schattens. Wie diese Teile wiedergefunden und integriert werden können, beschreibe ich im nächsten Kapitel dieses Buches, in dem unsere dunkle Seite im Mittelpunkt steht.

Was geschehen kann, wenn man sich der Anima oder dem Animus völlig überlässt, beschreibt der zweite Teil des griechischen Mythos vom Helden Jason und seiner Suche nach dem goldenen Vlies, dem Schlüssel zu seinem Königreich. Die zentrale Figur dieses zweiten Teiles ist Medea, die psychologisch als Jasons Anima gedeutet werden kann. Medea, Tochter des Königs Aietes von Kolchis, war Jason mit ihren Zauberkräften dabei behilflich, das goldene Vlies, ein magisches Widderfell, von ihrem Vater zu rauben. Als Belohnung sollte Jason sie in seine Heimat mitnehmen. Absyrtos, der Bruder Medeas, verfolgte die beiden und ihre Gefährten mit dem Heer der Kolcher, um seinem Vater die Schwester und das Vlies zurückzubringen. Medea überredete Jason, ihren Bruder in einen Hinterhalt zu locken und zu töten. Diese schreckliche Tat hatte weitreichende Folgen. Es gelang Jason nicht, sein Königreich zu bekommen, und als er später Medea untreu wurde, ermordete diese ihre eigenen Kinder und Glauke, die unschuldige junge Tochter des Königs von Korinth. Jason stürzte sich aus Verzweiflung in sein Schwert.

Anima und Animus können mit ihren magischen Kräften sehr hilfreich sein. Und sie wollen und müssen gehört und gesehen werden. Es ist jedoch wichtig, dem inneren göttlichen Gegenüber nicht blind zu vertrauen und sich ihm nicht völlig auszuliefern. Anima oder Animus brauchen ein starkes Ich als Gegenüber, um ihre Kräfte positiv zu entfalten.

Die spirituelle Identität – der Rückzug

Ein wesentlicher, in manchen Traditionen sogar der zentrale Schritt der Heldenreise ist der Rückzug. Ziel ist, alle äußere Ablenkung aufzuheben, um voll und ganz mit sich selbst konfrontiert zu sein. Darin liegt die Chance, über sein begrenztes Ich hinauszuwachsen und zur Essenz, zum „Höheren Selbst“ vorzudringen, in Kontakt mit dem „Größeren“ zu kommen. Hier bekommt der Held seinen „wahren Namen“. Das bedeutet, dass er erfahren kann, wer er in spiritueller Hinsicht wirklich ist.

Verschiedene religiöse Vereinigungen bieten den Rückzug als „Exerzitien“ oder „Retreat“ an. Vor allem in christlichen und buddhistischen Klöstern kann man sich für einige Tage oder auch Wochen zurückziehen, um zu meditieren und sich mit sich selbst auseinanderzusetzen.

Ein anderer sehr schöner Weg dazu, den ich zwei Mal erleben durfte, ist die „Visionssuche“. Seit Jahrtausenden gehen Menschen der verschiedensten Kulturen an einen einsamen Ort, auf einen Berg, in die Wüste, in eine Hütte oder Höhle, um zu sich selbst zu finden. Ich hatte das Glück, nach einigen Jahren des intensiven Kontakts mit der Tradition der nordamerikanischen Lakota-Indianer oder Teton-Sioux, wie sie auch genannt werden, unter Obhut von Martin High Bear, einem Medizinmann und Sundance-Leiter, auf Visionssuche gehen zu dürfen. Ich werde diese Erfahrung beschreiben und dabei deutlich machen, was wir daraus lernen können und wie wir ein Visionssuche-Ritual unabhängig von einer konkreten Tradition verwirklichen können.

Die Vorbereitung

Will man nach Art der Lakota auf Visionssuche, auf „Hanbleceya“ gehen, was so viel wie „nach einer Vision schreien“ heißt, so bereitet man sich ein ganzes Jahr lang vor. Es gibt bestimmte Dinge zu beachten, man trifft sich regelmäßig zur Reinigung und zur Einstimmung und man bereitet die Gegenstände vor, die man für das Ritual benötigt.

Im Jahr der Vorbereitung trinkt man zum Beispiel keinen Alkohol. Vielleicht kommt diese Regel von den katastrophalen Erfahrungen der Indianer mit dem „Feuerwasser“, das sie genetisch bedingt wesentlich schlechter verarbeiten können als Weiße, und von den großen Problemen mit dem Alkoholismus in den Reservaten. Aber auch für Nicht-Indianer macht die Abstinenz in dieser Zeit Sinn, denn

Alkohol schwächt die klare Wahrnehmung und den Willen und kann die Tendenz verstärken, schwierigen Dingen aus dem Weg zu gehen.

Wir „modernen" Menschen haben meist nur mehr wenig Kontakt zur Natur. Für viele Menschen ist es schon ein Wagnis, überhaupt mit der Wildnis in Kontakt zu treten. Es macht Sinn, die Herausforderung allmählich zu steigern und sich so vorzubereiten.

Übung
Naturbegegnung I – Weg in die Stille

Suche einen Platz auf, an dem keine oder zumindest wenig Störung durch den Menschen wahrnehmbar ist. Das kann in einem Wald sein, auf einem Berg, in der Heide, in den Dünen, wo auch immer. Setze dich oder lege dich auf eine Stelle, die du dir intuitiv aussuchst und bleibe eine Stunde lang möglichst reglos sitzen oder liegen, was auch immer passiert (tatsächliche Gefahr natürlich ausgeschlossen). Sei da, so ruhig wie möglich, nimm alles wahr, was um dich herum und in dir geschieht. Achte auf jedes Geräusch, jede Bewegung, jedes Insekt, auf deine Gedanken und Gefühle und nimm was kommt als das, was kommen muss, um dir etwas zu zeigen.

Diese Übung scheint banal zu sein, doch sie ist es nicht, zumindest für den durchschnittlichen Stadtmenschen, wenn er nicht gerade Fischer oder Jäger ist.

Übung
Naturbegegnung II

Gehe so vor wie bei der gerade beschriebenen Übung, nur suche dir einen warmen Tag aus, gehe vor Sonnenuntergang zu deinem Platz und bleibe bis nach Sonnenaufgang. Schlafe nach Möglichkeit nicht, sondern sei die ganze Zeit wach. Achte auf alles, was in dir und um dich herum geschieht. Falls du einschlafen solltest, versuche dich an deine Träume zu erinnern. Nimm dir zur Sicherheit eine Lampe mit, benütze sie aber nur im Notfall.
Falls du dich alleine unsicher fühlst, sorge für einen Begleiter oder Wächter, den du nicht sehen kannst, der aber in Rufweite ist.

Natürlich gibt es noch unzählige andere Möglichkeiten, mit der Natur in Kontakt zu kommen. Der Phantasie sind dabei keine Grenzen gesetzt.

In der Zeit der Vorbereitung trifft man sich möglichst regelmäßig zum Schwitzhüttenritual, um sich zu reinigen und zu beten. Ich leite die Inipi-Zeremonie, wie sie bei den Lakota heißt, seit vielen Jahren selbst und bin seit jeher begeistert, wie viel dieses Ritual vermitteln und erfahrbar machen kann, ohne dass viel erklärt werden muss. Deshalb möchte ich die Sweatlodge genauer beschreiben.

Die Schwitzhütte selbst, in der dieses Ritual stattfindet, wird aus Weidenruten oder Haselnussstecken gebaut, die kreisförmig in den Boden gesteckt und mit roten Stoffstreifen oder Schnüren zu einer Art Iglu zusammengebunden werden. Die Hütte wird mit Decken oder Planen völlig lichtdicht abgedeckt. In der Mitte der Lodge hebt man ein Loch aus, in das Steine gebracht werden, die im Holzfeuer vorher bis zum Glühen erhitzt wurden.

Die Hütte hat einen Eingang, der mit einer „Tür", die aus einer Decke besteht, verschlossen werden kann. In der Tradition, aus der das Ritual stammt, das mir übertragen wurde, ist der Eingang nach Westen offen. Andere haben die Tür im Osten oder auch nach Süden oder Norden. Zwischen Feuerstelle und Hütte befindet sich der Altar in Form eines Erdhügels und eines gegabelten Stabes, der den Lebensbaum symbolisiert. Das ganze Ensemble hat die Form einer Figur. Die Hütte selbst symbolisiert den Bauch, der Altar das Herz und die Feuerstelle den Kopf der „großen Mutter", in deren Bauch wir zur Reinigung zurückkehren. In das Gerippe der Hütte hängt man Symbole für die Himmelsrichtungen.

Das Ritual beginnt lange bevor sich die Teilnehmer in die Hütte setzen. Und jeder Schritt wird mit großer Achtsamkeit begangen. Beim Schneiden der Ruten achtet man zum Beispiel darauf, keinen Strauch zu sehr zu beeinträchtigen und hinterlässt ein Geschenk für den Geist des Baumes in Form einer Prise Tabak, der in vielen indianischen Kulturen die traditionelle Opfergabe ist. Der gesamte Platz wird durch Räuchern gereinigt, das Feuerholz wird in bestimmter Weise aufgeschichtet, eine festgelegte Zahl von Steinen wird aufgelegt, und das Feuer wird auf rituelle Weise entzündet, wobei wieder Tabak geopfert wird. Es würde viel zu weit führen, alle Details aufzuführen.

Das eigentliche Ritual beginnt, wenn die Steine bereit sind. Die Besucher gehen auf allen Vieren in der Richtung des Sonnenlaufes (im Uhrzeigersinn) in die Hütte und setzen sich auf den Boden. Dann bringt der Feuermann glühende Steine mit einer Gabel in die Vertiefung in der Mitte der Hütte. Der Schwitzhüttenleiter schließt die Tür und beginnt das Ritual. Er begrüßt die Teilnehmer und spricht ein

Dankgebet. Über weitere Gebete und traditionelle Lieder werden *Wakantanka,* meist mit *Großer Geist* übersetzt und weitere Kräfte wie die Kräfte der Himmelsrichtungen eingeladen. Die Schwitzhütte hat normalerweise vier Phasen, auch *Türen* genannt, weil dazwischen jedes Mal der Eingang geöffnet wird, um frische Luft in die Hütte zu lassen. Jede Phase hat einen eigenen Schwerpunkt. Meist wird in der ersten die große Kraft angerufen, in der zweiten die kleineren Kräfte, in der dritten folgen individuelle Gebete und in der vierten wird noch einmal richtig geschwitzt. Zum Schluss des Rituals bedankt sich jeder bei jedem für seine Präsenz.

Seine besondere Kraft hat das Schwitzhüttenritual wohl daher, dass es den Körper sehr intensiv mit einbezieht. Wenn man wenig bekleidet in völliger Dunkelheit auf dem nackten Boden sitzt, dann sind alle äußeren Attribute der „Ego-Maske" nicht mehr wirksam. Es ist völlig egal, wie ich aussehe, ich kann nichts von den Dingen, mit denen ich mich sonst positioniere (Pelzmantel in der Weihnachtsmesse) mitnehmen, alle sind gleich. Auch im „Durchleiden" von Hitze oder Enge sind alle gleich. Das Ritual hilft mit den Gebeten, mit Trommeln und Liedern dabei, die Leidensschicht des „Lower Self" (siehe Seite 23) zu überwinden und zur Essenz vorzudringen. Irgendwann kommt die Phase völliger Freiheit und Einheit.

Ich selbst leite das Inipi-Ritual meist genau in der Form, wie ich sie von Martin High Bear übertragen bekommen habe. Dadurch ist sicher gestellt, dass möglichst wenig von der Qualität des Rituals verloren geht. Jedes Detail der gewachsenen Schwitzhüttenrituale entspringt uralter Erfahrung, und vieles versteht man erst mit der Zeit. Das „Mitakuye Oyasin", mit dem jedes Lakota-Gebet endet, macht durch seinen Wortsinn immer wieder deutlich, dass wir mit allem verbunden, mit allem eins sind. Auf allen Vieren in die Schwitzhütte zu gehen und sie wieder zu verlassen, erinnert an unsere Verwandtschaft mit den anderen Wesen auf dieser Erde. Alles geschieht im Ritual in Kreisform und zwar entsprechend dem Lauf der Sonne. Dadurch werden wir ständig an den Kreis des Lebens erinnert, den Wechsel von Tag und Nacht, den Kreis des Mondzyklus, der Jahreszeiten, dem Kreis des menschlichen Lebens von Kindheit zu Kindheit. Diese Aufzählung ließe sich lange fortsetzen.

Darf und kann man nun Schwitzhütten nur machen, wenn man dazu autorisiert ist? Die traditionellen Lakota und die Bewahrer der Rituale anderer indianischer Traditionen sehen es gar nicht gerne, wenn ihre Rituale von „Wannabe-Indians" (Möchtegern-Indianern) nachgemacht werden. Und sie haben recht, wenn sie ihre wertvollen heiligen Rituale vor Verwässerung und Kommerzialisierung schützen.

Andererseits war die Schwitzhütte im gesamten nördlichen Kulturkreis von den Kelten und Germanen über die skandinavischen Ureinwohner und die Kulturen

Sibiriens bis in den nordamerikanischen Raum verbreitet und ist es zum Teil heute noch. Sie gehört nicht einer Tradition alleine. Deshalb kann meiner Meinung nach jeder, der es will, ein Schwitzhütten-Ritual machen. Er sollte nur seine eigene Form finden und sich keinesfalls heiliger indianischer Ritualgegenstände oder Ritualelemente wie zum Beispiel der heiligen Pfeife oder der Schwitzhüttenlieder der Lakota bedienen.

Ich empfehle allerdings, keine Schwitzhütten anzuleiten, wenn man nicht selbst als Teilnehmer bei versierten Leitern ausgiebige eigene Erfahrungen gemacht hat. Einerseits wäre es sonst sehr wahrscheinlich, dass das Resultat kein kraftvolles Ritual wäre, sondern nichts anderes als eine etwas „primitivere“ Sauna. Andererseits ist einiges zu beachten, damit keine gesundheitlichen Probleme auftreten. Zum Beispiel sollten Frauen in den ersten Monaten einer Schwangerschaft nicht in die Schwitzhütte gehen (was ebenso für die Sauna gilt), weil ein Abgang die Folge sein könnte. Es sollte auch niemand gedrängt werden, länger in der Hütte zu bleiben, als er möchte, denn die Hitze, die Dunkelheit und die Enge können zu heftigen psychischen und physischen Reaktionen führen. Es gibt inzwischen an vielen Orten Schwitzhüttenkreise, die in dieses kraftvolle Ritual einführen.

Wenn man keine Gelegenheit hat, regelmäßig eine Schwitzhüttenzeremonie zu besuchen, kann man sich natürlich auch anders auf die Visionssuche vorbereiten, z.B. durch Meditation, möglichst in der Natur.

Ein weiterer Schritt bei der Vorbereitung ist die Herstellung der Gegenstände, dir für das Ritual gebraucht werden. Darauf gehe ich im nächsten Abschnitt genauer ein.

Manche würden gerne auf die lange und aufwendige Vorbereitung verzichten. Ich halte davon wenig. Ein Ritual ist dazu da, Energie für einen bestimmten Zweck zu sammeln. Je mehr Energie konzentriert wird, umso kraftvoller ist die Zeremonie. Die Vorbereitungszeit hilft dabei, sich voll und ganz auf das Ritual auszurichten.

Das Ritual der „Visionssuche“

Das Hanbleceya-Ritual gehört wie die die Schwitzhüttenzeremonie zu den sieben heiligen Riten der Teton-Sioux. Deshalb gilt auch hier, was ich oben zur Inipi gesagt habe. Es ist nichts dagegen zu sagen, die Grundstruktur des Rituals zu übernehmen, da sie in vielen Kulturen weitgehend gleich ist. Es ist aber nicht in Ordnung, ohne Erlaubnis traditionelle heilige Elemente zu verwenden.

Die Visionssuche, wie ich sie erlebte, begann mit einer Schwitzhütte zur Reinigung am frühen Morgen. Dann ging ich mit meinem Unterstützer, der von Martin High Bear beauftragt war, und meinen Freunden zu einem abgelegenen Platz auf einem Hügel. Dort steckte ich mit vier Weidenruten einen rautenförmigen Altar ab, der etwa zwei Meter mal einen Meter maß. An den Weidenruten befestigte ich *Flags*, das sind mit Tabak gefüllte Stofffahnen, mit den Farben der Himmelsrichtungen. Zwischen die Stäbe spannte ich eine Schnur mit kleinen Tabakbeutelchen als Opfergabe, so dass der Altar von der Umgebung klar abgegrenzt war. Ich hatte eine *Canupa*, eine heilige Pfeife dabei, die mir ein Pfeifenträger überlassen hatte, damit ich mit ihr beten konnte. Die Pfeife ist für viele Völker der nordamerikanischen Ureinwohner das Instrument, mit dem sie mit den göttlichen Kräften in Verbindung treten können. Nachdem ich den Altar betreten hatte, ließen mich meine Freunde allein. Dies war auch Zeichen dafür, dass ich die Gemeinschaft verlassen hatte, um alleine der Natur und den göttlichen Kräften gegenüber zu stehen. In meinem Altar blieb ich einmal zwei Tage, einmal vier Tage, und übertrat die Grenze nur in ritueller Weise, um meine Notdurft zu verrichten. Als Regenschutz hatte ich eine kleine Plane dabei. Alles, was ich die Tage tat (außer mit meinem Ego zu kämpfen, indem ich mich langweilte, mit mir haderte und unter Kälte, Hunger und Durst litt, da ich in dieser Zeit nicht aß oder trank), war, zu meditieren, zu beten und um eine Vision zu bitten. Ich war dadurch getragen, dass die Gruppe im Tal für mich und die anderen Suchenden das Feuer am Brennen hielt.

Manche Medizinleute legen die Zeit fest, die der Initiant auf der Visionssuche verbringt. In der Tradition, der ich folgte, war es mir überlassen. Bei meiner Rückkehr wurde ich in einer weiteren Schwitzhüttenzeremonie wieder in die Gemeinschaft aufgenommen. Eine rituelle Mahlzeit und eine „Giveaway"-Zeremonie, bei der die Visionssuchenden Geschenke an alle verteilten, um für die Unterstützung zu danken, schlossen das Ritual ab.

Obwohl ich keine besonderen „Visionen" im Sinne außergewöhnlicher Wahrnehmungen hatte, haben diese zwei Rituale sehr viel bei mir bewirkt. Vor der ersten Visionssuche war ich ein sehr ungeduldiger spiritueller Sucher, las ein Buch nach dem anderen und suchte verzweifelt nach einem Meister oder Guru. Bei der Visionssuche fand ich zu einer wundervollen inneren Ruhe, einer Klarheit, dass ich auf dem richtigen Weg war und nicht mehr suchen musste, nur noch vertrauen, dass das, was kommen soll, auch kommt.

Man muss nicht unbedingt einen Medizinmann finden, um die Erfahrung der „Visionssuche" zu machen. Steven Foster und Meredith Little haben eine internationale Schule begründet, die dieses Erlebnis als Seminar zugänglich macht. Dabei handelt es sich nicht um eine Nachahmung traditioneller Rituale, sondern um eine

Neuschöpfung auf der Basis der Grundstruktur der „Initiation in der Wildnis." Sehr empfehlenswert und schön zu lesen ist ihr Buch „Vision Quest. Sinnsuche und Selbstheilung in der Wildnis"[38].

Es spricht meiner Meinung nach nichts dagegen, sich selbst an eine solche Neuschöpfung zu wagen, am besten in einer Gruppe.

Bereite dich intensiv vor. Suche dir unbedingt einen Unterstützer, der nach dir sieht und dir zur Seite steht, falls psychische oder körperliche Probleme auftreten. Vereinbare mit dem Unterstützer, dass er ein oder zwei mal am Tag nach dir sieht. Suche dir einen abgelegenen und möglichst sicheren Platz (Gewitter) und stecke dir einen Altar ab, den du für eine Weile nicht mehr verlassen wirst. Symbole für die Himmelsrichtungen und/oder Elemente können dir helfen, dich auszurichten. Wenn es ein besonderes Symbol für deinen spirituellen Weg gibt, dann füge es dem Altar hinzu. Und dann bleibe in diesem Altar, so lange es für dich richtig ist und faste. Auf das Trinken zu verzichten, würde ich auf keinen Fall empfehlen, wenn du nicht unter Anleitung eines Medizinmannes stehst. Sei in der Zeit offen für alles, was um dich geschieht. Es könnte sein, dass Tiere, Pflanzen oder die Wolken Botschaften für dich haben. Sie werden kaum reden, wie es die Tiere in Disney-Filmen tun. Und doch können sie dir etwas sagen. Auch beten und singen kann dir gut tun. Aber versuche, dich nicht abzulenken. Betrachte das Ganze als intensive Meditation. Wenn du schläfst, versuche dich an die Träume zu erinnern. Besprich nach der Zeit in der Natur alles, was du erlebt hast, mit deinem Unterstützer oder deiner Gruppe.

[38] Foster/Little 1991

DER SCHATTEN

„Und doch liegt hier ein Mysterium - und keins, das ich verstehe: Ohne diesen Stachel des anderen, ja selbst des Bösen, ohne die furchtbare Unterseite von Gesundheit, Vernunft, gesundem Verstand geht nichts und kann nichts gehen. Ich sage dir, unser Gutsein - was wir in unserem Tageslicht-Ich so nennen: das Normale, das Anständige - ist nichts ohne die geheimen Kräfte, die unablässig der Schattenseite dieses Gutseins entströmen."

Doris Lessing

Der Schatten - die dunkle Seite unserer Persönlichkeit

Wenn du die bisherigen Schritte deines Weges hinter dich gebracht hast, wird es Zeit, dich der dunklen Seite der Psyche zuzuwenden. Sie hat sich zwar schon oft bemerkbar gemacht und ist immer mit von der Partie. Doch jetzt werden wir uns ihr ganz gezielt zuwenden.

Es ist schon seltsam. Eigentlich wollen fast alle Menschen gut sein. Wenn wir nicht in einer Trotzhaltung sind, wollen wir gefallen, gesehen werden, anerkannt werden. Woher kommt dann all das Böse, kommt die Sünde, kommen zum Beispiel Perversionen und Gewalt?

Ein Begriff für all das, was wir nicht sein wollen, ist der des Schattens. Den Begriff des „Schattens" prägte der Tiefenpsychologe C. G. Jung. Anfangs verstand er darunter den „negativen" Teil der Persönlichkeit, nämlich die Summe der versteckten, unvorteilhaften Eigenschaften, der mangelhaft entwickelten Funktionen und Inhalte des persönlichen Unbewussten.

Der Schatten ist aber nur für das Bewusstsein negativ. Er enthält potentiell sehr positive Werte. Ein Manager traut sich vielleicht nie, Schwäche zu zeigen. Seine Frau, seine Kinder, sein Arzt und viele andere würden es dagegen sehr begrüßen. Es würde ihn vielleicht menschlicher machen.

In jedem von uns steckt - neben der braven, geselligen, intelligenten Person für den Alltagsgebrauch - ein verborgenes Ich, das meist (unbewusst) geheim gehalten oder vertuscht wird. Negative Emotionen und Verhaltensweisen - Wut, Eifersucht, Scham, Lügen, Hass, Lüsternheit, Gier, (selbst-)mörderische Tendenzen - liegen gleich unter der Oberfläche, notdürftig verdeckt von einem respektablen Äußeren. Der Schattenbereich bleibt für die meisten ein unerforschtes Land, wild und ungebändigt, ein blinder Fleck, vielleicht auch ein Betonbalken vor den Augen.

Die Auseinandersetzung mit dem „Schatten“ ist eines der großen Themen der „Heldenreise“. Kein Wunder, denn in ihm ist alles versammelt, was wir im Laufe der Zeit aus unserem Bewusstsein verbannt haben, da es nicht zu unserem „Ich-Ideal“, dem Idealbild von uns selbst passte.

Natürlich ist dieses Thema erst einmal nicht attraktiv. Der Schatten ist „nono“, „igitt“ und „bäh“. Er ist hässlich, eklig und gefährlich. Und die Auseinandersetzung mit ihm ist schwierig, denn er ist unbewusst. Man könnte fast sagen, er ist das Unbewusste.

Dummerweise ist alles wirklich Neue, alles Elementare, das der Held gewinnen kann, im Schatten zu finden. Dort ist der Schatz, dort ist die Prinzessin gefangen, dort ist der entscheidende Kampf auszufechten. Im Schatten ist nicht nur das „Böse“ schlechthin, dort sind auch all die wertvollen Dinge wie natürliche Instinkte, kreative Impulse, unverfälschte Wahrnehmung, die wir im Laufe unserer Entwicklung verdrängt haben.

Der Schatten im Mythos

Schon die ältesten schriftlich überlieferten Mythen der Menschheit machen klar, dass Held oder Heldin nicht an der Begegnung mit ihrer dunklen Seite vorbeikommen. In den sumerischen Erzählungen von Gilgamesch und von Inanna werden zwei verschiedene Aspekte des Schattens deutlich.

Gilgamesch, der riesenhafte und über alle Maßen schöne König von Uruk, ist ein ungestümer junger Mann, der sich der unverheirateten jungen Frauen seiner Stadt bedient, während er die kräftigen jungen Männer dazu zwingt, an der Stadtmauer und am Tempel zu bauen. Die Einwohner Uruks bitten Aruru, die Mutter der Götter, einen Rivalen für Gilgamesch zu erschaffen, damit der König sein ganzes Interesse auf diesen richtet und die Menschen von Uruk zur Ruhe kommen können. Und Aruru tut es:

Dann wusch Aruru sich ihre Hände,
kniff Ton ab und warf ihn in die Steppe.
In der Steppe erschuf sie Enkidu, den Helden,
den Sprössling der Stille, mit Kraft beschenkt von Ninurta.
Dicht behaart ist er an seinem ganzen Leibe,
versehen mit Locken wie eine Frau.
Seiner Haarmähne Locken sprießen so üppig hervor
wie Nissaba selbst.
Nicht sind ihm die Menschen
und nicht das Kulturland bekannt.
Mit einem Gewande bekleidet wie Schakkan,
frisst mit Gazellen er Gras.
Mit Herdentieren drängt er sich an der Wasserstelle,
mit wilden Tieren labt er sich am Wasser.

Gilgamesch ist zwar „zivilisiert", ein mächtiger Mensch der Stadt, aber vergnügungssüchtig, arrogant und rücksichtslos. Enkidu dagegen ist natürlich und ungezähmt, Sohn der Erde und Freund der Tiere. Enkidu ist Gilgameschs wilder, jedoch besonnener Bruder, sein Schatten. Enkidu fordert Gilgamesch heraus, die beiden kämpfen, dass „die Türwangen bebten, die Wände wankten". Keiner kann den Kampf gewinnen und sie werden schließlich Freunde. Der König von Uruk ist dadurch, dass sein „Schatten" zu seinem Freund wurde, stark genug, die folgenden Abenteuer in Angriff zu nehmen.

Dieser Mythos beschreibt bereits vor mindestens 4000 Jahren, dass dem „zivilisierten“ Menschen die Verbindung zu seiner wilden Natur und zur Erde abhanden kommen kann und dieser Teil zu seinem Schatten wird. Erst indem er sich mit ihm konfrontiert und ihn integriert, gelangt er zu seiner ganzen Kraft.

Noch dramatischer ist die Erzählung von Inanna, die wir schon kennengelernt haben, und ihrer Schattenschwester. Die sumerische Heldin wurde, wie bereits beschrieben, zur Königin des Weidelandes und zur Königin der Stadt, sie wurde zur Göttin des „Großen Oben“. Sie hatte alles erreicht, was es zu erreichen gab. Psychologisch gesehen hatte sie eine starke Identität. Sie war im Besitz ihrer Natur, also ihres Körpers und der Errungenschaften der Zivilisation, also ihres Verstandes. Dennoch folgte sie dem Ruf ihrer dunklen Schwester Ereshkigal in die Unterwelt. Im Mythos heißt es:

„Von der großen Höhe öffnete sie ihre Ohren der großen Tiefe.
Von der großen Höhe öffnete die Gottheit ihre Ohren der großen Tiefe.
Von der großen Höhe öffnete Inanna ihre Ohren der großen Tiefe.“

Ereshkigal ist die dunkle Seite, der Schatten von Inanna. Sie ist in die Unterwelt verbannt, damit Inanna Königin der Oberwelt sein kann. Ereshkigal ist die Unerhörte im doppelten Sinn. Sie wurde nie erhört und ist deshalb unerhört wild und grausam. Inanna muss auf dem Weg durch die sieben Tore der Unterwelt alles abgeben, was sie auszeichnet. Nackt und gebeugt steht sie vor Ereshkigal. Die Richter der Unterwelt verurteilen Inanna, Ereshkigal tötet sie und hängt ihren Leichnam an einen Haken. Doch zwei Fliegengeister, von Gott Enki geschickt, erhören endlich Ereshkigals Schmerz. Sie erhalten als Belohnung Inannas Leichnam und erwecken ihn wieder zum Leben. Inanna kehrt zurück in die Oberwelt, gezeichnet mit dem „Auge des Todes“, durch die Erfahrung von Tod und Auferstehung reicher. Dieses Auge des Todes bedeutet, dass sie die nackte Wahrheit sehen, mit purer Objektivität auf den Grund des Seins blicken kann.

Der Mythos zeigt auf, dass die dunkle Seite erhört werden muss, um Erlösung zu finden. Dann reift die Heldin und erreicht eine neue Stufe des Bewusstseins.

Wie der Schatten entsteht

Bereits in der frühen Kindheit haben wir begonnen, uns an unsere Umwelt anzupassen, uns mit Verhaltensweisen zu identifizieren, die uns bei Eltern, Geschwistern, Kindergärtnerin usw. Aufmerksamkeit oder Zuwendung gesichert haben.

Alles, was nicht gut ankam, versenkten wir in unseren „Schatten“. So haben wir gelernt, nett und höflich zu sein, vielleicht auch trotzig, wenn es dafür mehr Aufmerksamkeit gab. Unsere Wildheit, unser Lautsein, unseren Egoismus haben wir unterdrückt. Vielleicht haben wir auch verlernt, fröhlich und unbeschwert zu sein, uns schön zu fühlen, stolz auf unsere Leistung zu sein, uns zu entspannen usw.

Der bekannte Schriftsteller und Jungianer Robert Bly spricht in diesem Zusammenhang vom "Schattensack" auf unserem Rücken, der sich im Laufe des Lebens füllt. Er wird mit den Jahren immer schwerer, wir selbst werden immer schwächer

Wenn wir geboren werden, gleichen wir der goldenen Kugel des Mädchens im Märchen vom Froschkönig: 360 Grad goldenes Licht. Wir sind voller Energie und was uns in den Sinn kommt, wird gemacht. Wir haben im Grunde noch keinen Schatten. Doch dann stellen wir fest, dass einiges von dem, wie wir sind oder was wir tun, in der Umgebung nicht gut ankommt. Zum Beispiel hören wir „Sei endlich mal still" oder „Deinen Bruder zu schlagen, finden wir aber nicht nett“. Um die Liebe der Eltern zu erhalten, stopfen wir diese Dinge in den Sack. Dinge, für die wir massiv bestraft werden, kommen weit unten in den Sack, auch wenn es unsere Lebendigkeit und Lebensfreude ist. So ein braves und ruhiges Kind! Der Schattensack muss schon ganz schön groß sein. Je braver und angepasster jemand ist, umso länger ist sein Sack und umso tiefer stecken die Inhalte darin, umso unbewusster sind sie.

Später kommen dann die Geschwister, die Gruppen in der Schule, der Lehrer dazu. Die Freunde, die Partner usw. „Du und schön, bild dir das doch nicht ein.“ „Du bist zu grob.“ „Ein Junge weint nicht.“ „ Du bist ein Streber!“ „Du bist unmusikalisch“. Und so weiter und so fort. Und wir packen unsere Schönheit, unsere Kraft, unsere Tränen, unsere Intelligenz und unsere Musikalität in den Schattensack.

Oft widersprechen sich die Anforderungen. Die Eltern wollen nicht, dass das Kind lebhaft ist, die Kameraden stört, dass es still ist. So bleibt fast nichts mehr an Verhaltensmöglichkeiten, fast nichts mehr von der ursprünglichen Energie übrig.

Je nach Familie und Kultur wandern verschiedene Dinge in den Sack. In der christlichen Kultur meist die Sexualität und damit ein guter Teil der Spontaneität und Lebensfreude. Manchmal sind Aggressionen, sind Wut und Ärger erlaubt, meist nicht. In der einen Kultur oder auch Familie wird der Ausdruck starker Gefühle generell toleriert, in der anderen abgelehnt. Auch Schwäche oder Verletzlichkeit werden sehr häufig nicht gerne gesehen. Manchmal sind finanzielle oder künstlerische Ambitionen oder intellektuelle Entwicklung erlaubt, aber nicht immer. Auch Erfolg darf oft nicht sein, weil er Neidern nicht gefällt.

Später fällen wir unsere eigenen Entscheidungen, wie wir sein wollen und wie nicht. Vielleicht ist unsere Mutter sehr kritisch und wir wollen nicht sein wie unsere Mutter: Also kommt unsere kritische Seite in den Schattensack. Und wieder ist der Sack größer und die Person kleiner.

Schließlich haben wir in unserem Schattensack all unsere Fähigkeiten, die nicht sein durften, all unsere Lebendigkeit, die keinen Platz hatte, die Lust, die nicht akzeptiert war, und auch noch die Wut und die Trauer darüber, dass wir all das nicht leben durften. Und es ist uns kaum bewusst.

Was im Schattensack ist, bleibt nicht, wie es ist, sondern wird schlecht und beginnt zu stinken. Was wir verdrängen, bleibt in der Entwicklung zurück, wird nicht erwachsen, sondern bleibt kindlich und wird zunehmend vergiftet, wird böse, gefährlich, pervertiert, barbarisch. Schließlich bekommt der Sack ein Loch. Er läuft aus. All die Dinge wandern irgendwie auf die andere Seite der Stadt und finden dort jemanden, zu dem sie mehr oder weniger passen, und sie benützen diese Person oder Personen, um zu dir zurückzukehren. Dein eigener Schatten kommt zu dir zurück, auf das Gesicht von anderen Menschen gemalt. Und das sind die Menschen, die du nicht ausstehen kannst, die du bekämpfen musst, die du loswerden willst. Diese Menschen tragen deinen Schatten.

Sehr häufig sind diese Menschen auch des anderen Geschlechts. Die meisten Männer in unserer Kultur unterdrücken die weibliche Seite, die meisten Frauen ihre männliche. Diese Seite, unterdrückt, wird zum Feind. Jeder Teil unserer Psyche, den wir nicht lieben, wird zum Feind. Wenn Männer ihre weibliche Seite lange genug unterdrücken, wird sie feindselig, bösartig. Die Anima wird zu einer bösen Hexe. Und oft deckt sich dann auch das Äußere mit dem Inneren. Man sucht sich eine Partnerin, einen Partner, die oder der, nach der Zeit der Verliebtheit, den persönlichen Schatten im Außen repräsentiert.

Robert Bly meint, dass unser Leben bis zum Alter von etwa 20 Jahren darin besteht, zu ermitteln, was in den Sack soll und was nicht und den Rest des Lebens versuchen wir, die Schattenanteile wieder herauszuziehen.

Ich und Schatten

Der persönliche Schatten ist der untrennbare Gegenpart zum Ich. Er entwickelt sich gemeinsam mit der Ich-Identität aus denselben Erfahrungen. Was für das Kind beim (Über-) Leben hilfreich ist, wird zum Ich. Was eher hinderlich ist, weil es von der Umgebung abgelehnt wird, wird zum Schatten. C.G. Jung, der den Begriff des „Schattens" prägte, erkannte die Unzertrennlichkeit von ich und Schatten in einem Traum, den er in seiner Autobiografie *Erinnerungen, Träume, Gedanken* schildert:

Es war Nacht an einem unbekannten Ort, und ich kam nur mühsam voran gegen einen mächtigen Sturmwind. Zudem herrschte dichter Nebel. Ich hielt und schützte mit beiden Händen ein kleines Licht, das jeden Augenblick zu Erlöschen drohte. Es hing aber alles davon ab, dass ich dieses Lichtlein am Leben erhielt. Plötzlich hatte ich das Gefühl, dass etwas mir nachfolgte. Ich schaute zurück und sah eine riesengroße schwarze Gestalt, die hinter mir her kam. Ich war mir aber im selben Moment bewusst - trotz meines Schreckens - dass ich, unbekümmert um alle Gefahren, mein kleines Licht durch Nacht und Sturm hindurch retten musste. Als ich erwachte, war es mir sofort klar: Es ist ... mein eigener Schatten auf den wirbelnden Nebelschwaden, verursacht durch das kleine Licht, dass ich vor mir trug. Ich wusste auch, dass das Lichtlein mein Bewusstsein war; es ist das einzige Licht, das ich habe... Unendlich klein und zerbrechlich im Vergleich zu den Mächten der Dunkelheit, aber doch ein Licht, mein einziges Licht.

Schatten und Licht, psychologischer Schatten und Ich sind also unzertrennbar. Sie bilden zusammen eine Polarität, die nicht aufgehoben werden kann, indem ich versuche, einen Pol abzutrennen, sondern nur dadurch, dass ich beide vereine.

Übung
„Licht und Schatten"

Wenn man die Entsprechung von Licht und Schatten mit Ich-Ideal und Schatten betrachtet, so ist es keineswegs so, dass für alle Menschen das Helle mit positiven Assoziationen und das Dunkle mit negativen besetzt sind. Welche Beziehung du zu Licht und Schatten hast, kannst du in der folgenden Übung herausfinden:
Nimm dir eine halbe Stunde Zeit, gehe nach draußen, falls es hell ist, andernfalls bewege dich durch das Haus und nimm wahr, wie es dir mit dem Hellen und wie es dir mit dem Dunklen, mit Schatten, geht. Welche Beziehung hast du zu Licht und Schatten, welche Gefühle lösen Hell und Dunkel in dir aus.

- Dann nehme dir ein Blatt Papier und schreibe je zehn Eigenschaften von Licht und Schatten auf. Benütze dabei Eigenschaftswörter.
- Setze vor diese 20 Eigenschaften jeweils „Ich bin ..." und lese sie laut dir selbst im Spiegel oder einem Partner vor. Nimm dabei wahr, was du fühlst. Welche Eigenschaften kannst du problemlos als deine annehmen, bei welchen fällt es dir schwer?
- Finde eine zusammenfassende Aussage: „Licht ist für mich ..., Schatten ist für mich ..."

Quelle: Paul Rebillot

Persönlicher und kollektiver Schatten

Als Teil des persönlichen Unbewussten gehört der Schatten zum individuellen Ich. Es gibt aber auch einen kollektiven Schatten, den Archetyp des „Widersachers", der wie der Held der gesamten Menschheit eigen ist. Dieser Gegenspieler des Guten und Richtigen hat allerdings in verschiedenen Kulturen unterschiedlichen Charakter.

Je mehr in einer Kultur Gott oder das Göttliche nur als licht und gut gesehen werden, umso stärker und einseitig böse wird auch der Gegenspieler dargestellt.

Nordamerikanische indianische Traditionen kennen zum Beispiel relativ „harmlose" und eher ambivalente (mehrdeutige) Figuren wie den „Trickster" oder „Coyote", der seine Gestalt wandeln kann und meist in Tierform auftritt. Er überschreitet immer wieder die Grenzen des Erlaubten, ist sozusagen der professionelle Tabubrecher, ist gierig nach allem, auch nach Sexualität und verschafft sich das, was er will, durch List, Betrug oder Gewalt. Er ist einerseits sehr schlau und kreativ, andererseits aber auch tölpelhaft. Er wird insgesamt eher negativ gesehen, seine positiven Seiten werden aber auch geschätzt. Er lockert durch seinen Tabubruch verhärtete Normen auf, verhilft zu kreativen Lösungen, schafft Raum für sexuelle Spielarten, die in vielen Kulturen als Normbruch gelten wie Homosexualität, Geschlechtswechsel usw.

In der christlich-abendländischen Tradition ist der Gegenspieler nur noch böse: Der Inbegriff des Schattens ist der Teufel, Satan, Luzifer. In ihm versammelt ist alles, was die Menschheit in unserem Kulturkreis im Laufe ihrer Entwicklung zu verbannen suchte. Wie Ken Wilber eindringlich dargestellt hat, versuchte das Patriarchat in der westlichen Hemisphäre in den letzten drei Jahrtausenden, alles Natürliche, Erdbezogene, Weibliche abzuspalten, um die Zivilisation weiterzuentwickeln. Die Bocksbeine und Hörner, die dem Teufel zugeschrieben werden, zeigen, dass er Verbindung mit dem Tierischen hat, das die Menschen im Lauf des Zivilisationsprozesses hinter sich lassen wollten. Es wurde zum Schatten, zum Feind, zur Sünde und entsprechend bekämpft. Nicht nur alles Tierische, auch die weiblichen Kräfte wurden als mit dem Teufel im Bunde verurteilt und verfolgt. Dieser Vorgang gipfelte in den Hexenverbrennungen des Mittelalters.

Noch immer gibt es Religionen und immer wieder gibt es Strömungen wie manche Esoteriker, die versuchen, nur die lichte, helle Seite oder das, was sie dafür halten, zu leben und all das, was sie ablehnen, abzuspalten und zu vermeiden oder außen zu bekämpfen. Das Ergebnis ist oft nicht nur für diejenigen verheerend, die als Sündenbock herhalten müssen, sondern auch für die Anhänger dieser Bewegungen selbst: Nicht wenige finden sich in der Psychiatrie wieder, weil sie irgendwann von der eigenen dunklen Seite überwältigt werden.

Ein anderes Bild des kollektiven Schattens in der christlichen Tradition beschreibt der florentinische Dichter Dante Alighieri im Jahre 1300 in seiner „Göttliche Komödie". Er versteht darin die sieben Todsünden als die sieben Verhaltensweisen, durch die das Schlechte in die Welt kommt. Er nennt die Geringschätzigkeit, den Neid, den Zorn, die Gleichgültigkeit, die Habsucht, die Völlerei und die Wollust.

1. Stolz, Geringschätzigkeit	Perversion der Selbstliebe (gegen andere)
2. Neid	Perversion der Liebe zu den Dingen
3. Zorn	Perversion der Gerechtigkeitsliebe
4. Faulheit, Gleichgültigkeit	Mangel an Liebe
5. Habsucht, Gier	Übertreibung der Liebe zu den Dingen
6. Völlerei, Unersättlichkeit	Übertreibung der Liebe zu den Genüssen
7. Wollust, Sexsucht	Übertreibung der geschlechtlichen Liebe

All diese Sünden haben in einer gewissen Art und Weise mit Liebe zu tun, und sie sind aus einem Fehlen an Liebe erwachsen.

Die ersten drei Todsünden sind Perversionen von Liebe. Geringschätzigkeit ist eine Perversion der Liebe zu sich selbst. Statt im positiven Sinne stolz auf sich selbst zu sein, wertet man die anderen ab. Im Neid verwandelt sich die Liebe zu dem, was man selbst besitzt, an Fähigkeiten, Dingen usw. in die Missgunst gegenüber anderen. Zorn und Hass sind Perversionen der Gerechtigkeitsliebe.

Die vierte ist ganz einfach das Fehlen von Liebe. „Ich will mich nicht kümmern. Um nichts und niemanden."

Die letzten drei sind Übertreibungen von Liebe. Gesunde Liebe wird zur Abhängigkeit, zur Sucht. Habsucht, Gier ist die Übertreibung der Liebe zu den Dingen. Die Völlerei, die Unersättlichkeit ist die Sucht nach den Genüssen, den Körperempfindungen. Und die Wollust ist die Sucht nach der geschlechtlichen Liebe. Das Gegenüber wird dabei entwertet, zum Objekt.

All diese „Hauptsünden" sind aus einem Mangel heraus geboren, einem Mangel, der in der persönlichen Entwicklungsgeschichte bestand.

Wo die größte Abscheu liegt, dort haben die eigenen Schattenanteile ihren Schwerpunkt.

Häufige Schatten-Anteile: Macht, Lust, Trauer

Der persönliche Schatten ist sehr vielschichtig, und jeder Mensch hat seine ganz eigene Schatten-Persönlichkeit. Und dennoch finden sich bestimmte Schatten-Anteile bei sehr vielen Menschen wieder. In diesem Abschnitt gehe ich auf einige sehr häufige und mächtige Schatten-Anteile ein.

Macht und Aggression

Die meisten Menschen, die unsere Seminare besuchen, haben ein sehr problematisches Verhältnis zu ihrer eigenen Macht und in direktem Zusammenhang damit zu ihrer Fähigkeit zur Aggression. Oft haben sie selbst Menschen erlebt, die sehr mächtig oder aggressiv waren und unter ihnen gelitten, zum Beispiel unter einem Vater, der sehr laut war oder geschlagen hat, zum Beispiel, wenn er etwas getrunken hatte. Oft wurde ihnen frühzeitig deutlich gemacht, dass Aggression schlecht ist, dass man immer lieb ist, auch wenn man sich ärgert und sie haben dieses Muster voll und ganz übernommen. Es kann aber auch sein, dass es der eigenen Überzeugung entspringt, Macht und Aggression bei anderen und sich selbst abzulehnen.

Aggression wird von sehr vielen Menschen generell negativ gesehen. Im allgemeinen Sprachgebrauch versteht man darunter auch ein Verhalten, das darauf ausgerichtet ist, andere Lebewesen zu schädigen oder zu verletzen oder Dinge zu beschädigen oder zu zerstören. Und deshalb sei es sehr wichtig, aggressive Impulse zu unterdrücken.

Ich bin anderer Meinung und folge dabei Überlegungen aus der Gestalttherapie.[39] Die Fähigkeit zur Aggression ist für uns Menschen sehr wichtig. Der Begriff „Aggression“ kommt vom lateinischen *aggredi* „herangehen“, „angreifen“ und bedeutet positiv gesehen die Fähigkeit, die Umwelt sich selbst anzupassen. Oder, einfacher gesagt, die Fähigkeit dazu, sich zu schützen und zu verteidigen, wenn Gefahr droht, und sich zu nehmen, was man (zum Leben) braucht, zum Beispiel die Nahrung zu kauen und sich einzuverleiben. Die Fähigkeit zur Aggression ist notwendig, um Grenzen zu ziehen, Verletzungen abzuwehren und um schädliche Strukturen oder Konstellationen aufzubrechen.

Das, was im üblichen Sprachgebrauch „Aggression“ genannt wird, nennen wir „Destruktivität“. Das Wesen der Aggression besteht darin, dass sie nicht wie die Destruktivität nach sinnloser Entladung sucht, sondern nach sinnvollem, zielgerichtetem Einsatz. Erst die Unterdrückung der zielgerichteten Aggression führt zu Destruktivität. Während die zielgerichtete Aggression beendet ist, wenn das Ziel erreicht wurde, kann die nicht-zielgerichtete Aggression prinzipiell nie zum Sieg oder zur Befriedigung führen, und sie dehnt sich deshalb unendlich aus: Sie kann nicht als »Gestalt« abgeschlossen werden.

Die Aggression zu unterdrücken, hat zahlreiche negative Folgen:

- Wer seine Fähigkeit zur Aggression unterdrückt, muss seine gesamte Bauchenergie niedrig halten: Er atmet wenig in den Bauch, spürt den unteren Bereich des Körpers kaum, hat insgesamt wenig Energie, fühlt sich nicht in der inneren Mitte, im inneren Gleichgewicht, hat wenig Erdung.
- Er schluckt vieles hinunter, was ihm nicht gut bekommt, an Angriffen, Verletzungen, Unterstellungen usw., und handelt sich mit der Zeit psychosomatische Probleme mit Magen, Bauchspeicheldrüse oder Galle ein.
- Er schränkt seine Fähigkeit zu Handeln insgesamt ein, da seine Hände nicht boxen oder schlagen, seine Füße nicht treten dürfen - Folgen können Gelenkerkrankungen oder –verletzungen sein.
- Aus seiner unterdrückten Aggression kann Autoaggression entstehen – die Folgen sind vielfältig von verschiedensten psychosomatischen Problemen über Selbstverletzung bis hin zum Selbstmord.
- Er muss seine mangelnde aggressive Energie ausgleichen und sorgt für sich stattdessen über Manipulation, psychologische „Spiele“, verdeckte Angriffe usw. – der Kontakt zu anderen Menschen wird vergiftet.

---

[39] Vergleiche dazu Blankertz/Doubrawa 2005

- Er kann sich nicht verteidigen, wird gerne zum Opfer gemacht und oft verletzt - mit dem Ergebnis, dass er sein Herz verschließen muss, um sich zu schützen und er damit seine Liebesfähigkeit verliert.
- Er kann sich schwer aus destruktiven Beziehungen lösen und wird deshalb leicht missbraucht.
- Er hat wenig Durchsetzungsfähigkeit und wenig Energie, seine Ziele zu erreichen – andere sind stärker und machen ihm seinen Platz streitig.
- Der Kessel kann irgendwann platzen, und die unterdrückte Aggression wird zur Destruktivität – Amokläufe oder Kriegsgräuel sind die schrecklichsten Auswirkungen.

Es gibt also genügend Gründe, sich die positive Fähigkeit zur Aggression zurückzuholen, wenn sie in den Schatten verbannt ist. Sie ist ein wahrer Schatz.

So wie viele Menschen Aggression ablehnen, so wollen sie auch von Macht nichts wissen. Macht stehe der Liebe entgegen und sei deshalb schlecht und abzulehnen. An dieser Vorstellung scheint auch einiges zu sein, wenn sogar C. G. Jung meint, dass Macht der Schatten von Liebe sei und Liebe der Schatten von Macht. Wo die Liebe herrscht, da gebe es keinen Machtwillen, und wo die Macht den Vorrang habe, da fehle die Liebe.[40]

Was Jung sagt, mag richtig sein. Deshalb aber Macht zugunsten der Liebe abzulehnen, halte ich für den absolut falschen Schluss. Für mich gibt es Macht mit und ohne Liebe, und es gibt Liebe mit und ohne Macht. Macht ohne Liebe und Liebe ohne Macht sehe ich sehr kritisch. Macht ohne Liebe ist rigide und unmenschlich, sie verletzt und zerstört. Was aber ist an Liebe ohne Macht auszusetzen? Liebe muss Grenzen setzen können und sich schützen können, sie muss Manipulationen abwehren und für Klarheit sorgen können. Dafür braucht sie Macht. Kann sie das nicht, so führt das leicht in den Sumpf von Konfluenz oder Symbiose und Abhängigkeit. Ziel ist, Macht und Liebe zu vereinen. Wer Macht und Liebe in sich vereinen kann und das Ergebnis mit viel Energie ausstrahlt, hat das, was man „Charisma“ nennt.

[40] Zitiert nach Abrams/Zweig 1997, S. 63

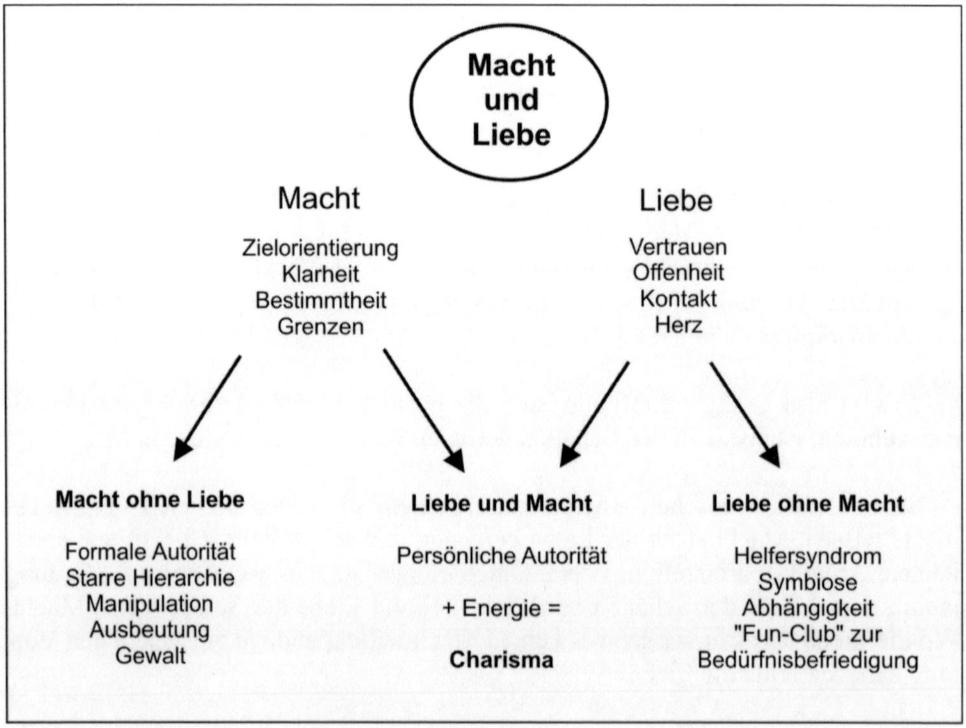

Diese Grafik verdeutlicht den Zusammenhang von Macht und Liebe noch einmal. Ziel ist die Vereinigung beider Kräfte.

Lust und Sexualität

Alle Bibeln und heiligen Kodizes sind Ursache der folgenden Irrtümer:
1. Dass der Mensch zwei reale Existenzprinzipien hat: einen Körper und eine Seele.
2. Dass Energie, böse genannt, allein vom Körper ist; und dass Vernunft, gut genannt, allein von der Seele ist.
3. Dass Gott den Menschen für alle Ewigkeit Höllenqualen aussetzen wird, wenn er seinen Energien folgt.
Doch von all dem ist das Gegenteil wahr:
1. Der Mensch hat keinen Körper, der von seiner Seele verschieden wäre: Denn das Körper Genannte ist der Teil der Seele, der wahrgenommen wird von den fünf Sinnen, den Haupteinlässen der Seele in dieser Zeit.

2. Energie ist das einzige Leben und ist vom Körper; und Vernunft ist die Grenze oder der Randbereich der Energie.
3. Energie ist ewiges Entzücken.

William Blake[41]

Der Körper des Menschen steht seit zwei Jahrtausenden im Schatten der abendländischen Kultur. Seine animalischen Impulse, seine Sexualität, sein Lustempfinden, seine Vergänglichkeit wurden von den Priestern, denen nur die höher bewerteten Bereiche von Geist und Rationalität etwas galten, ins Dunkel verbannt und mit Tabus belegt. Und als in den letzten Jahrhunderten das naturwissenschaftliche Zeitalter anbrach, schien bewiesen zu sein, dass der Körper nichts als eine seelenlose „Maschine" ist. Im Zentrum der Kultur, von Kindererziehung und Schulbildung, standen einseitig Wissen, Verstand und Logik.

In den letzten Jahrzehnten hat sich hier einiges verändert. Der Körper wird wichtiger genommen. Viele östliche Schulen, die am Körper ansetzen, wie Yoga, Chi Gong, Aikido usw. haben bei uns Fuß gefasst.[42] Wellness ist die aktuelle Welle.

Und nach der „sexuellen Revolution" in den siebziger Jahren des letzten Jahrhunderts wurden auch Lust und Sexualität aus ihrem Schattendasein befreit. Möchte man meinen. Doch weit gefehlt. Sehr viele Menschen, die wir in unserer Arbeit erleben, sind nicht in der Lage, ihre sexuelle Lust zuzulassen. Das hat, man ahnt es schon, natürlich Folgen.

- Wer seine Sexualität, seine körperliche Lust auf Dauer unterdrückt, dem fehlt eine wunderbare Quelle von Entspannung, Energie, Freude, Ekstase und tiefer Beziehung zu einem anderen Menschen.
- Ist die sexuelle Lust stark unterdrückt, dann leiden auch „benachbarte" Gefühle wie die Lebenslust, die Fähigkeit zu genießen, was es im Leben zu genießen gibt, Unbeschwertheit und Kreativität.
- Ich kann meine Lust auf körperlicher Ebene nur auf Dauer unterdrücken, indem ich mein Becken (meist unbewusst) so verspanne, dass ich meine Fortpflanzungsorgane nicht oder kaum mehr spüre. Das verursacht einen dauerhaften Stress für Prostata, Hoden oder Gebärmutter, was diese Organe anfällig für schwere Krankheiten wie Krebs macht.
- Die sexuelle Ekstase kann ein Weg zur spirituellen Ekstase sein – dieser Weg ist verbaut, wenn das Lustzentrum blockiert ist.

---

[41] Zitiert nach Abrams/Zweig S. 83
[42] Vergleiche dazu Mittermair 2006

Es gibt also auch gute Gründe, die sexuelle Lust aus dem Schattenreich zu befreien und zu sich zu nehmen. Dabei ist nicht das Ziel, ab sofort nur noch „notgeil durch die Gegend zu laufen". Das wäre auch nicht die Folge von befreiter, sondern von zu stark unterdrückter und dadurch pervertierter Sexualität. Ziel ist, dass die sexuelle Lust sich voll und ganz entfalten kann, wenn die Situation dafür stimmig ist, wenn ich weder mich selbst noch andere dadurch verletze. Am schönsten und am tiefsten befriedigend ist Sex natürlich mit dem Menschen, den man liebt.

Bis ich zur freien und unbeschwerten sexuellen Lust gelange, muss ich mich aber in der Regel mit den verklemmten, verdrehten, vielleicht auch pervertierten Formen meiner Sexualität auseinandersetzen, die sich in der persönlichen Geschichte der Unterdrückung meiner Sexualität gebildet haben. Das einzige, was hier weiter hilft, ist Liebe. Liebe zu mir selbst, Verständnis für meine Geschichte, Liebe zu meinem Körper und meinen Gefühlen. Und Liebe zu den anderen Menschen, die mir dabei hilft, dass ich sie nicht mit meiner Sexualität verletze.

Trauer und Weinen

Wohlan denn, Herz,
nimm Abschied
und gesunde

Hermann Hesse

Trauer[43] ist die natürliche Reaktion auf Erfahrungen der Trennung, des Abschiednehmens und des Verlusts. Und der natürliche Ausdruck der Trauer ist das Weinen. Wenn es also darum geht, einen Verlust zu verarbeiten, wäre die gesündeste Reaktion, der Trauer so lange Raum zu geben, bis sie von selbst versiegt, so lange zu weinen, bis es aufhört.

In unserer Gesellschaft dürfen wir aber nur sehr eingeschränkt trauern. Wir dürfen es nicht in jeder Situation, nicht überall, nicht zu sehr und nicht zu lange. Trauer ist nicht erwünscht. Wir haben gelernt, dieses Gefühl zu unterdrücken und es in der Öffentlichkeit, vor allen anderen Menschen und vielleicht auch vor uns selbst zu verstecken. Wenn es gar nicht mehr anders geht, trauern wir im stillen Kämmerlein, und wir sehen zu, es schnell hinter uns zu bringen. Wir haben gelernt und

[43] Vergleiche zu diesem Thema die Arbeit von Jorgos Canacakis, „dem" Pionier der Trauerarbeit. Vergleiche Canacakis 2002

trainiert, so gut wie möglich ohne Trauer auszukommen. Und wenn, dann still und leise. Weinen gilt als Schwäche. Trauer und Weinen kommen in den Schattensack.

Um das Trauern zu vermeiden, verschließen wir unser Herz. Wir tun das ganz „handfest", indem wir unsere Brust „zuschnüren", uns Muskelblockaden am Brustbein oder um den Rippenbogen aufbauen und insgesamt kaum mehr in die Brust atmen. Und wir tun es in übertragenem Sinne, indem wir unsere „weiche" Seite verschließen, Emotionen wie Liebe und Mitgefühl ausweichen. Wir verlieren die Fähigkeit, uns emotional mit anderen Menschen zu verbinden.

Emotionen auf Dauer zu unterdrücken macht nicht nur (menschlich) arm, es macht auch krank. Das ist bei der Trauer nicht anders.

Wer Trauer generell vermeidet, macht sich hart, bekommt ein „Herz aus Stein". Obwohl natürlich ein Unterschied besteht zwischen dem emotionalen Herz und dem physischen Organ, unserer „Blutpumpe", scheint das Vermeiden von Trauer und das Verhärten des emotionalen Herzens oft zum Herzinfarkt zu führen. Auch andere Herz- oder Lungenkrankheiten können die Folge sein.

Aber auch Menschen, die ihre Trauer zwar nicht vermeiden und sie zulassen, aber still trauern und den Ausdruck durch Weinen, Schreien oder Schluchzen unterdrücken, werden auf Dauer krank. Es gibt einen starken Zusammenhang zwischen nicht ausgedrückter Trauer und Depression.

Viele Menschen haben Angst, dass sie völlig von den Tränen überschwemmt werden, wenn sie einmal mit dem Weinen anfangen, oder dass sie nicht mehr aufhören können. Doch diese Angst ist, wie alle Ängste, nur Phantasie. Gefühle, die frei fließen können, hören auf, wenn ihre Energie verbraucht ist und das dauert selten lange. Über sehr schlimme Verluste, zum Beispiel den Tod der Eltern, des Partners oder eines Kindes, musst du vielleicht sehr oft weinen und immer wieder über eine lange Zeit. Doch es gibt keinen anderen Weg, frei und gesund zu bleiben. Und wenn du es dir nie erlaubt hast zu weinen, dann gibt es vielleicht viel nachzuholen, sind da möglicherweise viele Verluste, die darauf warten, betrauert zu werden. Trotzdem: Los geht's! Du kannst entdecken, dass Weinen nicht schlimm ist, dass du weinen kannst und dennoch in Kontakt bleiben, dass du mit offenen Augen weinen kannst und dass es von Mal zu Mal einfacher wird.

Wenn also deine Trauer im Schattensack ist, dann gewinne sie zurück. Schaffe oder suche dir einen Rahmen, der dir genug Vertrauen gibt, deine Tränen fließen zu lassen. Oder auch deine Wut über den Verlust. Trauer und Wut liegen nahe beieinander.

Was den Schatten so gefährlich macht

Harmlos ist der Schatten nie, denn in ihm stecken auch zerstörerische Impulse. Was ihn aber wirklich gefährlich macht, ist die Verdrängung. Ist ja auch kein Wunder: Was viele Jahre, meist einige Jahrzehnte nicht leben durfte, nicht gesehen wurde, ins Abseits gedrängt wurde, ist nicht gerade gut aufgelegt. Im Gegenteil: Es konnte nicht reifen, ist verzerrt, gesteigert, pervertiert. Je mehr der Schatten ausgegrenzt und unterdrückt wurde, umso mehr verformte er sich. Aus gesunder Aggression wurde vielleicht abgrundtiefer Hass, wie in der Geschichte von Dr. Jekyll und Mr. Hyde. Werden die Nachbarn von Amokläufern gefragt, was das denn für ein Mensch gewesen sei, kommt oft die Antwort, er sei ganz unauffällig gewesen. So einem braven Jungen hätte man das nie zugetraut. Aus natürlicher sexueller Lust können perverse Leidenschaften entstehen, aus Trauer Depression, aus natürlichen Bedürfnissen alle möglichen Süchte.

Doch damit nicht genug. Wer den Schatten verdrängt, projiziert ihn auf andere Menschen. Er sieht in den anderen das, was er unbewusst selbst ist, aber nicht sein will, und hasst sie dafür. Er macht sie zu seinem Sündenbock. Wie fatal das enden kann, bezeugen die Millionen Opfer des Holocaust. Fritz Perls sagte einmal sinngemäß: „Gott schütze mich vor den Menschen, die meinen, nur gut zu sein. Da sie ihren Schatten nicht haben wollen, verpassen sie ihn mir und bekämpfen mich dafür." Es ist wohl nicht übertrieben, wenn man die Schatten-Projektion als Hauptursache für alles ansieht, was sich die Menschen gegenseitig antun. Die Aufgabe des Helden ist, da auszusteigen und den eigenen Schatten zu integrieren!

Viele Menschen scheuen sich davor, sich mit ihrer dunklen Seite auseinanderzusetzen, weil sie sich davor fürchten, von ihr überrannt zu werden. Doch das Gegenteil ist der Fall. So lange der Schatten unbewusst ist, folgen wir, ohne es zu wissen und gegen unseren Willen, seinem Diktat.

Dem Schatten begegnen

Es wird Zeit, die Theorie für eine Übung zu unterbrechen und einen ersten Blick auf Deinen persönlichen Schatten zu werfen.

Übung
„Ich-Ideal und Schatten"

Bereite ein Blatt Malpapier und Kreiden vor. Knicke das Blatt Papier in der Mitte, so dass du das Format halbierst. Lass dir die folgende Phantasiereise im Liegen zu ruhiger Musik vorlesen:

Entspanne dich, nimm wahr, wie du atmest. Lass bei jedem Ausatmen ein bisschen mehr los, lass dich schwer werden und in den Boden sinken. Bei jedem Einatmen lass deinen Geist wacher und frischer werden, bei jedem Ausatmen entspanne dich noch mehr ... lasse deine Gedanken gehen.
Musik z. B.: Gabarek: Visible World 1,2
Jetzt erinnere dich an Situationen, in denen du dich gut gefühlt hast, in denen alles stimmig war, alles gepasst hat. In denen du dich rund und zufrieden, angenommen und geliebt gefühlt hast. Lasse Szenen auftauchen. Szenen, in denen du mit der Welt zusammengepasst hast, in denen du warst, wie du gerne bist, so gesehen wurdest, wie du gerne gesehen werden willst. Szenen, in denen du dich annehmen kannst, in denen du dich magst..
Stelle dir reale Momente vor oder lass deine Phantasie spielen, denke dir Situationen aus. Lasse dich hinein in die Szenen, spüre sie, genieße sie ...
Verabschiede dich allmählich von diesen Bildern, lass sie gehen, werde leerer und leerer. Pause
(Gabarek: Visible World 5)
Spüre den Atem, deinen Körper ... Jetzt gehe auf die andere Seite. Gehe zu Momenten in deinem Leben, in denen es dir nicht gut ging. In denen du dich nicht wohl gefühlt hast, dich geschämt hast, dich nicht gemocht hast, am liebsten in den Boden versunken wärst. Szenen, in denen du dich abgelehnt, abgestoßen, zurückgewiesen fühltest.
Situationen, in denen du so warst, wie du nicht sein willst, so gesehen wurdest, wie du nicht gesehen werden willst. Und wieder kannst du dich an reale Momente deines Lebens erinnern oder dir Erlebnisse ausmalen ...
Wieder lasse die Szenen verblassen, lasse sie gehen, werde leer.

...
Kehre noch mal zurück auf die erste Seite, zu den Augenblicken, in denen du dich gut gefühlt hast, angenommen, stimmig.
Spüre deine Person in diesen Situationen, in diesem Teil deines Lebens.
Atme in dieses Gefühl, diese ideale Vorstellung.
Bleib in diesem Gefühl, wenn du langsam wieder zurückkommst.
Bewege dich, strecke dich und öffne langsam deine Augen.

Lege das Malpapier mit dem Knick zu dir auf den Boden.
Male auf diese Seite ein Bild des Ich-Ideals. Lasse dich dabei von den Erfahrungen der Phantasiereise inspirieren. Drücke deine Gefühle dazu durch die Farben und Formen aus. Beginne damit, dass du am unteren Rand so etwas wie einen Boden malst.
Wenn du damit fertig bist, drehe das Blatt um, so dass du die Rückseite vor dir liegen hast und der Knick wieder zu dir schaut, male abermals einen Boden und dann ein Bild des Gegenteils zum Ich-Ideal.
Bist du fertig, dann decke das Bild des Ich-Ideals noch einmal auf. Schaue es dir gut an, mache dir bewusst, welche Gefühle es in dir weckt. Dann beginne allmählich, die untere Seite des Blattes mit dem Bild des Gegenteils herauszuziehen. Was geschieht, wenn dieses Bild dazukommt?

Besprich dein Bild mit deinem Partner.
Quelle: Paul Rebillot

Die eben beschriebene Übung gibt eine erste Ahnung vom persönlichen Schatten. Ihn näher kennenzulernen ist nicht so einfach, da er unbewusst ist und es gerne bleibt. Robert Bly sprach von einem Schattensack, den wir auf dem Rücken tragen. Wenn wir uns umdrehen wollen, um hineinzusehen, dreht sich der Sack mit und wir bekommen ihn nicht zu Gesicht. Auch unser Bewusstsein sträubt sich dagegen, den Schatten wirklich zu erkennen. Das kann er ja wohl nicht sein! Das gehört nicht zu mir! Ist ja auch kein Wunder, da mit den Schatten-Erfahrungen durchwegs unangenehme Erinnerungen verbunden sind.

Humor

Dennoch gibt es einige Wege, der dunklen Seite unserer Persönlichkeit auf die Spur zu kommen. Die Energie des Schattens sucht immer wieder danach, sich zu entladen. Ein bedeutendes Ventil ist der Humor, vor allem der „schwarze“. Meist ist es der Schatten, der über Witze oder über kleine und große Slapstick-Katastrophen lacht.

Übung:
Witze

Eine erhellende Übung ist, sich drei Witze zu überlegen: den persönlichen Lieblingswitz, einen Witz, den man sich kaum zu erzählen traut und einen Witz, über den man nicht lachen kann. Notiere dir die Witze. Hast du festgelegt, welche Witze du nehmen willst, dann analysiere, möglichst mit Partner oder in der Gruppe, welchen Inhalt diese Witze haben, mit welchen Gefühlen sie verbunden sind und was sie mit dir zu tun haben.
Witze, die du einfach nur lustig findest, zeigen, was du dir zugestehst. Witze die du ablehnst, zeigen auf deinen Schatten. Geht es dabei um Sexualität, um Aggression oder Grausamkeit? Menschen, die Schwierigkeiten haben, sich überhaupt an Witze zu erinnern oder zu lachen, sollten überprüfen, ob ihr Ich-Ideal sehr moralistisch ist und sie zurückhält. Es ist der Schatten, der lacht, und es ist gut, wenn er lachen darf. Witze sind ein ungefährlicher Ausdruck für den Schatten, der sehr destruktiv werden kann, wenn er kein Ventil für seine Energie findet. Humorlosigkeit hängt meist mit einem sehr stark verdrängten Schatten zusammen.

Reaktionen anderer

Andere Menschen sehen unseren Schatten sehr viel deutlicher als wir selbst. Wo der Schatten ist, haben wir in der Regel unseren „blinden Fleck“. Da andere Menschen ja nicht unbedingt unser Ich-Ideal teilen, können sie unsere Verhaltensweisen, die nicht dazu passen, klar sehen. Wie einzelne Menschen uns einschätzen, ist meist von ihren Projektionen auf uns beeinflusst (zu den Projektionen komme ich später). Wenn mehrere Personen aber immer wieder ähnlich auf uns reagieren, und wir Schwierigkeiten haben, das zu verstehen, dann deutet das auf einen unserer Schattenanteile hin.

Übung:
Schatten-Feedback

Da die meisten Menschen gelernt haben, höflich zu sein, erfahre ich nicht unbedingt von selbst, wie sie mich einschätzen. Wenn ich mithören könnte, was andere Leute über mich erzählen, würde ich einiges über meinen Schatten (und natürlich auch ihren) erfahren.
Eine große Hilfe dabei, seinen persönlichen Schatten kennen zu lernen, ist, sich ehrliches Feedback zu wünschen oder es einzufordern. Voraus-

setzung dafür ist natürlich, dass derjenige, von dem du dir ehrliche Aussagen erwartest, das Vertrauen in dich hat, dass du ihm dafür dankbar und nicht böse bist, in nicht bestrafst oder ihm beleidigt bist. Das musst du vorher klären. Am besten ist, sich gegenseitig Feedback zu geben.

Fragen für können sein:

- Empfindest du mich als eher:
  fröhlich - ernst
  verschlossen - offen
  lebendig - steif
  lustvoll - lustlos
  machtvoll - ohnmächtig
  liebevoll - kalt
  organisiert - chaotisch
- Gibt es Eigenschaften an mir, von denen du den Eindruck hast, dass ich sie nicht sehe?
- Gibt es Verhaltensweisen oder Eigenschaften an mir, die dir besonders gefallen oder missfallen und über die du mir noch nichts gesagt hast?

Tipps für den Umgang mit dem Feedback:
Betrachte das Feedback als Geschenk.
Höre zu, rechtfertige dich nicht, frage nach, wenn du etwas nicht verstehst. Versuche zu trennen, was dein Feedback-Partner tatsächlich über dich und was er eigentlich über sich gesagt hat – oft trifft aber auch beides zusammen.

Projektionen

People who think they dance only in the light
Create the darkest shadows

Paul Rebillot

Der Königsweg, um den persönlichen Schatten kennenzulernen, liegt in der Arbeit mit Projektionen. Darunter wird verstanden, dass uns das, was wir an uns selbst nicht annehmen oder uns nicht zugestehen können oder wollen, sei es positiv oder negativ, bei anderen sehr stark auffällt und emotional beschäftigt.

Einer meiner ungeliebten Persönlichkeitsanteile ist meine mangelnde Geduld. Warteschlangen nerven mich. Ob beim Skifahren, im Postamt oder wo auch immer. Ich ertappe mich immer wieder dabei, mich nach vorne schummeln zu wollen. Und obwohl ich es mir verbiete, weil ich es für unfair halte, mache ich es manchmal doch. Wenn es nicht auffällt. Mit schlechtem Gewissen natürlich. Andererseits könnte ich mich maßlos über andere Menschen aufregen, die dieses Verbotene tatsächlich tun. Die sich mit irgendwelchen Tricks oder Ausreden an mir oder auch an anderen vorbeischummeln! Die würde ich am liebsten am Kragen packen und hochkant hinauswerfen! So wütend macht mich das! Das ist Projektion.

An dieser Stelle schlage ich dir eine kurze Übung vor, die nur einige Minuten dauert und sehr erhellend sein kann (je nachdem, wie ehrlich du mit dir selbst bist).

Übung:
Schatten-Projektionen

Schreibe die Namen von 10 Menschen, die du nicht leiden kannst oder an denen dir etwas nicht gefällt, auf ein Blatt links untereinander. Dann schreibe hinter jeden Namen eine bis drei Eigenschaften, die dazu führen, dass dir diese Person missfällt.
Dann gehe eine dieser Eigenschaften nach der andern durch und werde dir bewusst, ob auch du diese Eigenschaft hast, wenn auch vielleicht in einer etwas anderen Form, und du darüber nicht glücklich bist. Oder ob diese Eigenschaft etwas ist, das du gerne hättest, dir aber nicht zugestehst oder das du bisher nicht erreicht hast. Sei dabei dir selbst gegenüber möglichst ehrlich.
Bei den meisten Eigenschaften wirst du fündig werden.

Wenn uns Handlungen anderer Menschen direkt beeinträchtigen, dann ist es ganz natürlich, dass wir dieses Verhalten nicht gut finden. Wenn es uns aber eigentlich mehr oder weniger egal sein könnte, was jemand macht, es uns aber emotional stark beschäftigt, dann ist das ein sicheres Zeichen dafür, dass wir etwas auf diesen Menschen projizieren. Sonst hätten wir kein Problem, das Anderssein des Anderen zu akzeptieren.

Tatsächlich projizieren wir alle am laufenden Band. Wer seine eigene Aggression ablehnt und nicht entwickelt hat, wird sich ständig über aggressive Leute aufregen. Wer seine Lust abgespalten hat, den stören unaufhörlich sexuell aufdringliche Bilder, Filme oder Menschen. Wer selbst egoistisch ist, es aber lieber nicht wäre, ärgert sich über andere, die ihren Egoismus offener zeigen. Wer gerne in der Arbeit kürzer treten würde, ist von Faulpelzen umgeben. Wer sich seine Schwäche nicht zugeben will, auch wenn er spürt, dass seine Stärke nur Fassade ist, verachtet die

„Loser“. Wer gerne erfolgreicher wäre, beneidet die, welche es sind. Wer sich nicht selbstsicher fühlt, kann selbstbewusste Menschen nicht ausstehen.

Die effektivste Methode, dem eigenen Schatten näher zu kommen, ist, immer wieder genau und ohne Vorbehalte wahrzunehmen, welche Menschen und welches Verhalten mir Probleme machen, und sich dann die Frage zu stellen, was das, was ich auf diesen Menschen projiziere, mit mir selbst zu tun hat. Natürlich ist gut möglich, dass sich die betreffenden Menschen hervorragend als Projektionsfläche für den entsprechenden Schatten-Anteil eignen. Wir werden kaum unsere eigene Tendenz dazu oder Sehnsucht danach, uns „hängen zu lassen“, auf einen hyperaktiven Menschen projizieren. Vielleicht sind diese Menschen die Projektion sozusagen „wert“. Aber auch wir selbst sind es wert, unseren Schatten-Anteil zu erkennen und zurück zu uns zu nehmen.

Projektionen sind unglaublich mächtig. Vor allem, so lange sie unbewusst sind. Ich bin mir sicher, dass die meisten zwischenmenschlichen Probleme auf nichts anderes als Projektionen zurückgehen. [44]

Der eigene Partner oder die Partnerin eignet sich natürlich ganz besonders für unsere Projektionen. Wie wir im Abschnitt über Anima und Animus schon beleuchtet haben, projizieren wir, wenn wir verliebt sind, unser inneres positives anderes Geschlecht, unsere „göttliche“ andere Seite, auf den Partner. Auch das ist im Grunde natürlich „Schatten-Projektion“, da auch Anima oder Animus nicht bewusst sind, wir diesen Teil nicht integriert haben und auf die Partnerin, den Partner projizieren. Anima oder Animus können Teil des „goldenen Schattens“ sein, auf den ich noch zurückkomme.

Zu Anfang unserer Beziehung sehen wir im Partner also alles Wunderbare, das eigentlich zu uns selbst gehört, das wir aber nie und nimmer annehmen könnten. Wenn die Verliebtheitsphase vorbei ist, beginnen wir, statt unserer positiven unbewussten Anteile unsere negativen im Anderen zu sehen. Genauer betrachtet ist es meist so, dass wir dieselben Eigenschaften, die wir anfangs sehr positiv betrachtet haben, später negativ bewerten. Die Frau, die an ihrem Mann anfangs die Ruhe und Verlässlichkeit schätzte, die ihr Sicherheit gaben, findet genau diese Eigenschaften später langweilig und einengend. Und der Mann, der von der Kontaktfreude, Le-

---

[44] Eine andere Hauptursache von zwischenmenschlichen Problemen sind Übertragungen. Dabei werden Gefühle, Wünsche oder Einstellungen, die wir früher in Bezug auf bestimmte Menschen hatten, auf Personen der Gegenwart übertragen. Zum Beispiel überträgt jemand die Probleme, die er mit seinem autoritären Vater hatte, auf Autoritätspersonen der Gegenwart wie den Lehrer oder Chef.

bendigkeit und Umgänglichkeit seiner Frau begeistert war, findet sie nach einiger Zeit eher peinlich, da er dieselben Eigenschaften als aufdringlich, laut und oberflächlich empfindet.

Wenn wir noch wenig an uns selbst gearbeitet haben und große Teile unseres Potentials noch nicht integriert haben, suchen wir uns unbewusst in der Regel einen Partner, der sich sehr von uns selbst unterscheidet. Wir finden ihn deshalb besonders anziehend, weil er genau die Eigenschaften hat, die uns selbst (noch) fehlen. Von der positiven Projektion und der Begeisterung über das Anderssein der Freundin oder des Freundes wechseln wir, wenn die Verliebtheit abflaut, zur negativen, und wir finden genau dieses Anderssein unerträglich. Hier enden viele Beziehungen.

Dabei liegt hier die große Chance, die eine Partnerschaft bietet. Im Anderen können wir unseren Schatten kennen und verstehen lernen. Wenn es uns gelingt, das zu uns zurückzunehmen, was wir auf unsere „bessere Hälfte" projizieren, dann werden wir vollständiger, unabhängiger und reicher, und auch die Beziehung gewinnt. Wir belasten den Liebsten nicht mehr mit unseren eigenen Schattenanteilen, die wir ihm auferlegen.

Träume, Tagträume, Phantasien

Sehr hilfreich dabei, unserem Schatten zu begegnen, ist, unsere Träume, Tagträume und Phantasien zu betrachten.

Wenn der Schatten in unseren Träumen auftaucht, tritt er als Gestalt unseres eigenen Geschlechts auf. Oft werden wir von ihm verfolgt, wir fliehen vor ihm oder wollen ihm ausweichen. Wir fürchten diese Gestalt, haben Abneigung oder Abscheu ihr gegenüber. Sie ist in irgendeiner Art ein „niederes" oder für uns minderwertiges Wesen, vielleicht ist sie auch ein nicht identifizierbares Etwas, das wir intuitiv fürchten. Um unsere Träume als Möglichkeit zu nutzen, unseren Schatten zu erkennen, dürfen wir uns natürlich nicht abwenden, sondern müssen ihm standhalten und ihn beobachten. Welche Haltung nimmt er ein, was macht er und wie äußert er sich? Sehr lohnend ist, die Träume zu „inszenieren" und abwechselnd in die verschiedenen Rollen zu schlüpfen, also auch in die Rolle des Schattens.

Auch Tagträume und Phantasien geben wertvolle Hinweise auf unseren Schatten. Welche Gedanken und Bilder drängen sich auf, wenn unser Geist abschweift? Oft stehen unsere Tagträume und Phantasien in krassem Widerspruch zu dem, was unserem Ich-Ideal entsprechen würde. Auch wenn wir diese Dinge nicht gerne sehen, uns ungern selbst eingestehen und schon gar nicht anderen erzählen würden: Hier können wir Qualitäten unseres Schattens erkennen, können herausfinden, was uns fehlt, um heil im Sinne von „ganz“ zu werden.

Den Schatten annehmen

Nachdem ich verschiedene Möglichkeiten aufgezeigt habe, wie wir unserem Schatten auf die Spur kommen können, geht es jetzt um Wege, ihn anzunehmen.

Ziel ist dabei nicht, zum Schatten zu werden. In ihm steckt neben den Schätzen, die wir heben können, viel Destruktivität. Wenn wir uns diesen Anteilen einfach überlassen, ist sehr wahrscheinlich, dass wir andere oder uns selbst verletzen. Es geht um Bewusstwerdung, Heilung und Auseinandersetzung.

Bereits dadurch, dass uns Schattenanteile bewusst werden, ist viel gewonnen. Was bewusst ist, gehört im Grunde genommen nicht mehr zum Schatten, sondern zum Ich. Es gibt viele „harmlose“ Anteile in unserem Schatten, die wir einfach liebevoll annehmen können, wenn wir sie entdecken, und vielleicht herausfinden, was uns dazu gebracht hat, sie irgendwann in den Schattensack zu stecken. Es kann sein, dass wir inzwischen den Wert dieses Persönlichkeitsanteils schätzen können und froh über die wieder gewonnene Eigenschaft sind.

Andere Schattenanteile gilt es zu heilen. Was zu lange im „Schattensack“ war, konnte nicht mit uns reifen, ist vielleicht pervertiert. Solche Anteile sind meist Versuche, auf ungeradem Wege Bedürfnisse zu befriedigen, die wir auf geradem nicht befriedigen konnten. Wenn wir zum Beispiel Aufmerksamkeit brauchten, sie aber nicht darüber bekamen, dass wir dieses Bedürfnis gegenüber den Eltern direkt ausdrückten, dann lernten wir vielleicht, zu provozieren, um wahrgenommen zu werden. Der Weg der Heilung besteht darin, herauszufinden, welches legitime Bedürfnis hinter dem Schattenanteil steckt, was wir be-nöt-igen (welche Not da ist) und wie wir dieses Bedürfnis auf direktere Art befriedigen können.

Es kann auch Schattenanteile geben, die wir nicht integrieren können. Die Wissenschaft streitet zum Beispiel darüber, ob es einen „Mordinstinkt“ gibt, einen Trieb zu töten, den wir vielleicht von unseren frühen Vorfahren übernommen haben, oder ob Mordlust eine Folge von Verletzungen ist. Ich persönlich glaube eher das Zweitere, da ich in unserer Arbeit schon sehr oft die Ursachen von Destruktivität zurückverfolgen konnte und sie immer auf frühere Verletzungen zurückgingen.

Doch ganz sicher bin ich mir nicht. So oder so kann es sein, dass wir zerstörerische Schattenanteile nicht heilen können.

In solchen Fällen gilt es, sie zwar wahrzunehmen, vielleicht auch ein nicht verletzendes Ventil für ihre Energie zu finden, sich aber abzugrenzen und in der Auseinandersetzung damit klar zu machen, dass wir diese Schattenanteile auf keinen Fall ausleben wollen. Ventile für solche Anteile sind übrigens so alltäglich, dass es kaum auffällt. Alle Krimis, Action- und Horrorfilme oder -bücher, Sexfilme usw. sind Möglichkeiten, die Energie von Schattenanteilen auf meist harmlose Art zu entladen. Und es ist ihr Hauptzweck.

Im folgenden Abschnitt beleuchte ich nun einige Wege, die dabei helfen können, Schattenanteile zu integrieren.

Projektionen zurücknehmen

Wie wir bereits gesehen haben, projizieren wir auf andere Menschen, was wir an uns selbst nicht annehmen wollen oder uns nicht zugestehen wollen. Wenn wir das Verhalten anderer ohne große Emotionen wahrnehmen können, ist vermutlich keine Projektion im Spiel. Wenn wir es aber heftig ablehnen oder hassen, bekämpfen wir mit ziemlicher Sicherheit nur unsere Projektion[45]. Wenn wir diese Projektionen zurücknehmen, machen wir einen Schritt der „Umkehr" in unserem Bewusstsein. Indem wir die verdrängten und projizierten Anteile unserer selbst wieder zurücknehmen, erweitern wir unsere Identität. Aber wie geht das?

Einmal gibt es die ganz einfache Möglichkeit, uns immer dann, wenn uns das Verhalten eines Menschen oder auch sein Dasein überhaupt auf die Nerven geht, genau zu überlegen,

- welche Eigenschaften wir auf diesen Menschen projizieren,
- was das mit uns zu tun haben könnte, was wir also nicht an uns akzeptieren wollen oder uns nicht zugestehen wollen,
- und was wir gewinnen könnten, wenn wir mehr von dieser Eigenschaft, vielleicht in veränderter Form, leben würden.

Da unser liebes Ego aber oft nicht damit einverstanden sein wird, davon auch nur irgendetwas zu akzeptieren, sind auch differenziertere Vorgehensweisen sinn-

---

[45] Vergleiche zu diesem Abschnitt Ken Wilber in Abrams/Zweig, S. 254 ff

voll, die es ermöglichen, die Projektionen stärker von den „Projektionsflächen“ zu trennen und die projizierten Eigenschaften genauer zu erkunden.

Der erste Schritt ist dabei wieder, uns bewusst zu machen, was in unseren Projektionen steckt. Der zweite Schritt besteht darin, sie von den „Projektionsflächen“, also von den Menschen, auf die wir projizieren, zu trennen und neu zu ordnen. Im dritten Schritt erkunden wir diese Inhalte, spüren ihnen nach, spielen sie und entdecken so vielleicht auch, was sie mit uns selbst zu tun haben, was sie uns nützen oder nützen könnten, wenn auch vielleicht in einer anderen Form.

Paul Rebillot hat eine schöne Übungsreihe entwickelt, die diesen Schritten folgt und die eine Erweiterung der Übung zu den Projektionen darstellt.

Übung
„Der Schattensack“

Schreibe die Namen von 20 Personen, die dich stören oder an denen dich etwas stört, in eine Spalte untereinander links auf ein Blatt Papier (optimal ist eine Tabelle mit 4 Spalten und 20 Zeilen). Es sollten wirklich 20 sein. Es können auch Menschen sein, die du sehr gerne magst, an denen dir aber bestimmte Eigenschaften auf die Nerven gehen. Und es können auch Menschen sein, die du bewunderst, und an denen dich gerade stört, dass sie so „toll“ sind.

Wenn die Liste der 20 Personen fertig ist, dann notiere hinter jeden Namen zwei bis drei Eigenschaften, die verursachen, dass dieser Mensch ein Problem für dich darstellt, oder die dich an diesem Menschen stören.

Nun schneide die Liste der Namen ab und zerreiße sie oder verbrenne sie, um die Eigenschaften rituell von den Personen zu trennen, auf die du sie projizierst.

Aus den etwa 40 bis 60 Eigenschaften, die auf deinem Blatt (in der Tabelle) stehen, bilde nun fünf völlig neue Charaktere, die möglichst nichts mehr mit den 20 ursprünglichen Personen zu tun haben. Es sollten sozusagen fünf Prototypen werden, die alles verkörpern, was du nicht leiden kannst.
Praktisch kannst du so vorgehen, dass du alle Wörter ausschneidest und diejenigen Eigenschaften, die für dich zusammenpassen, in fünf Cluster zusammenlegst. Oder du markierst die „Qualitäten“, die für dich zu einem bestimmten Charakter gehören, farbig und schreibst sie dann zusammen.

Wenn du diese fünf Typen fertig hast, dann nimm dir ein großes Blatt Papier und Kreiden, male die Umrisse eines großen Sackes darauf und in diesem Sack male Bilder für die fünf neuen Charaktere, die fünf Sack-Typen, wie wir sie nennen. Schließlich suche noch eine Bezeichnung oder einen Namen für jeden Sack-Typ – die Heulsuse, der Arschkriecher, King Kong, der Guru ... und schreibe sie zu den Bildern.

Ein nächster Schritt kann sein, die fünf Sacktypen zu verkörpern – indem du aus deinem Körper eine Statue machst, die jeweils einen dieser Sacktypen verkörpert. Achte dabei darauf, welche Körperteile davon beeinflusst werden, welche Muskeln verkrampft sind, wie du atmest usw. Eine weitere Möglichkeit ist, aus jedem Sacktyp eine Rolle zu entwickeln und sie in der Gruppe zu spielen und dabei zu erkunden.

Dabei spüre nach,

- was von diesem Sacktyp zu dir gehört,
- was es dich kosten würde, wenn du mehr davon zeigen würdest, zum Beispiel die Zuneigung von anderen Menschen,
- was es dir manchmal bringen könnte, wenn du mehr davon hättest oder zeigen würdest,
- was das wirkliche, nicht nur oberflächliche Bedürfnis dieses Sacktypen ist
- und wie du dieses Bedürfnis auf gesunde Art befriedigen könntest.

Da das Verkörpern der Sacktypen recht intensiv sein kann, empfehle ich, es nur unter geschulter Anleitung zu machen.

Den Schatten abbilden – die Schattenmaske

In der oben beschriebenen Übung haben wir die fünf Sacktypen lebendig werden lassen – zuerst im Kreidebild, dann in den Körperskulpturen und in Form des Rollenspiels. Die Ebene der Bilder ist in der Arbeit mit dem Schatten sehr wichtig. Denn der Schatten bewohnt das Unbewusste, und Bilder sind die Sprache dieses Bereiches unserer Persönlichkeit. Wenn ich mir ein Bild des Schattens mache oder Bilder verschiedener Schatten-Anteile, dann bekomme ich Zugang zu ihm und er verliert etwas an Macht. Ich lerne ihn kennen und beginne, den Schatz in ihm zu entdecken. Das ist bereits der Fall, wenn ich mich mit inneren Bildern des Schattens beschäftige, mehr aber noch, wenn ich diese Bilder äußerlich sichtbar mache wie in den bereits erwähnten Kreidezeichnungen.

Eine sehr schöne Form des Schatten-Bildes ist die Maske, die wir in den „Schatten"-Workshops nach Paul Rebillot anfertigen.

Übung
Die Schattenmaske

Erster Schritt: die Gesichtsmaske
In einem ersten Schritt wird in Partnerarbeit eine Gipsmaske des Gesichts angefertigt.
Dazu werden pro Person ca. 2 Gipsbinden, eine nicht elastische Mullbinde sowie Vaseline, Papiertaschentücher und ein Becher mit warmem Wasser benötigt. Die Gipsbinden werden in Stücke von etwa 2 bis 3 mal 3 bis 6 cm Größe geschnitten.
Masken haben eine Jahrtausende alte Tradition. Es ist schön, dem Rechnung zu tragen, indem wir den Maskenbau zu einer Art Ritual oder Meditation machen. Legt ruhige Musik auf, vermeidet unnötige Gespräche und stimmt euch beide auf den Prozess der Maskenerschaffung ein.
Es empfiehlt sich, Kleidung anzuziehen, die schmutzig werden darf oder sie mit einer Plane oder einem Müllsack abzudecken. Hat die Person, welche die Maske bekommt, längere Haare, die ins Gesicht fallen könnten, werden sie zurückgebunden.
Mit dem Schließen der Augen beginnt der eigentliche Schaffensprozess. Zuerst wird das Gesicht dick eingecremt. Dies gilt vor allem für die Augenbrauen, die Wimpern und Barthaare, damit die Gipsbinden nicht an der Haut oder an den Haaren kleben bleiben. Man kann auch ein Papiertaschentuch in die drei Lagen teilen, aus denen es normalerweise besteht, und eine Lage davon in kleinen Schnipseln mit Hilfe der Vaseline auf Augenbrauen usw. kleben.
Dann taucht derjenige, der die Maske anfertigt, jeweils ein Gipsbindenstück kurz ins Wasser, legt es dann auf das Gesicht und verstreicht es. Die Gipsbindenstreifen sollen sich natürlich überlagern, damit sie sich zu einer kompakten Fläche verbinden können. Die Maske bedeckt das gesamte Gesicht, auch die Augen und den Mund. Zum Atmen bleiben normalerweise nur die Nasenlöcher frei, es sei denn, die Person, welche die Maske bekommt, hat damit Probleme. Dann kann auch der Mund einen Spalt frei bleiben. Wenn eine Lage fertig ist, wird die Mullbinde über die Stirn gelegt und hinter dem Kopf festgebunden. Sie dient später zum Festbinden der Maske und wird auf der Stirn in die Maske eingearbeitet.

Normalerweise genügen zwei Gipsbindenlagen, um die Maske stabil zu machen. Am Maskenrand haben sich drei Lagen bewährt.

Um die Viertelstunde zu nutzen, bis die Maske trocken ist und abgenommen werden kann, ist eine sehr schöne Idee, den Maskenträger in die Umgebung zu führen und ihn die Erfahrung machen zu lassen, wie es ist, ohne sehen zu können zu gehen, die Luft zu spüren, Bäume, Blumen oder andere Menschen zu berühren und so weiter.
Das Abnehmen der Maske sollte wieder sehr achtsam geschehen. Zuerst spürt der Maskenträger mit seinen Fingern, wie sich die Maske auf seinem Gesicht anfühlt, dann löst er sein Gesicht mittels Grimassen von der Maske und nimmt sie schließlich ab.
Die Masken der Gruppe kommen auf einen bestimmten Platz, den „Maskenaltar".

Zweiter Schritt: Phantasiereise zum Haus des Schattens
Diese Phantasiereise eignet sich sehr gut dafür, sich in den Bau der Schattenmaske einzustimmen. Zur Vorbereitung richten sich die Teilnehmer einen bequemen Platz zum Liegen her und legen ihre Gipsmaske neben sich.
Die Anleitung:
„Schau dir noch einmal deine Maske an oder vergegenwärtige dir, wie sie aussieht, wie sie sich anfühlt. Sie wird mehr und mehr repräsentieren, was im Schatten steckt. Noch schläft sie. Die Phantasiereise gibt dir Hinweise, wie sie sich entwickeln wird ...
Nimm Kontakt zu deinem Atem auf, wie er durch deine Nase, deinen Hals in deinen Körper strömt und wieder hinaus. Mit jedem Atemzug wird dein Körper entspannter, dein Geist frischer, wacher und aufmerksamer ...
Lass deinen Atem kommen und gehen wie die Wellen des Meeres. Spüre, wie der Boden dich trägt. Du wirst jetzt eine Reise machen und das Haus des Schattens entdecken ...
Lass jetzt in deinem Inneren eine Landschaft entstehen, deine Schattenlandschaft. Schau dich um, entdecke sie. Wie ist der Boden beschaffen, welche Pflanzen gibt es, gibt es einen bestimmten Geruch?
Du beginnst, in dieser Landschaft umherzugehen, entdeckst einen Weg. Du folgst diesem Weg und weißt, er wird dich zum Haus deines Schattens führen. Deine Schattenmaske hast du in der Hand oder am Gürtel.
Jetzt kommt das Haus des Schattens in dein Blickfeld. Langsam gehst du darauf zu. Wie sieht es aus?
Du kommst immer näher und findest den Eingang. Schließlich betrittst du das Haus. Schau dich um. Was entdeckst du? Wie ist es eingerichtet? Welche Atmosphäre herrscht im Haus?
Du kommst zu einer Tür, die nach unten, in den Keller führt ...
Du gehst nach unten. Deine Maske hast du bei dir. Schau dich in dem Keller um...

In einer Ecke entdeckst du einen großen Spiegel. Du gehst langsam auf den Spiegel zu. Aus welchem Material ist er?
Vor dem Spiegel ist eine Sitzgelegenheit. Du setzt dich hin und schaust dich im Spiegel an. Deine Maske ist noch immer in deiner Hand oder an deinem Gürtel ...
Das Bild verschwindet, der Spiegel wird leer. Du bemerkst, dass deine Maske zu schweben beginnt. Sie schwebt in den Spiegel und schaut dich aus dem Spiegel an ...
Allmählich beginnt sich zu verformen, zu verwandeln ... in deine Schattenmaske. Schau zu, was mit ihr geschieht.
Im Spiegel siehst du das Bild deiner verwandelten Schattenmaske ...
Sie schwebt zu dir zurück ...
Du verlässt den Keller. Deine veränderte Maske hast du bei dir. Du verlässt das Haus und gehst den Weg zurück. Die Bilder verblassen allmählich, lösen sich auf.
Du spürst wieder den Boden hier im Gruppenraum und kehrst in diesen Raum zurück.
Bewege deine Hände, Füße und strecke dich.

Dritter Schritt: Die weiße Schattenmaske

Wenn die Maske gut durchgetrocknet ist, normalerweise einen Tag später, wird sie zur Schattenmaske verformt. Als Material benötigen wir Gipsbinden, Papier, Pappe, Klebeband, einen Wasserbecher, eine Schere und ein Teppichmesser.
Um die Maske später tragen und mit ihr agieren zu können, werden die Augen ausgeschnitten (möglichst klein – ein Loch für die Pupillen reicht) und falls erforderlich der Rand befestigt.
Dann wird an der Maske mittels der Gipsbinden angebracht, was nötig ist, um sie in die Schattenmaske zu verwandeln. Dünne Wülste usw. werden aus den Gipsbinden gefertigt, dickere aus angefeuchtetem Papier, das mit Gipsbinden überdeckt wird, damit die Maske nicht zu schwer wird. Größere Dinge, die angebaut werden sollen, wie eine lange Zunge, eine Krone, Hörner, Riesenohren usw. werden aus Pappe ausgeschnitten, erst mit Klebeband befestigt und dann mit Gipsstreifen ummantelt, damit die Oberfläche der fertigen Maske wieder nur aus Gipsbinden besteht. Bei diesen größeren „Anbauten" ist zu beachten, dass die Maske weiter getragen werden kann.
Der Bau der Schattenmaske ist ein meditativer Prozess. Versuche nicht, das, was du in der Phantasiereise gesehen hast, direkt in der Maske umzusetzen. Lass dich davon inspirieren, erlaube aber deiner Kreativität, einen ganz neuen Weg zu gehen. Lass dir Zeit, lass weniger deine Gedanken als deine Intuition arbeiten. Wenn die Arbeit ins Stocken gerät, hilft oft eine kleine Pause.

Vierter Schritt: die bemalte Schattenmaske
Dieser Schritt ist schnell erklärt. Mittels Dispersionsfarben und eventuell Gold- oder Silberspray bekommt die Maske ihr endgültiges Aussehen. Auch das Bemalen der Maske ist ein meditativer Prozess.

Den Schatten verkörpern

Wie oben die Sacktypen, so können wir auch den gesamten Schatten über Körperskulpturarbeit oder Rollenspiel verkörpern. Ziel dabei ist, zu erspüren, welcher Schatz in der Energie des Schattens zu finden sein könnte. Eine großartige und sehr mächtige Möglichkeit, die Kraft des Schattens zu spüren, ist das Gruppenritual der „Schattenpräsentation".

Übung
Ritual der Maskenpräsentation
(therapeutisch ausgebildete Leitung empfohlen)

Bei diesem Ritual können die bemalten Schattenmasken ihre ganze Kraft entfalten. Es ist sinnvoll, die Maskenpräsentation in ein Ritual zu fassen, um die Magie der Masken zu respektieren und ihre oft gewaltige Energie im geschützten Raum zu erfahren. Dadurch ist auch möglich, dass Begeisterung, Enthusiasmus entsteht, was von der Wortwurzel her „von Gott erfüllt sein" bedeutet.
Der erste Vorbereitungsschritt besteht darin, dass du deine Maske aufsetzt und etwa 20 Minuten bei Kerzenlicht vor einem Spiegel meditierst. Betrachte dein Maskengesicht im Spiegelbild und spüre der Energie der Maske nach. Was will sie ausdrücken? Wie könntest du das in Bewegung umsetzen? Wie in einer kleinen Gruppe inszenieren?
Dann bildet Gruppen von etwa vier Personen und bereitet persönliche Rituale von je etwa fünf Minuten Dauer vor, in denen jeder Einzelne die Energie seiner Maske darstellen kann. Die anderen können ihm dabei als Statisten dienen. Sehr unterstützend ist Musik, die zur individuellen Maskenpräsentation passt. Da es unter der Maske nicht möglich ist, verständlich zu sprechen, sind die Ausdrucksmittel vor allem auf die Bewegung und auf Töne beschränkt. Jede Kleingruppe überlegt sich auch einen gemeinsamen Beginn und einen gemeinsamen Schluss für den Auftritt ihrer Gruppe.
Für die „Zuschauer", die gerade nicht aktiven Kleingruppen, ist die Präsentation sehr eindrücklich, wenn sie eine Bühne bekommt. Wir gestal-

ten mit schwarzen Tüchern so etwas wie eine Black Box. Einige Kerzen ergeben eine geheimnisvolle Grundbeleuchtung. Mittels eines Verfolgungsscheinwerfers heben wir den jeweiligen Akteur hervor. Wenn die Akteure ihre Präsentation zum Publikum hin ausrichten und es eventuell sogar mit einbeziehen, wird sie noch faszinierender. Wichtig ist jedoch, dass die Präsentation nicht als „Show" verstanden wird, sondern als tiefer Ausdruck der Schattenenergie.
Das Ritual wird gemeinsam eröffnet, zum Beispiel mit Räuchern, Trommeln, dem Earth Cry und einer Anrufung, in der um Schutz und Führung gebeten wird. Vergleiche dazu die genauen Ausführungen an anderer Stelle (S. 83).
Dann folgen die Kleingruppen mit den einzelnen Präsentationen der Teilnehmer.
Schließlich wird das Ritual wieder gemeinsam geschlossen, zum Beispiel mit einem Dankgebet und dem Abschluss des Earth-Cry.
Quelle: Paul Rebillot

Gestalt-Drama mit dem Schatten

Für die Auseinandersetzung mit dem Schatten ist das Gestalt-Drama (vergleiche S. 88) hervorragend geeignet. Wir verwenden im Schatten-Seminar zwei verschiedene Settings. Das erste ist ein sehr eindrücklicher ritueller Monolog zur weißen, noch nicht bemalten Maske. Das zweite ein Dialog mit der fertigen Schattenmaske.

Übung
Begegnung mit der weißen Schattenmaske
(therapeutisch ausgebildete Leitung empfohlen)

Paarübung. Ein Partner begegnet als Akteur seiner Maske, der andere erweckt sie als Maskenspieler „zum Leben".
Material: Für jedes Paar ein schwarzes Tuch, das als „Körper" für die Maske fungiert und den Arm des Maskenspielers abdeckt, Gummis oder schwarzes Klebeband zum Befestigen des Tuchs, ein Hocker, der ebenfalls mit schwarzem Tuch abgedeckt wird, und eine Kerze, die auf dem Hocker steht. Ein geniales Musikstück für diese Übung ist „Music of Stones" von Stefan Micus.

Erste Phase (Music of Stones 2, 4, 3)
Der Akteur sitzt ein bis zwei Meter von der Kerze entfernt und lässt das Geschehen auf sich wirken.

Der Maskenspieler bringt die Schattenmaske ins Gesichtsfeld des Akteurs und „erweckt sie zum Leben". Er hält sie still oder bewegt sie und experimentiert dabei mit dem Licht der Kerze auf der Maske, mit der Richtung, in der er sie hält, mit der Lage, der Entfernung und der Geschwindigkeit. Er geht mit ihr um den Akteur herum, kommt von der Seite, von oben, usw. Er versucht dabei, intuitiv mit der Energie der Maske zu gehen. Wichtig ist dabei, nicht zu schnell oder zu unruhig zu sein. Weniger ist meist mehr.

Zweite Phase (Music of Stones 6, 2 x)
Der Spieler stellt die Maske so auf den Hocker, dass sie gut sichtbar und beleuchtet ist. Die folgende Anleitung wendet sich an den Akteur:
Nun sprich laut zu deiner Schattenmaske, indem du folgenden Sätze vervollständigst und immer weiter sprichst (pro Thema etwa 3 Minuten)
Meine Gefühle zu dir sind ...
Ich finde dich ... (z.B. hässlich) und das macht mich ... (z.B. traurig).
Ich zeige dich nicht, sonst ... (z.B. mag mich niemand mehr).
Wenn ich dir die Macht über mich, mein Leben geben würde, dann ...
Du gehörst zu mir. Du nützt mir dabei, du hilfst mir dabei ...
Wenn ich dir noch mehr Platz geben würde, dann könnte ich ...
Schaue deiner Maske jetzt ohne Worte tief in die Augen und mache dir klar, was deine wirklichen Gefühle ihr gegenüber sind.
Nimm Abschied von der Maske.
(Der/die Partner/in bringt sie weg und legt sie auf den Maskenaltar.)

Die gerade beschriebene Übung wird als sehr faszinierend erlebt. Das Spiel des Kerzenlichts auf der Gipsmaske führt zu vielen ausdrucksvollen und überraschenden Gesichtern, in die der Akteur seine Schattenbilder projizieren kann. Meist führt diese Begegnung mit der Maske zu einem ersten Verständnis für den Schatten selbst und dafür, dass er eine positive Funktion haben könnte.

Der zweite Einsatz des Gestalt-Dramas ist eine intensive Auseinandersetzung mit der fertigen Schattenmaske. Dafür ist eine therapeutisch geschulte Leitung notwendig. Der Akteur schlüpft abwechselnd in beide Rollen. Meist führen wir diese Übung in Paaren durch. Das Setting besteht aus zwei gegenüberliegenden Sitzplätzen für das Ich (bzw. das Ich-Ideal) des Akteurs und für seinen Schatten. Neben dem Sitzplatz für den Schattenanteil wird die Maske auf einem Ständer drapiert, so dass das Ich direkt zur Maske sprechen kann. Beim Wechsel in die Rolle des Schattens wird die Maske zur Seite gerückt, der Akteur setzt sich auf den Sitzplatz des Schattens und repräsentiert diesen Persönlichkeitsanteil selbst. Das Ich wird durch den leeren Sitzplatz dargestellt.

Der Partner ist Unterstützer und hat dieselben Funktionen wie in der Konfrontation zwischen Held und Dämon.

Der wesentliche Unterschied zwischen der Auseinandersetzung mit dem Schatten und der Konfrontation mit dem Dämon ist, dass es in der Regel keine „Lösung" gibt. Zumindest nicht mit dem Schatten insgesamt, allenfalls mit bestimmten Schattenanteilen, die leicht integriert werden können. Ziel ist auch keinesfalls die Identifikation mit dem Schatten. So, wie der Schatten sich zeigt, ist er in einer Gemeinschaft meist nicht tragbar, und die Identifikation könnte gefährlich für uns selbst oder andere werden.

In der Auseinandersetzung mit dem Schatten geht es vielmehr darum, herauszufinden, auf welche zentrale fehlende Qualität oder Qualitäten im Leben des Akteurs der Schatten hinweist. Fehlt Aggression, fehlt Lust, fehlt die Fähigkeit, loszulassen, schwach sein zu dürfen, fehlt die Selbstliebe …? Und wie können diese fehlenden Fähigkeiten und Eigenschaften gewonnen und integriert werden? Manche Anteile der dunklen Seite können vielleicht geheilt und transformiert werden, so dass sie gefahrlos gelebt werden können. Für andere gibt es möglicherweise unproblematische Ventile, durch die ihre Energie fließen kann.

Ein Ziel ist also, vom Schatten zu lernen, den Schatz zu bergen, der in ihm verborgen ist. Ein anderer Zweck der Auseinandersetzung ist, dem Schatten klarzulegen, welche seiner Anteile auf keinen Fall zu Handlungen führen dürfen. Das Ich bleibt der „König" und setzt der dunklen Seite klare Grenzen.

Kreatives Schreiben

Auch bei der Auseinandersetzung mit dem Schatten ist eine Alternative zum Gestalt-Drama das kreative Schreiben eines Konfliktdialoges (siehe S. 91). Beim Schreiben gilt ebenfalls, dass das Ziel der Auseinandersetzung mit dem Schatten nicht eine Lösung des Konfliktes ist, sondern herauszufinden, auf welche fehlende Qualität oder Qualitäten der Schatten aufmerksam macht und wie diese Anteile auf einigermaßen verträgliche Art und Weise in das Leben integriert werden können.

Transformationstanz

Ein wunderbarer und beinahe magischer Weg, um Schattenanteile zu heilen und zu integrieren, ist der Transformationstanz. In diesem Bewegungsprozess, den Paul Rebillot entwickelt hat, kann sich die „negative" Energie des Schattens in pure Glücksgefühle verwandeln. Die Übung ist sehr intensiv. Ich empfehle, sie unter

Anleitung eines erfahrenen Gruppenleiters zu machen und auf einen sicheren Rahmen zu achten.

Übung
Transformationstanz

Der gesamte Ablauf dauert etwa 90 Minuten. Optimal ist für eine derartige Übung das Gruppensetting. Sie ist aber auch zusammen mit einem Partner oder notfalls sogar alleine machbar, wenn man bereits Erfahrung mit dieser Technik hat und so lange Lautstärke kein Problem darstellt. Um nicht abgelenkt zu sein, empfehlen wir Augenbinden. Dabei muss der Raum jedes Tänzers sicher abgegrenzt sein – über Matratzen, Kissen oder Ähnliches. Je kräftiger die Musik aus der Anlage kommt, umso leichter fällt es, im Tanz die nötige Energie zu mobilisieren. Und die eigene Stimme hilft dabei, die Emotionen in Fluss zu bringen. Die einzelnen Phasen gehen direkt ineinander über, die Musik sollte deshalb abgemischt sein oder live abgemischt werden.
Ziel der ersten Phase ist, dass sich die „negative" Energie des Schattens im Tanz so weit wie irgend möglich austoben kann. Setze alles in Tanz um, was für dich zum Schatten gehört – vor allem die Aggression, aber auch den Schmerz, die Perversionen usw. Als „Material" kannst du die Todsünden benützen, die fünf Sacktypen, all das, was du in deiner Schattenmaske gefunden hast ... Wichtig ist, immer im Rhythmus und in Bewegung zu bleiben und möglichst die Stimme dazu zu nehmen – zu brüllen, stöhnen oder was immer auch zu deinem Schatten gehört. Die Musik ist extrem rhythmisch und gleichzeitig chaotisch.
In der zweiten Phase werde dir bewusst, was dir in der Rolle deines Schattens oder deiner Schattenanteile so sehr fehlt, was du brauchst. Rufe den Satz „Mir fehlt, ich brauche ..." und erlaube deinem Unbewussten, ihn zu vervollständigen. Nun tanze diese Not – tanze das Fehlen der Liebe, der Freiheit, des Schutzes, oder was immer du als Bedürfnis des Schattens entdeckst. Stark rhythmische Musik.
In der dritten Phase mache dir zu eigen, dass du das, was dir fehlt, verdienst. Rufe den Satz „Ich verdiene ..." oder „Ich habe das Recht auf ..." und erlaube deinen tieferen Bewusstseinsschichten wieder, ihn zu vervollständigen. „Ich verdiene Aufmerksamkeit, ich habe das Recht auf Aufmerksamkeit" ... Stark rhythmische Musik.
In Phase vier und fünf tanze dich weiter über „Ich will ..." zu „Ich verlange ..., ich fordere ..." Stark rhythmische Musik.
Nun kommt der Moment der Transformation. Erlaube dir „Ich habe ..." zu rufen und vervollständige den Satz mit dem, was du als ungestilltes Bedürfnis gefunden hattest. Erlaube deinen Bewegungen, sich zu verän-

dern, der Energie, sich zu wandeln. Es geht nicht darum, die Transformation zu machen oder zu erzwingen, sondern sie geschehen zu lassen. Die Musik ist weiter rhythmisch, wird aber melodischer.
In der siebten Phase kannst du dich ganz mit dem, was du gefunden hast, identifizieren. Tanze „Ich bin ... Liebe, Freiheit, Lust", oder was auch immer.
Die letzte Phase dient dem Ausklang. Wenn du in der Gruppe oder mit einem Partner bist, dann zeige dich mit dem, was deine neue Qualität ist, tanze sie mit dem oder den anderen.
In der Gruppe schließt ein Blitzlicht die Übung ab.

Kurzübersicht mit Zeitangabe und Musikbeispiel:
1. Negative Machtfassade (ca. 15') [Kali]
2. Ich brauche, mir fehlt ... (je ca. 5') [Waves 3]
3. Ich verdiene, ich habe das Recht auf ... [Asher 5]
4. Ich will ... [Asher 5]
5. Ich verlange, ich fordere ... [Asher 5]
6. Ich habe ... (je ca. 7') [Asher 2]
7. Ich bin ... [Asher 3]
8. Ich kann ... teilen. [Asher 3]

Musik: Gawain u.a.: Kali Meditation (Kali), Gabrielle Roth: Waves (Waves), James Asher: Feet in the Soil (Asher)

Das innere Kind im Schatten

Häufig taucht bei der Arbeit mit dem Schatten-Thema plötzlich eine zentrale archetypische Figur auf, das innere Kind. Es ist der Teil unserer Psyche, manche sagen auch unserer Seele, der sich in unserer Kindheit von dieser Welt verabschiedet hat, weil sie unerträglich war, oder auch der, den wir als Kind geopfert haben, um zu überleben, um zu funktionieren und vielleicht schon viel zu früh erwachsen zu werden. Dieses innere Kind zurückzuholen und zu sich zu nehmen gehört zu den wichtigsten Schritten der Schatten-Arbeit.

Was dem Kind fehlt, sind in der Regel Liebe und/oder Schutz. Hätte es beides gehabt, hätte es sich nicht abspalten müssen und wäre geblieben. Es ist nur zurückzugewinnen, wenn ich es überzeugen kann, dass ich es liebe und dass ich stark genug bin, es zu beschützen. Dazu ist meist Geduld nötig. Es kommt ziemlich selten vor, dass dieser Persönlichkeitsanteil nach der ersten Begegnung bereits geheilt und integriert ist. Nimm immer wieder Kontakt auf, sprich mit ihm. Gib ihm einen

Platz in deinem Leben, in dem du irgendetwas, das du als kleines Kind gerne gemocht hast, eine Puppe, ein bestimmtes Spielzeug auf deinen Altar stellst.

Ritual: Medizinrad

Da der Schatten unbewusst ist, sind unsere bewussten Mittel im Umgang mit ihm begrenzt. Wir können Teile des Schattens kennenlernen, reinigen und integrieren. Es gibt aber immer einen sehr großen Bereich, bei dem wir auf Unterstützung höherer (spiritueller) oder tieferer (unbewusster) Kräfte angewiesen sind. Und um diese Kräfte einzuladen, ist ein Ritual das beste Mittel. Auf Paul Rebillot geht die Idee zurück, das indianische „Medizinrad" dafür zu nützen, Antworten auf unsere offenen Fragen zum Schatten zu bekommen und ihn zu heilen. Wir verwenden in unserem Institut dieses Ritual gegen Ende des „Schatten" - Workshops. Zentrales Element ist dabei die Schattenmaske, die ich weiter oben beschrieben habe.

Übung
Medizinrad-Ritual

In der Regel führt man das Medizinrad-Ritual in einer Gruppe durch. Vor dem Ritual wird, wie immer, der Ritualplatz in Ordnung gebracht. Ein Gruppenmitglied sucht einen besonderen Stein, der in die Mitte des Raumes kommt und die Mitte von allem, das Göttliche, symbolisiert. Vier weitere Mitglieder suchen jeweils drei Steine, welche die Wege der vier Himmelsrichtungen in die Mitte, verbunden mit dem zugehörigen Element darstellen. Ein Stein steht dabei für den Weg auf der Ebene des Bauches, der zweite auf der Ebene des Herzens und der dritte auf der Ebene des Kopfes. Masken, die den Schatten der einzelnen Teilnehmer repräsentieren, bilden den Ritualkreis. Die Gruppenmitglieder sitzen hinter ihren Masken. Das Medizinrad-Ritual selbst besteht aus der Eröffnung, einer angeleiteten Phantasiereise und einer freien, nicht angeleiteten Imagination.

Vor Beginn des Rituals erklärt der Leiter den Ablauf. Das könnte so lauten: „Nach der Eröffnung mit Trommeln und Räuchern führe ich dich in eine angeleitete Phantasiereise. Wenn dieser Teil zu Ende ist, gehst du deinen Weg alleine weiter. In deiner Phantasie folgst du dem Weg im Kreis um das Medizinrad. In der Phantasie muss dein Weg natürlich nicht so aussehen, wie wir ihn hier aufgebaut haben. Auf deiner Reise kommst du an den vier Toren der Himmelsrichtungen und Elemente vorbei, die du durchschreiten kannst, um den Weg in die Mitte, zum Göttlichen, zu Gott, der Göttin, zu Wakan Tanka zu gehen. Vor jedem

Tor ist ein Torwächter. Deine Aufgabe ist, herauszufinden, welcher der vier Wege der richtige für dich ist. Dazu spreche mit den Torwächtern

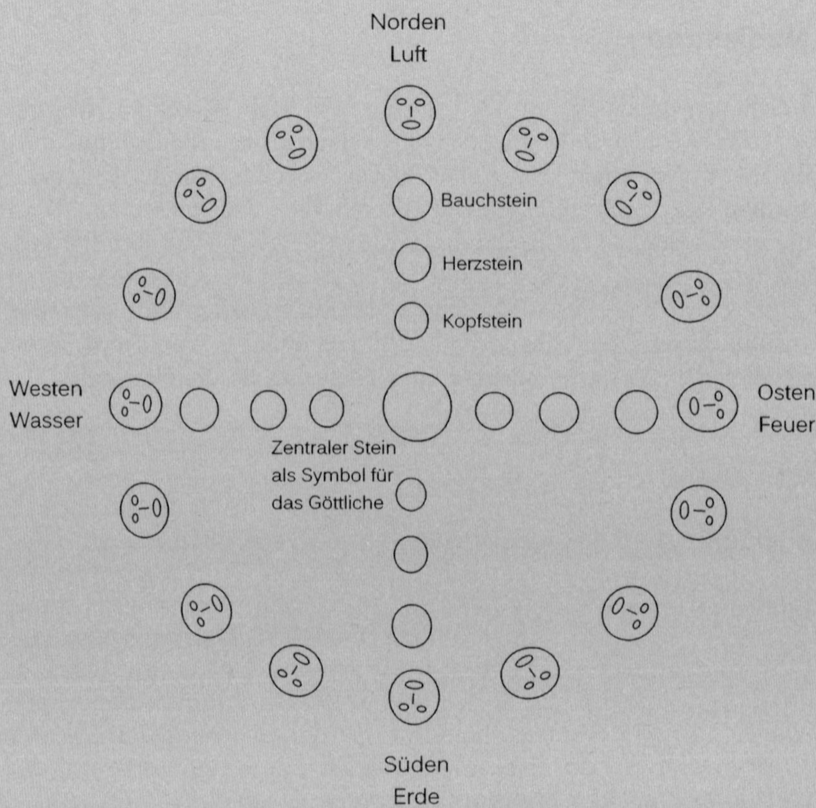

Aufbau des Medizinrades

und frage sie, ob der Weg, den sie bewachen, dein Weg ist. Schließlich entscheidest du dich für einen Weg und gehst in der Phantasie durch das Tor. Jetzt kannst du kurz die Augen öffnen und den Stein betrachten, der den Weg der Himmelsrichtung, den du gewählt hast, auf der Bauchebene symbolisiert. Was sagt dir dieser Stein? Dann gehe in deiner Phantasie weiter in Richtung Mitte des Kreises. Mache das gleiche mit den Steinen der Herzebene und der Kopfebene. Schließlich gehst du in deiner Phantasie zur Mitte des Kreises, zum Göttlichen. Hier hast du Gelegenheit, Fragen zu deinem Schatten zu stellen. Frage nach allem, was dir wichtig ist. Nach dem Sinn deines Schattens, danach, wie du ihn heilen kannst usw. Schließlich übergebe der Mitte deinen Schatten in Form der Schattenmaske zur Reinigung und Heilung und sieh zu, was geschieht. Wenn alles getan ist, kehre zum Tor zurück und gehe in der Phantasie dem Lauf der Sonne folgend, also im Uhrzeigersinn, zurück an deinen Platz. Wenn du angekommen bist, lege dich hin, damit ich weiß, dass deine Reise zu Ende ist."

Das Ritual wird mit Trommeln, Räuchern und einer kurzen Anrufung eröffnet. Damit die Teilnehmer zu Beginn mit ihrem persönlichen Schatten-Thema verbunden werden, betrachtet jeder seine Maske und vervollständigt für sich die Sätze „Wenn ich meine Schattenmaske betrachte, sehe ich ...", Wenn ich sie trage, dann fühle ich ..." und „Hinter all meinen Masken bin ich ..." Dann hat jeder Teilnehmer in einer Runde Gelegenheit, diese Sätze zu sagen. Nun folgt die Phantasiereise (hervorragend passen dazu die Alben „Following The Circle" und „Stand At The Center" von Dick Darnell).

„Schließe die Augen. Atme tief aus und lasse dabei alle Anspannung los ... Stell dir vor, du bist auf einer Wiese, einer großen Lichtung in einem Wald. Es ist angenehm warm, die Sonne scheint, ein leichter Wind erfrischt die Luft. Du hast deine Schattenmaske bei dir. Vielleicht trägst du sie in der Hand, vielleicht hast du sie an deinem Gürtel befestigt. Nimm dir ein wenig Zeit, die Wiese zu betrachten ... Nun bemerkst du eine Bewegung am Waldrand. Dort scheint etwas aufzutauchen, und du fühlst, dass es dir wohl gesonnen ist. Und tatsächlich erscheint ein Tier. Nimm das erste Tier, das auftaucht, auch wenn du dir ein anderes wünschen würdest. Das Tier kommt auf dich zu. Betrachte es genau. Jetzt ist es direkt vor dir und sieht dich mit warmen Augen an ... Dieses Tier wird dich auf deiner Reise in die Mitte des Medizinrads begleiten. Vielleicht führt es dich, vielleicht kannst du auf ihm reiten, es wird dich mit seiner Kraft auf deinem Weg unterstützen ... Und nun mache dich in deiner Phantasie auf den Weg um das Medizinrad, zu den vier Toren der Himmelsrichtungen und Elemente und ihren Wächtern. Suche den Weg in die Mitte, der heute der Richtige für dich ist, gehe in die Mitte zu Gott, zur Göttin oder welches Bild auch immer du für die Göttliche Kraft hast, stelle deine Fragen und übergib schließlich deine Maske zur Reinigung und Heilung deines Schattens. Gute Reise!"

Wenn alle Teilnehmer von ihrer Reise zurückgekehrt sind, wird das Ritual mit einem Dank abgeschlossen.

Damit bin ich am Ende des Schatten-Themas angelangt. Das nächste Gebiet, der Tod, hängt damit eng zusammen. Das Reich des Schattens und das Reich des Todes sind in zahlreichen Mythen eins.

Tod und Auferstehung

Wenn ihr wirklich den Geist des Todes schauen wollt, öffnet eure Herzen weit dem Körper des Lebens.
Denn Leben und Tod sind eins, so wie der Fluss und das Meer eins sind.
In der Tiefe eurer Hoffnungen und Wünsche liegt euer stilles Wissen um das Jenseits;
Und wie Samen, der unter dem Schnee träumt, träumt euer Herz vom Frühling.
Traut den Träumen, denn in ihnen ist das Tor zur Ewigkeit verborgen.
Eure Angst vor dem Tod ist nichts als das Zittern des Hirten, wenn er vor dem König steht, der ihm zur Ehre die Hand auflegen wird.
Freut sich der Hirte unter seinem Zittern nicht, dass er das Zeichen des Königs tragen wird?
Doch gewahrt er sein Zittern nicht viel mehr?
Denn was heißt Sterben anderes, als nackt im Wind zu stehen und in der Sonne zu schmelzen?
Und was heißt nicht mehr zu atmen anderes, als den Atem von seinen rastlosen Gezeiten zu befreien, damit er emporsteigt und sich entfal-

tet und ungehindert Gott suchen kann?

Nur wenn ihr vom Fluss der Stille trinkt, werdet ihr wirklich singen.
Und wenn ihr den Gipfel des Berges erreicht habt, dann werdet ihr anfangen zu steigen.
Und wenn die Erde eure Glieder fordert, dann werdet ihr wahrhaft tanzen.

Kahlil Gibran: Der Prophet[46]

Der Tod ist nicht gerade ein beliebtes Thema. Die meisten Menschen versuchen, ihn zu verdrängen. Damit die Motivation wächst, sich mit diesem unangenehmen Thema zu beschäftigen, habe ich hier einige Gedanken zu seiner Wichtigkeit gesammelt.[47]

Für den Menschen, der wachsen will, also für den Helden, ist die Auseinandersetzung mit dem Tod elementar. Nichts ist hilfreicher für persönliches und spirituelles Wachstum, unerlässlicher für tatsächliche Veränderung.

Der Tod ist ein Grundthema des Menschseins. Was uns von Tieren unterscheidet, ist vermutlich die Bewusstheit der eigenen Sterblichkeit. Auch manche Tiere stellen Werkzeuge her und benützen Formen von Sprache, sie kennen aber keine Rituale für tote Artgenossen und bestatten sie nicht.

Der Tod ist eines der wichtigsten Themen des Heldenweges, wenn nicht das zentrale. Zur Geschichte der Helden in den Mythen der Völker gehört die Reise in das Land der Toten, in die Unterwelt. Bereits in einem der ältesten schriftlich überlieferten Mythen der Welt, im schon öfter erwähnten Inanna-Mythos, steigt die Heldin in die Unterwelt ab und stirbt dort, um nach drei Tagen wieder auferweckt zu werden. Drei Jahrtausende später folgt Jesus diesem mythischen Weg. In der griechischen Mythologie wird das Thema in den Gestalten von Orpheus, Theseus und Herakles deutlich. Auch der Mythos von Kore/Persephone, die in die Unterwelt entführt und später zeitweise erlöst wurde, erinnert an das Thema von Tod und Auferstehung. Ein weiteres bekanntes Bild aus der griechischen Mythologie ist der Phönix, ein Vogel, der verbrennt und aus seiner Asche neu geboren wird.

---

[46] Gibran: Der Prophet S. 59f

[47] Der erste Teil dieses Abschnittes wurde von Aufsätzen des Berliner Therapeuten Dr. Andreas Wildt inspiriert.

Schon in frühen Kulturen gab es Personen, die aufgrund ihrer besonderen Beziehung zum Tod wichtige Aufgaben in der Gemeinschaft übertragen bekamen. So kann nur zum Schamanen, also zum Heiler, Übermittler des Wissens der Ahnen und Leiter der heiligen Rituale werden, wer durch die Erfahrung des Zerrissen-und-neu-zusammengesetzt-Werdens geht. Durch eine außerordentliche Erfahrung, vielleicht in Zusammenhang mit einer lebensbedrohlichen Krankheit oder einer psychotischen Episode, lernt er, den Verlust seines alltäglichen Selbst (auch „Ich“ genannt) zu akzeptieren und besondere Fähigkeiten zu erwerben, vor allem die Fähigkeit, in andere Realitätsebenen zu reisen und mit Geistwesen (Spirits, Ahnen usw.) zu kommunizieren. Aber nicht nur die Initiation zum Schamanen, sondern auch die allgemeinen Initiationsriten für die Mitglieder archaischer Gesellschaften, wie die Pubertätsriten, enthalten ritualisierte Erfahrungen von Tod und Auferstehung.

Castanedas Don Juan spricht davon, dass der Tod unser bester Ratgeber ist. Er ist immer bei uns, und wenn wir über die linke Schulter blicken, können wir ihn als Schatten vorbeihuschen sehen. Er erinnert uns daran, dass wir jederzeit sterben können, und erlöst uns so von unwichtigen Kleinigkeiten.

In der spirituellen Entwicklung, vor allem in östlichen Schulen, wird vom Tod des kleinen, begrenzten „Ich“ und der Geburt des größeren "Selbst“ gesprochen. Dieser „Ich-Tod“ ist ein Prozess, der dem physischen Tod ähnelt, da er mit sehr großen Ängsten vor Kontrollverlust verbunden ist und ich allenfalls ahnen, aber nicht wissen kann, was nach dem Tod meines Ichs geschieht.

Für Weise und Mystiker verschiedener Kulturen ist das ganze Leben im Grunde die Vorbereitungszeit für den Tod. Es gilt, vor dem physischen Tod das Leben zu ordnen und das Sterben zu lernen, um im tatsächlichen Sterben nicht von Gefühlen wie Angst, Trauer und Verzweiflung überwältigt zu werden. Für Buddhisten ist der Todesmoment von großer Bedeutung, da der Zustand des Geistes zum Zeitpunkt des Todes die Qualität der Wiedergeburt beeinflusst.

Auch die Psychotherapie hat in den letzten Jahrzehnten den Wert der Auseinandersetzung mit Sterben und Tod entdeckt. War das Thema für Freud noch kaum bedeutsam, rückte es bei C.G. Jung ins Zentrum der von ihm begründeten Tiefenpsychologie. Vor allem Erfahrungen mit Nahtoderlebnissen von Moody, Kübler-Ross und anderen machten deutlich, dass die direkte Auseinandersetzung mit dem Tod von tiefen Ängsten, vor allem von der Todesangst, befreien und den Wert des Lebens immens steigern kann.

Stanislav Grof fand heraus, dass die Teilnehmer von Sitzungen in Holotropem Atmen sehr häufig Erfahrungen von Sterben, Tod und Auferstehung oder Wiedergeburt machten, die oft mit geburtsbezogenen Erfahrungen zusammenhingen. Tatsächlich haben wir alle bereits eine Todeserfahrung hinter uns. Wir lebten in einer Welt, in der wir mit allem versorgt wurden, was wir brauchten, wir schwebten schwerelos in warmem Wasser, getragen vom beruhigenden Rhythmus des Herzschlags unserer Mutter. Dieser Zustand war paradiesisch, es sei denn, die Mutter nahm uns nicht an oder litt unter Stress oder Mangelerscheinungen. Doch dieses sorglose Leben ging mehr oder weniger gewaltsam zu Ende. Es wurde enger und enger, wir hatten immer weniger Platz. Schließlich wurden wir irgendwann zusammengepresst und in einen Kanal geschoben, von dem wir in keiner Weise wussten, wohin er führen wurde. Wir mussten unser altes Leben, unsere behütete Welt verlassen, ohne zu wissen, wohin die Reise geht und ob uns überhaupt etwas erwartet. Ein Glück, wenn wir gut empfangen wurden. Vieles weist darauf hin, dass unser Körper diese Erfahrungen gespeichert hat und dass sie den Grund für tiefe Ängste, vor allem die Todesangst, bilden. Jedenfalls stellte Grof fest, dass das Wiedererleben dieser Erfahrungen zu dramatischen Besserungen von psychischen Problemen wie Angst, Depression und Selbstmordtendenzen führte.

Mich persönlich hat die Teilnahme am Seminar „Tod und Auferstehung“ von Paul Rebillot erheblich verändert. Meine vorher sehr starke Angst vor dem Tod verschwand. Ich wurde sehr viel ruhiger und ausgeglichener. Ich fühle mich seither viel freier und unabhängiger.

Genug Argumente?

In der Auseinandersetzung mit dem Tod finden sich drei zentrale Themen: der Tod als Aufforderung zum Leben, der Tod als Sterben des Alten, um Neuem Platz zu machen, und der Tod als letztes Loslassen, auf psychologisch/spiritueller Ebene das Loslassen vom „kleinen Ich“, um sich mit dem größeren „Selbst“ zu verbinden.

Der Tod als Mahnung zum Leben

> *Das klare Todesbewusstsein von früh an trägt zur Lebensfreude, zur Lebensintensität bei. Nur durch das Todesbewusstsein erfahren wir das Leben als Wunder.*
>
> *Max Frisch*

Nehme ich den Tod ernst, sehe ich das Leben in einem ganz anderen Licht. Ich höre damit auf, die Zeit „totzuschlagen“. Warum sollte ich totschlagen, was neben meinem Körper mein wichtigstes Gut ist? Ich beginne, das Leben zu genießen. Es ist endlich, es hört irgendwann auf, vielleicht schon in ein paar Minuten. „Der Tod kommt sicher. Er kommt ohne Warnung. Dieser Körper wird eine Leiche sein." heißt es im Tibetischen Totenbuch. Ich fange an, Wichtiges von Unwichtigem, Wesentliches von Unwesentlichem zu unterscheiden. Was würde ich tun, wenn ich nur noch sieben Tage zu leben hätte? Mit wem würde ich noch sprechen wollen, was würde ich unternehmen, worauf würde ich mich konzentrieren? Der Gedanke an den Tod macht auch klar, ob ich in meinem bisherigen Leben verwirklicht habe, was ich wollte oder sollte.

Erstaunlicherweise hängen diejenigen Menschen am meisten an ihrem Leben, die am wenigsten damit angefangen haben und anfangen können. Sie können deshalb so schwer sterben, weil sie nicht wirklich gelebt haben, ihr Leben nicht erfüllt haben. Sie haben viele „Gestalten nicht geschlossen", wie die Gestalttherapie sagt. Kommt der Tod schnell oder sind die Menschen schon alt und gebrechlich, wenn der Tod kommt, besteht auch kaum mehr die Möglichkeit dazu. Mit folgender Übung kannst du herausfinden, wie es bei dir damit steht.

Übung:
Krankenbett

Lege dich entspannt hin und atme tief aus.
Jetzt stelle dir vor, du erwachst in einem Krankenhaus.
Ein Arzt steht neben deinem Bett. Er sieht dich besorgt an.
Nach einer Weile sagt er: „Es tut mir leid, aber es macht keinen Sinn, ihnen die Wahrheit vorzuenthalten. Sie haben nur mehr ein paar Tage zu leben."
Es ist also vorbei ...
Aber du hast immerhin noch Zeit, über dein Leben nachzudenken.
So frage dich:
Wenn du dir dein bisheriges Dasein vor Augen hältst.

- Wie zufrieden bist du damit? Kannst du gut gehen?
- Was hast du dir vom Leben erträumt?
- Was wolltest du beruflich werden, was erreichen?
- Was davon hast du tatsächlich verwirklicht?
- Was sind deine größten unerfüllten Wünsche und Sehnsüchte?
- Welche besonderen Erfahrungen wolltest du machen,
- was wolltest du unbedingt erleben
- und was davon hast du wirklich erlebt?
- Wie hast du geliebt?
- Konntest du tiefe Liebe erleben, lebendigen Sex, verlässliche Verbundenheit?

- Wie hast du deine Zeit für dich, für deine Entwicklung genützt?
- Wenn du dein Leben noch einmal leben könntest, was würdest du wieder so machen wie in diesem Leben, was anders?
- Stell dir vor, deine Mutter kommt an dein Bett (auch wenn sie vielleicht bereits gestorben ist): Was möchtest du ihr sagen, bevor du stirbst?
- Stell dir vor, dein Vater kommt zu dir. Was möchtest du ihm sagen?
- Mit wem musst du noch etwas klären, wem möchtest du noch etwas sagen, bevor du stirbst?

Du weißt, dass die Szene nur Phantasie ist. Doch du weißt nicht, wie lange du tatsächlich noch zu leben hast. Du kannst morgen tot sein. Was willst du tun, um dann, wenn du wirklich stirbst, zufrieden zurückblicken zu können?
Öffne die Augen und kehre in die Alltagswelt zurück.

Der Tod des Alten als Voraussetzung des Neuen

Es muss das Herz bei jedem Lebensrufe
Bereit zum Abschied sein und Neubeginne,
Und jedem Anfang wohnt ein Zauber inne,
Der uns beschützt und der uns hilft zu leben.
Es wird vielleicht auch noch die Todesstunde
Uns neuen Räumen jung entgegen senden,
Des Lebens Ruf an uns wird niemals enden ...
Wohlan denn, Herz, nimm Abschied und gesunde.

Hermann Hesse

Es ist ein unumstößliches Naturgesetz, dass Neues nur möglich ist, wenn Altes dafür Platz macht. Jedes Lebewesen muss eines Tages sterben, damit wieder neues Leben entstehen kann. Auch wir Menschen sterben, um auf dieser Erde Raum für unsere Nachkommen zu schaffen. Man stelle sich einmal vor, dass alle Menschen, ja alle Lebewesen, die jemals auf der Erde gelebt haben, immer noch existieren. Völlig unmöglich. Gäbe es keinen Tod, wäre die Erde seit den Anfangszeiten des Lebens von einem Schleim aus Einzellern bedeckt. Höheres Leben hätte nie entstehen können. Im Film „Wer früher stirbt ist länger tot“ wird dasselbe damit illustriert, dass am Stammtisch überhaupt kein Platz mehr wäre, wenn nicht viele Stammtischbrüder bereits gestorben wären. Es gibt also kein Leben ohne Tod.

Das gilt nicht nur im Großen, im Tod des Individuums, sondern auch im Kleinen. Eine alte Zen-Geschichte weist darauf hin, dass in ein volles Teeglas nichts gegossen werden kann. Der alte Inhalt muss ausgeleert werden, damit neuer Platz hat. Halten wir an alten Bindungen, Gewohnheiten, Sicherheiten fest, so kann nichts Neues wachsen. Jede Veränderung hat zur Voraussetzung, dass etwas zu Ende geht.

In jeder Krise, bei jeder tiefgreifenden Veränderung muss das Alte sterben, müssen wir die alten Vorstellungen, Konzepte, Bindungen, Ängste und Gewohnheiten aufgeben, damit Platz für das Neue entsteht. Eine wichtige Aufgabe, die sich dabei immer wieder stellt, ist, das Alte zu verabschieden. Doch wie verabschiede ich mich richtig? Natürlich, indem ich in Kontakt gehe. Viele Menschen gehen dem Abschied gerne aus dem Weg, da er selbstverständlich mit Gefühlen verbunden ist. Normalerweise vor allem mit Trauer. Und um diese Gefühle nicht spüren zu müssen, wird der Abschied vermieden. Doch nur wenn ich einen Abschied bewusst und in vollem Kontakt begehe, kann das Alte wirklich gehen und kann ich frei für Neues sein.

Sehr hilfreich sind Abschiedsrituale. Sie machen bewusst, welche Schritte bei der Trennung wichtig sind und helfen dabei, sie einzuhalten. Und sie sprechen das Unbewusste an, das sich genauso verabschieden muss wie mein Bewusstsein. Im Wesentlichen bestehen Abschiedsrituale aus zwei zentralen Schritten.

Der erste, wichtige Schritt bei jedem Abschied ist, mich mit dem, wovon ich mich verabschieden will oder muss, noch einmal zu verbinden und es wertzuschätzen. Sehr hilfreich ist auch, mich zu bedanken für alles, was ich bekommen habe. Manche Menschen denken, sie könnten sich leichter trennen, wenn sie das Alte, von dem sie sich lösen wollen, abwerten, es schlecht machen. Doch das ist in keiner Weise hilfreich. Mein Unbewusstes lässt nur los, was in gutem Sinne abgeschlossen ist. Und das hängt unmittelbar mit Befriedigung zusammen. Nur was befriedigt ist, kann abgeschlossen und schließlich losgelassen werden. In der Gestalttherapie sagen wir dazu, dass ich nur eine „geschlossene Gestalt" gut gehen lassen kann. In der Regel hat das, was war, eine Zeit lang Bedürfnisse von mir befriedigt. Es war in dieser Zeit auf irgendeine Weise richtig. Und es ist wichtig, dass ich das anerkenne. Es ist auch wichtig, dass ich das demjenigen gegenüber anerkenne, von dem ich mich verabschieden will, denn damit sage ich es auch meinem Unbewussten. Das gilt für Dinge, von denen ich mich trennen will, für Menschen, für Orte, für Gewohnheiten, für alles. Wenn ich zum Beispiel das Rauchen aufhören will, ist wichtig, anzuerkennen, was es mir gegeben hat: Entspannung, schöne Kontakte in der Raucherecke, angenehme Gefühle … Vielleicht rauche ich meine letzte Zigarette in diesem Bewusstsein. Dann mache ich sie aus und gehe meinen neuen Weg.

Gerade bei Trennungen von Menschen ist wichtig, mich für das zu bedanken, was ich bekommen habe. Dann haben beide die Chance, die Gestalt zu schließen. Bei Trennungsritualen für Paare lassen wir beide einander sagen, was sie in der Beziehung an Schönem erlebt haben, was wichtige Momente waren, was ihnen die Beziehung gegeben hat, und lassen sie ihren Dank an den anderen aussprechen. Wenn Gruppen auseinandergehen, ist es sehr schön, wenn jeder den anderen seine Wertschätzung und seinen Dank für das, was er bekommen hat, ausdrückt. Das kann in Form einer Feedbackrunde geschehen oder in Form von Abschiedsübungen, wie ich sie in meinem Buch „Körpererfahrung und Körperkontakt" beschrieben habe.

Im zweiten Schritt besiegele ich die Trennung und drücke ich aus, dass ich einen neuen Weg gehe. Das kann ich über Worte tun oder eine symbolische Handlung oder beides. Die Worte müssen in der Gegenwartsform, ohne Bedingung und positiv formuliert sein, wenn sie das Unbewusste erreichen wollen. Wenig hilfreich ist zum Beispiel „Ich möchte nicht mehr rauchen" oder „Ich werde nicht mehr rauchen". Noch besser als „Ich rauche nicht mehr" ist „Ich achte auf meinen Körper und lasse nur saubere Luft in meine Lungen". Die rituelle Handlung kann sowohl die Trennung vom Alten als auch den neuen Weg symbolisieren. Das Symbol der Trennung sollte klar sein, aber die Wertschätzung des ersten Schrittes nicht verneinen. Beim Beispiel des mit dem Rauchen Aufhörens könnte die Handlung sein, die letzte Zigarettenschachtel zu verschenken, vielleicht auch den Tabak herauszulösen und ihn als indianisches Tabakopfer zu verbrennen, anschließend an einen Ort mit frischer Luft zu gehen, eine Weile tief und bewusst zu atmen und für das Geschenk der Atemluft zu danken. Bei Trennungen von Menschen können die Worte zum Beispiel lauten „Ich bin nicht mehr deine Partnerin" oder „Ich bin nicht mehr Teil dieser Gruppe". „Ich gehe einen neuen Weg". Eine ganz einfache rituelle Handlung kann sein, sich umzudrehen und zu gehen, vielleicht nur ein paar Schritte. Bei der Trennung von einem Menschen kann die Handlung zum Beispiel darin bestehen, ein Bild, das beide zeigt, in zwei Teile zu schneiden, um zu symbolisieren, dass jeder jetzt für sich alleine existiert. Eine nette Abschiedsgeste in Gruppen ist, den „Gruppengeist auszutreiben".

Übung
Den Gruppengeist austreiben

Die Teilnehmer stehen im Kreis und halten sich an den Händen. Sie stellen sich vor, dass in der Mitte des Kreises der „Gruppengeist" sitzt, der sich eingenistet hat und nicht gerne gehen will. Auf ein Kommando hin bewegen sich alle mit lautem Rufen in die Mitte und stellen sich vor, dass sie den Gruppengeist aufscheuchen und ihn nach oben treiben. Schließlich lösen sich die Hände und der Geist wird mit den Händen und einem Creszendo in den Himmel verabschiedet.

Im Seminar „Tod und Auferstehung" nach Paul Rebillot sind Abschied und neuer Weg voneinander getrennt. Erst verabschieden sich die Teilnehmer vier Tage lang von allem, was zu ihrem Leben gehört. Sie gehen in Kontakt damit, feiern es noch einmal und lassen es gehen. Der neue Weg, der dadurch frei wird, beginnt erst nach dem „Tod" und der „Auferstehung".

Diesen Abschied kann ich auch unabhängig vom Ritual des Sterbens und der Auferstehung immer wieder praktizieren. Denn es fördert jedes Mal meine Bewusstheit, mich mit dem, was mein Leben ausmacht, zu verbinden, es in den Mittelpunkt meiner Wahrnehmung zu stellen und mich dann wieder insofern davon zu lösen, dass ich mich wieder anderen Dingen zuwende. Und wer weiß – wenn mein Tod unvermutet kommt, war es die letzte Gelegenheit für einen Abschied.

Deshalb stelle ich im Folgenden einige exemplarische Methoden für den Abschied von wichtigen Bereichen des Lebens vor (Quelle: Paul Rebillot).

Nach Andreas Wildt kann ein Abschied gelingen, wenn ich voller Überzeugung sagen kann:

- Ich habe keine Vorwürfe und Forderungen mehr an dich. Ich habe die Vorstellung aufgegeben, dass du mir mehr und Besseres hättest geben können, und ich versuche nicht mehr, von dir noch etwas zu bekommen.
- Ich übernehme die volle Verantwortung für unsere Beziehung und Trennung und lasse dir den Teil von Verantwortung, den du übernehmen willst.
- Ich bedaure den Schmerz, den ich dir bereitet habe, und bitte dich dafür um Verzeihung.
- Das Gute, das ich dir habe geben können, habe ich gerne gegeben und lasse es bei dir. Ich akzeptiere, dass ich dir nicht mehr habe geben können.
- Ich bin dir dankbar für das, was du mir gegeben hast. Du warst wichtig für mich. So wie unsere Beziehung war, ist sie ein wichtiger Teil meines Lebens, das ich jetzt ohne dich weiterführe.

Um dahin zu kommen, ist es nötig, die Beziehung zu klären. Ein Modell dafür folgt hier:

Übung
Beziehungsklärung mit den wichtigen Menschen im Leben

Es gibt eine Reihe von Möglichkeiten, die Beziehungen zu den bedeutsamen Menschen im Leben zu erfüllen und abzuschließen.
Der erste Schritt besteht darin, auszuwählen, wer wirklich wichtig ist. Eine Hilfestellung dafür kann sein, ein Bild nach der Struktur in der folgenden Abbildung zu malen, in dieses Bild alle Menschen einzuzeichnen, die äußerlich oder innerlich eine große Rolle spielen, und dann auszuwählen, von wem ich mich verabschieden will. Bei der Auswahl spielt eine wichtige Rolle, bei welchen Menschen noch etwas offen ist, ich also nicht alles gesagt habe oder gezeigt habe, was mir auf dem Herzen liegt.

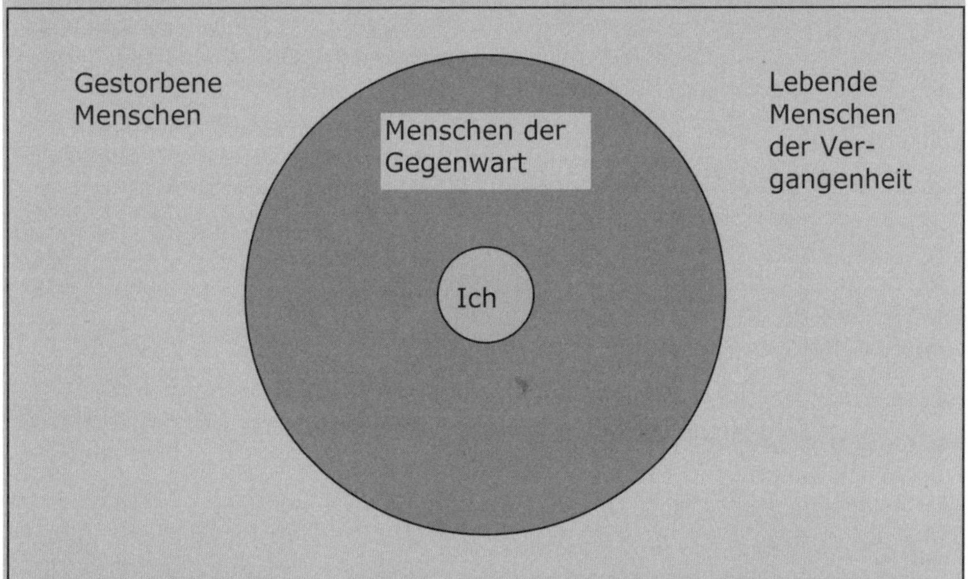

Für die Beziehungsklärung ist nicht unbedingt nötig, direkt mit der betreffenden Person in Kontakt zu treten. Bei Menschen, die bereits gestorben sind oder zu denen keine Verbindung mehr besteht, ist dies ohnehin nicht möglich. Es könnte diese Menschen, zum Beispiel die alten Eltern, auch mehr belasten, als es an positivem Effekt bringt. Es ist bereits sehr heilsam, die Beziehung zu den inneren Repräsentanzen der betreffenden Personen zu klären. Wenn die Beziehung direkt mit diesen Menschen bearbeitet werden kann, ist das allerdings noch effektiver, da auch das Gegenüber die Chance bekommt, zu reifen.

Die folgenden Settings gehen davon aus, dass die betreffende Person nicht direkt angesprochen wird. Die Beziehungsklärung folgt dabei festgelegten Schritten.

„Von Angesicht zu Angesicht"
(therapeutisch ausgebildete Leitung empfohlen)

Wähle die Person aus, mit der du die Beziehung klären willst. Mache dir dabei bewusst, welche unerfüllten Wünsche und Sehnsüchte du in Bezug auf diesen Menschen hast.
Ein Partner (aus der Gruppe) repräsentiert die betreffende Person und setzt sich dir gegenüber. Schließe mit ihm folgende Vereinbarung: „Ich bitte dich, ... zu repräsentieren". Er antwortet „Ich bin bereit, die Rolle von ... zu übernehmen."
Nun drücke all deine „negativen" Gefühle gegenüber dieser Person aus, deinen Ärger oder deine Wut, deine Trauer, deine Ohnmacht usw., vor allem das, was du noch nie ausgedrückt hast. Zeige deine Gefühle. Sage der Person, was du dir von ihr gewünscht hättest, was dir in der Beziehung zu ihr gefehlt hat. (Hilfreich ist ein Kissen oder eine Matratze zwischen dir und dem Partner, damit du Aggressionen ungehindert und sicher ausdrücken kannst). Der Partner leiht nur seine Augen, er agiert nicht, antwortet nicht. Er kann dabei unterstützen, im Kontakt mit den Emotionen und dem Gegenüber und im Hier und Jetzt zu bleiben. Wenn es hilfreich ist, kannst du auch die Augen schließen.
Teile der Person jetzt deine Wertschätzung oder Liebe mit, vielleicht auch, dass du ihr vergibst oder dass du dich bei ihr entschuldigst
Bitte um das, was du von diesem Menschen hören oder fühlen willst. Der Partner sagt die Sätze, die du dir wünschst, bzw. lässt dich fühlen, was du spüren willst, zum Beispiel eine Umarmung.
Verabschiede dich.
Löse die Verträge mit dem Partner.

Gestalt-Form
(therapeutisch ausgebildete Leitung empfohlen)

Der Ablauf ist identisch mit dem oben geschilderten, nur symbolisiert hier ein Kissen oder eine zusammengelegte Decke die Person, mit der die Beziehung geklärt werden soll. Man könnte die Beziehungsklärung in dieser Form zur Not auch alleine machen, ein Partner ist aber sehr hilfreich. Spannend ist, in die Rolle des Menschen zu gehen, mit dem du die Beziehung klären willst, und ihn zu dir sprechen zu lassen. Wenn es darum geht, dass du Sätze von deinem Gegenüber hören willst oder etwas fühlen willst, kann dein Partner kurzfristig einspringen und den betreffenden Menschen repräsentieren.

Non-Stopp-Briefe

Schreibe in einen Brief, was du der betreffenden Person sagen willst, vor allem das, was du noch nie gesagt hast. Schreibe mit einem Stift auf Papier und schreibe so ohne Unterbrechung. Wenn dir nichts mehr einfällt, male Kreise aufs Papier, bis die Gedanken und Gefühle wieder in Fluss kommen. Der Brief ist normalerweise nicht dafür gedacht, ihn abzuschicken.

Darüber reden

Sprich mit einem Partner über die einzelnen Schritte, wie sie oben skizziert wurden – also über deine unerfüllten Sehnsüchte, deine „negativen" Emotionen dem betreffenden Menschen gegenüber usw.
Diese Möglichkeit ist eher als Notlösung zu betrachten, wenn die anderen Formen für dich nicht in Frage kommen, da die Wahrscheinlichkeit groß ist, dass du auf der „Kopfebene" bleibst und nicht dein ganzes Sein einbeziehst.

Auch von den „Dingen" des Lebens können wir uns verabschieden, um uns von den „Anhaftungen" zu befreien, wie tibetische Buddhisten sagen würden. Gemeint sind nicht nur Gegenstände, sondern auch Menschen oder Bereiche, für die wir uns verantwortlich fühlen. Eine einfache Methode ist hier das Schreiben eines Testaments, eines realen, das ich mit einem Notar abklären kann oder eines eher „kreativen":

Übung
Abschied von den wichtigen Dingen – „Testament" schreiben

Schreibe auf, eventuell in Form eines Testaments, was mit den Dingen geschehen soll, die du im Falle deines Todes zurücklässt. Mache dir dabei jeweils bewusst, was diese Dinge für dich bedeuten und wie es dir damit geht, sie loszulassen.
Behandle folgende Bereiche:

1. Besitztümer wie Haus, Auto, Geld, Bücher, CDs ...
2. Dinge, die dir emotional besonders wichtig sind, und die du besonderen Menschen geben willst ("Liebesgeschenke")

3. Menschen (Kinder, Partner, Eltern) und andere Wesen (Tiere), für die du Verantwortung fühlst - z.B. wie sollen Kinder erzogen werden?
4. Weitere Aufgaben, für die du dich verantwortlich fühlst (z.B. Nachfolger in der Arbeit, Projekte ...)
5. Was soll mit deinem Körper geschehen? Verbrennen, beerdigen, ... Du kannst auch deine Phantasie spielen lassen und dir Möglichkeiten ausdenken, die nicht realistisch sind – wie wär's, wenn er mit einer Rakete in den Weltraum geschossen wird?
Wenn möglich bespreche dein Testament mit einem Partner.

Das wichtigste Ding, das uns gehört und an dem wir hängen (können), ist unser Körper. Die folgende sehr schöne Übung hilft dabei, ihn wirklich wertzuschätzen und sich bei ihm zu bedanken. Tatsächlich verabschieden müssen wir uns von unserem Körper erst im Tod.

Übung
Abschied vom Körper – „Körpermesse"

Setting: Optimal sind Paargruppen wegen der Rückenmassage, Öl, Kerze, jeder Handtuch, ruhige Musik, zum Feiern am Ende fröhliche Musik.
Anleitung:
Ziel dieser Methode ist, dem eigenen Körper zu danken, jeder für sich. Schließe die Augen und ziehe dich langsam aus, soweit es dir angenehm ist, damit du dich deinem Körper, deiner Haut unmittelbar zuwenden kannst. (Du kannst dich jederzeit während der Übung wieder anziehen, wenn du es möchtest.)
Nun nimm deinen linken Fuß in die Hände, berühre ihn mit Liebe, wenn du willst, betrachte ihn dabei. Der linke Fuß ist der, der mitgeht. Widme dich jedem der Zehen einzeln. Wohin hat der Fuß dich schon getragen? Danke dafür. Hast du ihm etwas angetan, so bitte um Verzeihung. Die Fußgelenke. Die Knöchel. Sie halten dich aufrecht. Deine Unterschenkelmuskeln. Berühre sie mit Liebe. Sie helfen dir, die Wege zurückzulegen, hinauf- und hinunter zu gehen.
Deine Knie. Kleine Räume, die verbinden. Sie zeigen die Richtung, in die du gehst.
Deine Oberschenkel. Sie tragen die Last des Körpers. Deine Pobacken. Bewege deine Hände so, dass du dein ganzes Bein spüren kannst.
Nun widme dich dem rechten Bein. Das ist das Bein, das führt.
Mache nun eine Bewegung, die beide Beine vereinigt. Diese Partner, die zusammenarbeiten.

Widme dich deinem Sexualorgan. Bedanke dich für die Freude, die es dir gibt. Entschuldige dich, falls du es missbraucht haben solltest. Sei zärtlich dazu.
Der Unterleib. Bei Frauen Platz für neues Leben.
Der Nabel – deine Verbindung zu den Vorfahren. Über den Nabel bist du verbunden mit deiner Mutter und sie zu ihrer Mutter und diese wieder zu ihrer Mutter und so weiter. Bis zum Anfang der Menschheit.
Der untere Rücken, der dafür sorgt, dass du aufrecht stehen kannst.
Bedanke dich auch bei deinem Anus, der ausscheidet, was du nicht benötigst.
Die Nieren, die Schlechtes ausscheiden.
Der Bauchraum, der Magen, die Gedärme, die Lebensstoffe herausfiltern und dich ernähren,. Bedanke dich, streichle deinen Bauch mit Liebe.
Die Brust, ein Ort der Stärke, die weibliche Brust: Verbindung zur Sexualität, Nahrung für Kinder.
Dein Herz, deine Gefühle.
Deine Lunge, die dir Nahrung aus der Luft gibt.
Deine linke Hand, deine Finger. Denke an die Werke, die deine Hände geschaffen haben. An die Freude, die sie dir und anderen gemacht haben. Widme dich jedem Finger, auch dem Daumen.
Dein Handgelenk, das Bewegung ermöglicht. Der Unterarm, dein Ellenbogen, der die Richtung deines Handelns angibt. Dein Oberarm, seine Kraft. Die Schultern.
Die rechte Hand, der rechte Arm. Nun verbinde beide.
Dein Nacken, dein Hals, deine Kehle, die Töne, die Sprache, die Fähigkeit zu sprechen, zu singen.
Dein Unterkiefergelenk. Die Zähne, die Lippen, die aufnehmen und geben.
Die Nase, die riecht, was dir schmeckt und was nicht.
Das Jochbein. Deine Augen: die Fenster zur Welt. Die Formen, die Farben. Die Tränen der Trauer, der Freude.
Deine Ohren, die hören. Vogelgezwitscher. Musik. Spüre die Form der Ohren. Danke für die Dienste.
Deine Haare. Was im Kopf ist: deine Gedanken, Bilder, deine Träume.
Deinen Rücken kannst du nicht selbst berühren. So gib deinem Partner in der Paargruppe eine Rückenmassage und lass deinen Rücken von ihm massieren. Danke dabei dieser Region, die viel auf sich genommen, viel getragen hat.
Nun entwickle einen Tanz, der den ganzen Körper verbindet und in dem du ihn feierst (fröhliche, lebendige Musik).
Tanzt zusammen und genießt das Geschenk eures Körpers! Seid dabei achtsam in Bezug auf eure Bedürfnisse und Grenzen und die der anderen.

Der Tod als endgültiges Loslassen

Ich erwarte nichts.
Ich befürchte nichts.
Ich bin frei.

Nikos Kazantzakis

Der Tod ist der radikalste Abschied. Wir müssen alles, wirklich alles hinter uns lassen. Nicht nur Dinge, Beziehungen, unseren Körper, Wünsche und Sehnsüchte. Wir müssen alles loslassen, an das wir uns klammern – unser Weltbild, unsere Sicht der Dinge, sogar unsere Hoffnungen. Wie Jesus, der am Kreuz sagte „Mein Gott, warum hast du mich verlassen?" Wir müssen auch die letzte Kontrolle aufgeben. Und genau darin liegt die große Chance.

Eine Geschichte erzählt von einem Gefängnis, in dem die Menschen lebenslang eingesperrt waren. In einem Seitengang gab es ein Tor mit der Aufschrift „Tor ohne Wiederkehr". Die Gefangenen hatten Angst davor, und es gab viele schreckliche Gerüchte. Doch niemand wusste wirklich, was dahinter zu finden war. So viel war sicher: Nur sehr wenige hatten es je gewagt, durch das Tor zu gehen, und keiner von ihnen wurde mehr gesehen. Eines Tages sagte sich ein junger Gefangener, dem seine Freiheit über alles ging, dass er lieber sterben wolle, als im Kerker zu bleiben. Er nahm all seinen Mut zusammen, ging zum „Tor ohne Wiederkehr" und schritt hindurch. Was geschah? Er war frei.

Was uns Menschen unfrei macht, sind unsere Erwartungen und Befürchtungen. Weise Menschen aller Kulturen sagen, dass wir das Gefängnis, in dem wir leben, selbst bauen. Jede Sekunde erneuern wir mit unseren Gedanken unsere begrenzte Sicht der Welt. Unser kleines, begrenztes Ich hält eisern daran fest und hat panische Angst davor, die Kontrolle aufzugeben. Wer sich an Meditation versucht hat, weiß, wie schwer es ist, nicht zu denken. Unsere Gedanken sind unser Halt und gleichzeitig unser Kerker.

Ein Weg, diesen Kerker zu verlassen, ist zu sterben. Jede Heldin, jeder Held steht irgendwann auf seinem Weg vor der Herausforderung, die letzte Kontrolle aufzugeben. Die Alltagsrealität ist nicht der richtige Ort für dieses Unterfangen, auch wenn vermutlich viele Unfälle, schwere Krankheiten, Drogenmissbrauch usw. auf den unbewussten Wunsch nach dieser Erfahrung zurückgehen. Ein wesentlich besserer und ungefährlicherer Ort sind intensive Trancereisen in einem geschützten Umfeld, wie sie Stanislav Grof (Holotropes Atmen) und verschiedene andere entwickelt haben und wie auch wir sie durchführen. Hier kann die Erfahrung des Sterbens, des letzten Loslassens auf der Ebene der Bilder und des Körpers durchlebt werden.

Auf der Ebene der Bilder, der Visionen erscheint diese Aufgabe oft in Form einer Klippe, von der man sich in einen Abgrund stürzen muss, wenn man seinen Weg weitergehen will. Dieses Bild ist meist mit Todesangst verbunden und häufig findet hier ein langer und heftiger Kampf statt, bis der Betreffende endlich bereit ist, sich ins Ungewisse fallen zu lassen. Es gibt noch weitere Bilder für die Schwelle zum Tod – Wasser, in dem man zu ertrinken droht, ein Sumpf, aus dem man sich nicht befreien kann usw. Auf körperlicher Ebene kann sich die Herausforderung, dem Tod zu begegnen, in sehr starken Spannungen, in Atemnot und Ähnlichem zeigen. Auch das ist natürlich beängstigend und in diesem Fall sind eine ausgebildete Begleitung und ein sicherer Rahmen besonders wichtig.

Und was geschieht dem, der es wagt, sich von der Klippe fallen zu lassen? Nun, dasselbe wie dem Gefangenen in der Geschichte. Er ist frei. Er macht die Erfahrung, dass er nicht am Boden zerschmettert wird, sondern dass er aufgefangen wird, dass er schwebt, fliegt, unter Wasser atmen kann und vieles mehr. (Manche müssen erst am Grund zerschmettert werden, bevor sie frei sind). Schafft die Person es auf körperlicher Ebene, völlig loszulassen, so ist meist ein unglaublich schönes, befreites Gefühl die Folge.

Wie bereits oben gesagt, haben viele Menschen in diesem Zusammenhang Erlebnisse, die den von Raymond A. Moody und Elisabeth Kübler-Ross beschriebenen Nahtoderfahrungen sehr ähnlich sind oder Wiederholungen ihrer Geburtserfahrung zu sein scheinen.

Sehr häufig sind auch spirituelle Erlebnisse. Die Menschen sehen sich nicht mehr getrennt von der Welt, sondern mit allem verbunden, mit allem eins. Es gibt keine Grenzen mehr für ihre Erfahrung. Das Weltbild des kleinen, egozentrischen Ichs ist vor allem dadurch gekennzeichnet, dass wir uns getrennt von der Welt, von allem Sein empfinden. Diese Trennung ist aufgehoben. Alle Dimensionen stehen uns offen, wir können zum Stein, zum Baum, zum Tier, zum Menschen in anderen Kulturen oder Zeitaltern, wir können zur Gottheit werden. Man könnte das, was viele Menschen in diesem Zusammenhang erleben, als spirituelles Erwachen verstehen.

Selbstverständlich ist auch hier das geschützte Umfeld sehr wichtig, damit die Erlebnisse nicht als Zeichen eines psychotischen Schubs verstanden werden, sondern als das, was sie sind: außerordentliche Erfahrungen, die jedem Menschen offen stehen, wenn er die Grenze des kleinen „Ich“ überwindet und sich mit dem größeren Selbst verbindet, das sich mit der gesamten Schöpfung eins weiß. Und noch aus einem weiteren Grund ist geschulte Begleitung bei diesen Erfahrungen notwendig: In diesem weit geöffneten Zustand ist der Mensch nicht alltagstauglich. Auch wenn es ihm vielleicht nicht gefällt, weil die Erlebnisse in der anderen Dimension so faszinierend sind, muss er sie wieder irgendwann verlassen und auf die Ebene der äußeren Realität zurückkehren. Er kommt nicht mehr als derselbe zurück, doch er kommt zurück.

Die Auferstehung

Wie wir die Teilnehmer des Rebillot-Seminars „Tod und Auferstehung“ nach der Todesnacht wieder ins Leben zurückholen und auferstehen lassen, verrate ich nicht. Es wäre schade um die Überraschung. Wie wir sie dabei unterstützen, ihre Sinne neu zu erfahren, mache ich aber gerne öffentlich. Durch eine wunderschöne Übung, das „Ritual des sinnlichen Erweckens“ (Quelle: Margo Anand). Diese Übung eignet sich auch sehr gut dafür, sie zu Hause zu zweit zu genießen.

Übung
Ritual des sinnlichen Erweckens

Die Teilnehmer bilden Paare. Einer ist zuerst der Gebende, der andere der Nehmende.
Die Nehmenden können eine halbe Stunde Pause machen, während die Gebenden alle nötigen Vorbereitungen treffen. Ziel der Übung ist, Sinneswahrnehmungen anzubieten, die unsere alltägliche Erfahrung weit übertreffen und einen neuen Zugang zum Hören, Sehen und Fühlen, Riechen und Schmecken ermöglichen.
Der Raum, in dem das Ritual stattfindet, soll zur Umgebung für ein sinnliches Fest werden. Sanftes Licht, vielleicht ein paar Kerzen und frische Luft sorgen für ein passendes Ambiente. Für jeden, der die Erweckung der Sinne erleben darf, wird ein Sitzplatz vorbereitet. Die Plätze sind im Kreis um einen „Altar“ angeordnet, auf dem die Gegenstände gesammelt werden, die für das Ritual nötig sind. Eine Auswahl davon hat der Leiter dabei. Die Teilnehmer haben aber auch immer sehr schöne Ideen für die Sinne ansprechende Dinge, als da zum Beispiel wären:

- eine Auswahl an Duftölen oder –wässern und ein Zerstäuber mit duftendem Wasser

- sinnliches Essen wie Trauben ohne Kerne, Lychees oder kleine Stückchen Ananas, Erdbeeren, Pfefferminzschokolade, ein wenig Likör (zum Beispiel Baileys)
- Musikinstrumenten wie Zimbeln, Rasseln, Regenmacher, Flöten, Klangschalen und andere Gegenstände, mit denen interessante Klänge erzeugt werden können
- Gegenstände für sinnliche Berührungen wie ein Kuscheltier, ein Stückchen Fell, ein Seidentuch oder Federn. Besonders gut geeignet sind Pfauenfedern, weil sie lange, biegsam und weich sind.
- ein Spiegel pro Paar und durchsichtige Tücher

Ruhige, entspannende Musik für die Phasen, in denen nicht das Hören im Vordergrund steht, wird von den meisten Menschen als unterstützend erlebt.

Damit die Übung selbst schweigend durchgeführt werden kann, gibt der Leiter den Gebenden die Instruktionen vorab. Sie lauten in etwa so:
„Das Ritual des sinnlichen Erweckens möchte erreichen, dass eure Partner ihre Sinne öffnen und überraschende Erfahrungen machen. Die Sinneskanäle wirklich zu öffnen erfordert Vertrauen. Und das entsteht nur, wenn die Erfahrungen schön und angenehm sind.
Wir haben für jeden der Sinne eine Phase von etwa fünf bis zehn Minuten vorgesehen, mit einer Pause von jeweils einer Minute dazwischen. Ich werde die Zimbel schlagen, wenn die Phase beginnt und wenn sie endet. Welcher der Sinne dran ist, zeige ich euch mit Gesten.
Ich bitte euch, folgendes zu beachten:
Weniger ist mehr. Lasst euren Partnern unbedingt Zeit, die einzelnen Angebote zu erfahren. Macht es interessant.
Beim Hören ist sehr wichtig, dass ihr darauf achtet, was die anderen tun, sonst entsteht nur ein undifferenzierter Geräuschteppich. Schön ist, mit einzelnen Tönen zu beginnen. Ihr könnt die Klangschalen oder anderen Instrumente auch in Kreisen um euren Partner führen, so dass der Eindruck schwebender Klänge entsteht.
Beim Riechen haltet den Duft unter die Nase und fächert ihn zu, aber berührt nicht mit Duftöl das Gesicht, sonst kann euer Partner nichts anderes mehr riechen. Macht eine Pause zwischen den einzelnen Gerüchen.
Beim Fühlen streichelt euren Partner mit den Gegenständen, die wir gesammelt haben. Seid kreativ. Lasst die Erfahrung möglichst vielfältig sein.
Beim Schmecken macht es spannend. Taucht zum Beispiel eine Traube in den Likör, lasst euren Partner erst riechen, dann mit den Lippen probieren, bevor ihr sie in seinen Mund wandert lässt.

Beim Sehen legt eurem Partner das durchsichtige Tuch über das Gesicht, wenn er die Augenbinde abgenommen hat, so dass er dich und den Raum unscharf und in der Farbe des Tuches sieht. Dann gebt ihm den Spiegel und fordert ihn auf, den Raum über den Spiegel zu erkunden. Vielleicht kann er auch mit den anderen über die Spiegel Kontakt aufnehmen."

Dann ruft der Leiter die Nehmenden außerhalb des Raumes zusammen. Sie werden etwa so in das Ritual eingeführt:
„Ihr habt heute die wunderbare Gelegenheit, eure Wahrnehmung im Tempel der Sinne zu erneuern und zu schärfen. Ihr werdet jetzt gleich von eurer Priesterin oder eurem Priester abgeholt und an den Ort geführt, an dem ihr ganz neue Erfahrungen machen könnt. Damit ihr auch den Hautsinn neu erleben könnt, werdet ihr gebeten, eure Füße und euren Oberkörper oder, falls euch das unangenehm ist, eure Arme frei zu machen. Und ihr werdet die meiste Zeit auf den Gesichtssinn verzichten, um euch auf die anderen Wahrnehmungsmöglichkeiten zu konzentrieren. Dafür setzt bitte Augenbinden auf."

Es sind verschiedene Abfolgen der Sinneskanäle möglich. Essen kommt jedoch auf alle Fälle nach dem Riechen, wenn auch nicht unbedingt direkt im Anschluss daran und Sehen ist der letzte der Sinne.
Zum Abschluss des Rituals bekommen die Paare etwas Zeit, um ihre Erfahrungen auszutauschen.
Bei der Planung der „Rückrunde" sorgen wir gerne für ein paar kleine Überraschungen. Wir verändern die Reihenfolge und bieten einige neue Sinneseindrücke an, vor allem was das Schmecken betrifft.

DIE BELOHNUNG

Gott ist die Liebe
und wer in der Liebe bleibt,
der bleibt in Gott
und Gott in ihm.

(1.Johannes 4,16 b)

Sind all die Gefahren der Heldenreise überwunden und alle Abenteuer bestanden, so winkt schließlich die Belohnung der Reise. Viele Mythen haben dafür klare Bilder: die Pflanze, die ewiges Leben bringt im sumerischen Mythos von Gilgamesch, der „heilige Gral" in der Artussage, das „Goldene Vlies" in der Geschichte von Jason und den Argonauten usw.

Bevor wir die Symbolik dieser Gegenstände näher betrachten, kannst du in einer Trancereise entdecken, wie die Belohnung deiner momentanen Heldenreise aussieht. Im Heldenreise-Seminar von Paul Rebillot bekommen die Teilnehmer ihr Geschenk in einer Phantasiereise, die sich an die Reise ins Land der Wunder, in die Welt des

Unbewussten, anschließt. Diese Erfahrung kannst du in der nächsten Übung nachvollziehen.

Wichtig ist dabei, das erste Bild der Belohnung anzunehmen, das auftaucht, auch wenn man es nicht versteht oder erst einmal nicht haben möchte. Es ist ein Geschenk der Seele. Wenn es nicht wertgeschätzt wird, kann gut sein, dass sie keine Belohnungen mehr gibt.

Übung
Phantasiereise in Bewegung: Die Belohnung

Du hast deine Prüfungen vollendet und du bist im Land der Wunder.
Stell dir vor, Du folgst deinem Pfad weiter.
Nimm dir einige Zeit, zu entdecken, wo du bist, wie dein Land der Wunder jetzt ausschaut, während du weiter deinen Pfad gehst.
Und dann taucht vor dir ein Gebäude auf, ein wunderschöner Tempel, ein Palast, vielleicht aber auch eine einfache Hütte. Beleuchtet von einem wunderbaren, strahlenden Sonnenlicht, das du noch nie vorher so gesehen hast.
Schau einfach hin. Gib dir etwas Zeit, diesen Tempel, diesen Palast entstehen zu lassen und ihm näherzukommen.
Das ist der Ort deiner Belohnung.
Du stehst jetzt direkt vor dem Tempel, in dem sich deine Belohnung befindet.
Du kannst jetzt alles ganz genau erkennen, du siehst die ganze Pracht dieses Palastes.
Du hast noch ein bisschen Zeit, das Äußere dieses von wunderschönem Sonnenlicht beschienenen Gebäudes anzuschauen.
Du entdeckst den Eingang dieses Tempels oder Palastes, gehst hin, und trittst durch die Pforte hinein. Im Inneren findest du einen goldenen Altar. Ein intensiver, satter Strahl dieses wundervollen Lichts scheint direkt darauf.
Langsam beginnst du zu spüren, dass auf diesem Altar deine Belohnung sein wird. Erst siehst du vielleicht noch nichts. Ganz langsam, bei näherem Hinsehen wird deine Belohnung auftauchen.
Und sei offen, lass dir deine Belohnung schenken. Lass sie langsam entstehen ...
Was befindet sich auf dem Altar, du stehst jetzt direkt davor. Vor deiner Belohnung, einem Geschenk, einem Wunder, das dein Leben reicher machen wird.
Schau hin. Es ist da! ...

Und jetzt, wenn du deine Belohnung genau siehst, nimm sie in die Hand. Schau sie ganz aus der Nähe an, spüre die Oberfläche, das Gewicht. Spür dein Geschenk, deine Belohnung ganz. Atme es, fühle es, lass dich hineinfließen. Lass es dein ganzes Sein ausfüllen. Spüre es mit deinem ganzen Körper, deiner ganzen Seele. Die Belohnung deiner Reise.

Während du dein Geschenk genießt, hat sich dir außerhalb des Lichtstrahls, dein spiritueller Begleiter genähert.
Du weißt, dass dies die letzte Begegnung mit ihm auf dieser Reise sein wird.
Er hat dich zu deiner Reise gebracht, dich die ganze Zeit während deiner Heldenreise begleitet und dich schließlich hierher, in den Tempel, zu deiner Belohnung geleitet.
Du hältst das Geschenk in deinen Händen, schaust tief in die Augen deines spirituellen Begleiters und fragst ihn:
„Was ist die Bedeutung, der Sinn meiner Belohnung?"
Und dein Begleiter antwortet dir.
Und du fragst weiter:
„Wie kann dieses Geschenk mein Leben erfüllen, reicher machen, verändern?"
Und dein spiritueller Begleiter wird dir eine Szene zeigen. Eine Szene in der Zukunft deines Lebens, in der sich dein Geschenk offenbart hat, eine Szene, in der dein Geschenk seine Kraft eingesetzt hat.
Lass dir Zeit, die Szene entstehen zu lassen und sie zu genießen.
Nun ist die Zeit gekommen, wo dich dein spiritueller Begleiter verlassen wird.
Ihr schaut Euch tief in die Augen, spüre dabei, was Ihr füreinander empfindet ...
Und ein letztes Mal spricht dein Begleiter zu dir:
„Auf Wiedersehen, für jetzt. Aber wann immer du mich brauchst: Alles, was du zu tun hast, ist, mich zu rufen.
Ich bin dir ganz nah, denn ich bin ein Teil von dir!"
Und mit diesen Worten umarmt Dich dein spiritueller Begleiter ein letztes Mal und verlässt dich ...

Nun nimm wieder die Belohnung in deinen Händen wahr. Das Geschenk deiner Reise.
Bald wirst du diesen magischen Ort verlassen und zurückkehren in deine alltägliche Welt.
Die Schwelle zum Abenteuer wird zur Schwelle der Rückkehr, und wenn du diese überschreitest, musst du deine magischen Kräfte zurücklassen. Aber du nimmst dein Geschenk mit dir, das du dir gemacht hast, und du nimmst die Erfahrungen deiner Heldenreise mit dir.

Doch bevor du gehst, halte einen Moment inne und höre auf deinen Herzschlag.
Und dann stell dir vor, dass dein Herz sich mit jedem Schlag, mit jedem Atemzug wie die Blütenblätter einer Rose, langsam öffnet.
Lass sich die Rose öffnen, Blatt um Blatt, bis sich das goldene Zentrum der Rose zeigt, bis sich das Innere deines Herzens offenbart.
Zur selben Zeit wird das Geschenk in deinen Händen kleiner und kleiner, wird durchsichtig und füllt sich mit Licht.
Es wird zu einem Tautropfen, gefüllt mit diesem wunderbaren Licht.
Und dann nimm diesen Tautropfen aus Licht, der aussieht wie ein Diamant, und gebe ihn in das goldene Zentrum der Blume deines Herzens.
Erlaube den Blättern der Rose, deine Belohnung sanft zu umarmen und sie aufzunehmen in das Innere deines Herzens.
Lass deine Belohnung das Herz ausfüllen mit ihrem Licht.
Ein Licht, das Wunden heilt.
Das Licht breitet sich aus, über dein Herz hinaus. Es füllt deine ganze Brust aus. Dich zu heilen, dich zu segnen, deine Wunden zu schließen.
Lass das Licht deinen ganzen Körper ausfüllen, ausgehend vom Zentrum deines Herzens.
Dieses einzigartige segnende Licht, das du selber bist.
Warum an deiner Haut halt machen?
Lass dein Licht nach außen verströmen, berühre die anderen Menschen, gib ihnen etwas von der Kraft deiner Belohnung.
Und dann lass dein Licht weiter leuchten. Schicke es hin, wo immer du willst. In andere Länder, zu allen Lebewesen, die schwimmen, laufen oder fliegen. Zur Erde und zu allen Pflanzen auf der Welt.
Stell dir vor, dein Licht umspannt den ganzen Erdball.
Das Zentrum dieses heilenden Lichtes ist in deinem Herzen ...
Nun bringe dein Licht zurück zu diesem winzigen Punkt im goldenen Zentrum im Inneren deines Herzens.
Und da bleibt es, denn es ist deins. Auch wenn du jetzt gehst. Du selber bist es: dieses Licht, dein Geschenk.
Die Blätter der Rose sind geschlossen, dein Herz umschließt sanft diesen Diamanten aus Licht. Du spürst die Kraft deiner Belohnung, deines Geschenkes in dir. Diese Kraft nimmst du mit in dein Leben. Zurück nach Hause ...
Es wird Zeit zurückzukehren. Öffne allmählich die Augen.
Wenn du willst, male ein Bild deiner Belohnung.
(Quelle: Paul Rebillot)

Die symbolische Bedeutung der Belohnung

Die Belohnung steht für etwas, das während der Reise des Helden errungen wurde und die nächsten Jahre seine Wirkung entfalten wird, wenn es gelingt, sie nach Hause zu bringen, sie in die Alltagsrealität zu integrieren. Insofern ist damit auch eine Aufgabe verbunden. Die Belohnung gehört auf der mythischen Ebene bereits zum Helden, ob er sie auf der Rückkehr wieder verliert, muss sich erst zeigen.

Ich möchte nun einige Hinweise dafür geben, wie die Symbole der Belohnung verstanden werden können. Die Erklärungen sind nicht vollständig und können es nicht sein. Denn jede Kultur hat ihre eigenen Symbole und jeder einzelne Mensch wieder ganz persönliche.

Das Wasser des Lebens

Ein Symbol, das sehr häufig in Zusammenhang mit der Belohnung auftaucht, ist Wasser, in Form eines Tropfens, als Wasserfall, Regenbogen oder als Inhalt einer Schale, eines Kelchs oder als Schale oder Kelch selbst und in vielen anderen Formen mehr. Wasser steht für das „Wasser des Lebens", für die Lebensenergie. Der heilige Gral ist ein Gefäß, das ewige Lebenskraft schenkt. Die Pflanze, die Gilgamesch aus der Tiefe des Meeres barg, gibt die Jugend zurück und ist deshalb ebenfalls ein Jungbrunnen.

Wasser kann sehr verschiedene Formen annehmen. Wenn es sehr lange still steht, wird es brackig, zum Sumpf, in dem alles Leben zu ersticken droht. Im Tarot steht die Karte „Der Stern" für die Belohnung der Reise. Auf dieser Karte gießt eine Frauenfigur Wasser des Lebens aus zwei Krügen auf das Land und ins Wasser eines Teichs. Das Land wird dadurch fruchtbar, das Wasser des Teichs kommt in Bewegung. Fließendes Wasser gibt Leben. Unsere Lebensenergie muss fließen, wollen wir gesund sein. Bekommt jemand seine Belohnung in Form von Wasser, so ist das ein Hinweis darauf, dass seine Energie in Fluss gekommen und er lebendig geworden ist.

Das göttliche Licht

So wie Schalen, Schüsseln oder Kelche Behälter für das Wasser sind, so sind Kristalle und Diamanten Gefäße für das Licht. Wie das Licht selbst sind sie meist ein Synonym für die göttliche Kraft, können aber auch für geistige Klarheit, Beständigkeit und verschiedenes mehr stehen. Gold symbolisiert ebenfalls die göttliche Energie. Ein Goldschatz oder das „Goldene Vlies“ stehen also mit spiritueller Kraft in Verbindung. Weitere Bilder für das göttliche Licht in verschiedenen Erscheinungsformen sind die Sonne oder die Sterne. All diese Symbole weisen darauf hin, dass der Held auf seiner Reise mit der göttlichen Kraft in Verbindung gekommen ist.

Die Belohnung, die ich auf einer meiner Reisen erhielt, war eine Monstranz. Das ist das Behältnis, in dem in der katholischen Kirche die Hostie, der Leib Christi, gezeigt wird. Sie ist aus Gold gefertigt und hat die Form einer Sonne mit ihren Strahlen. Auch hier wird also die göttliche Kraft mit Gold und der Sonne symbolisiert. Ich war erst unzufrieden mit dieser Belohnung, da ich damals sehr stark von der Spiritualität der Lakota Indianer geprägt war und gerne eine Adlerfeder, eine Canupa (heilige Pfeife) oder etwas Ähnliches bekommen hätte. Bald wurde mir jedoch deutlich, dass die Monstranz meine Aufgabe symbolisierte, den Menschen die göttliche Energie zu zeigen. Damit konnte ich durchaus etwas anfangen.

Bilder der Integration

Verschiedene Bilder weisen darauf hin, dass Teile der Seele oder der Psyche integriert wurden oder der Held insgesamt Ganzheit erreichen konnte. Nicht selten ist die Belohnung ein Baby oder kleines Kind. Das könnte sicherlich auch für einen Kinderwunsch stehen, wahrscheinlicher aber bedeutet es, dass der Held in Verbindung mit seinem inneren Kind gekommen ist und die Aufgabe der nächsten Zeit darin liegt, diese Verbindung auch im Alltag aufrecht zu erhalten. Eine weibliche Figur wie eine Madonna weist auf die beginnende Integration des weiblichen Anteils der Psyche, also beim Mann der Anima und bei der Frau der positiven inneren Frau hin. Ähnliches gilt natürlich entsprechend für männliche Bilder. Ein Sinnbild für die Integration der gesamten Psyche, für Vollständigkeit und Ganzheit ist die Kugel. Eine gläserne Kugel deutet auf Integration in Verbindung mit Klarheit hin, eine goldene auf Vollständigkeit verbunden mit göttlicher Energie.

Das Schwert der Klarheit

Ist die Belohnung ein Schwert oder eine andere Waffe wie ein Pfeil oder eine Lanze, so ist das ein Hinweis darauf, dass der Archetyp des Kriegers oder der Kriegerin ins Leben getreten ist. Er hat die Fähigkeit, Abhängigkeiten und Symbiosen zu durchtrennen, Verstrickungen zu lösen, Klarheit zu schaffen und die Energie auf ein Ziel hin auszurichten. Diese Symbole können auch für sexuelle Energie stehen, die befreit wurde und die ihren Platz im Leben finden muss, will der Held seine Belohnung nach Hause bringen.

Bilder für den eigenen Weg

Belohnungen, die nicht so leicht zu verstehen sind und nicht zu den gängigen, archetypischen Bildern gehören, stehen oft für den ganz eigenen Weg des jeweiligen Helden. Sie können so vielfältig sein wie die Symbole in Träumen. In diesen Fällen ist das, was der Spirituelle Begleiter in der Phantasiereise dazu sagt, meist hilfreicher als allgemeine Erklärungen.

Die Belohnung als Bild für die Liebe

Die tatsächliche Bedeutung der Belohnung ist allerdings die Liebe. Was man in der Heldenreise finden kann und was den Weg überhaupt lohnend macht, ist ein Zugang zu dem, was wir Liebe nennen. Die Liebe ist das wirkliche Geschenk der Reise.

Liebe ist ein großes Wort, und man kann sehr viel darunter verstehen. Das ist kein Wunder, denn Liebe hat viele Facetten. Im Wasser zeigt sich die Liebe als Empfindung, als fließende emotionale Energie, die man auch Herzensenergie nennt. Es ist die Form der Liebe, die uns eine tiefe Verbindung spüren lässt, die es uns ermöglicht, uns einzufühlen und mitzufühlen, uns selbst und anderen Menschen nah zu sein. Im Licht wird die göttliche Liebe, die spirituelle Liebe spürbar. Die Erfahrung, dass wir mit allem verbunden, mit allem eins sind, dass wir getragen sind und dass alles gut ist, so wie es ist. Auch die Integration ist ein Ergebnis der Liebe und die Voraussetzung für Liebe. Die Liebe zum Kind in uns oder die kindliche, offene, vertrauensvolle Liebe, die wir der Welt entgegenbringen können. Die Liebe zu uns selbst, mit allen unseren Anteilen, genau so, wie wir sind. Schwert oder Pfeil sind Symbole für tätige Liebe, für eine Liebe, die schützt, verteidigt, löst, die für Gerechtigkeit und Freiheit kämpft. Oder für die sexuelle Liebe, eine mächtige, verbindende Kraft.

Nach der eigenen Bestimmung zu leben, ist die vollkommene Form der Liebe zu sich selbst. Viele Menschen haben sich zeitlebens irgendwelchen Ansprüchen anderer angepasst. Ihrem Herzen zu folgen und ihren authentischen Kern zu leben, ist das Größte an Liebe, das sie sich geben können. Wenn wir mit der Liebe verbunden sind, sind wir auch mit uns selbst verbunden. Genauso wie wir sagen, dass die wahre Bedeutung der Belohnung die Liebe ist, gilt auch, dass wir selbst das wahre Geschenk unserer Reise sind. Wir selbst in der Liebe und in Gott.

DIE RÜCKKEHR

Der Held hat die Pforte zur anderen Welt durchschritten, der Schatz ist errungen, er hat die Belohnung erhalten, doch ist die Aufgabe noch immer nicht erfüllt. Die schwierige Rückkehr steht ihm noch bevor. Und hier warten einige Gefahren, die nicht zu unterschätzen sind.[48]

Nicht zurückkehren können

Die erste der Gefahren besteht darin, dass der Held nicht zurückkehren kann, dass er sich in der Unterwelt verirrt oder sich dort zu sehr bindet, so dass er vergisst, woher er kommt und was sein Auftrag ist.

Die Gesetze der Unterwelt sind streng. Wer im Hades etwas isst, und sei es nur der Kern eines Granatapfels, wie es die geraubte Persephone tat, darf nicht mehr in die Oberwelt zurück. Und wer sich dort niederlässt und sei es nur für einen Augenblick wie Peirithoos und Theseus, der sitzt für immer auf den Schemeln des Vergessens.

---

[48] Einige Ideen in diesem Abschnitt stammen aus Hajo Banzhaf: Tarot und die Reise des Helden

Es sei denn, ein anderer Held wie Herkules kommt und befreit ihn. Dieses Glück hatte Theseus, Peirithoos jedoch nicht.

Gute Vorsorge kann helfen. Hätte Theseus nicht die Unterstützung von Ariadne (seiner Anima) gehabt, deren Faden den Weg aus dem Labyrinth auf Minos wies, so wäre er vielleicht für ewig dort gefangen gewesen. Inanna wurde von ihrer dunklen Schwester Ereshkigal in der Unterwelt getötet, ihr Leichnam hing an einem Haken an der Wand. Doch sie hatte ihrer Dienerin Ninshubur (von den Eigenschaften her ihr Animus, obwohl Ninshubur im Originaltext eine weibliche Figur ist) aufgetragen, Hilfe zu suchen, falls sie nicht zurückkehre. Diese fand Ninshubur bei Inannas Vater Enki, der zwei Fliegengeister schickte, um Inanna ins Leben zurückzuholen.

Auf die psychologische Ebene übertragen heißt das, dass die Begegnung mit den Kräften des Unbewussten nicht ganz ungefährlich ist. Es braucht eine genügend starke Ich-Identität, um nicht von ihnen überwältigt oder eingefangen zu werden. Wenn jemand nach einer Reise ins Unbewusste nicht mehr klar unterscheiden kann zwischen der Alltagsrealität und der visionären, der unbewussten Ebene, so braucht er dringend Unterstützung. Er benötigt jemanden, der ihn auf die Alltagsebene zurückbringt, der ihm hilft, mit beiden Beinen wieder auf den Boden zu kommen und die äußeren Realitäten anzuerkennen, so wie sie sind. Eine gute Vorsorge ist in diesem Sinne, die Reise nicht völlig alleine anzutreten, sondern sich erfahrenen Personen anzuvertrauen.

Man muss übrigens in keiner Weise bewusst auf Heldenreise gehen, um in Gefahr zu kommen, sich im Unbewussten zu verirren oder nicht mehr zwischen der Alltagsrealität und der Welt der Visionen unterscheiden zu können. Starke psychische Spannungen, Drogenkonsum, religiöse oder spirituelle Praktiken und manches mehr können zu dem führen, was man medizinisch eine „psychotische Episode" nennen würde. Die Hauptgefahr dabei liegt darin, dass die geistige oder spirituelle Krise als Geisteskrankheit missverstanden und die betreffende Person durch Psychopharmaka hospitalisiert wird. Stanislav Grof gibt wertvolle Hinweise zu diesem Thema.[49]

[49] Stanislav Grof: Spirituelle Krisen: Chancen der Selbstfindung.

Nicht zurückkehren wollen

Manchmal wollen die Helden auch nicht zurückkehren. Die Welt der Träume und Visionen kann so faszinierend, farbenfroh, lebendig und mächtig sein, dass die Alltagswelt dagegen verblasst. Besonders verführerisch ist dabei der Zuwachs an Macht. Die Begegnung des Ich mit dem Selbst kann überwältigend sein. Es kann geschehen, dass das kleine Ich sich aufbläht, sich maßlos überhöht und die gewonnenen Kräfte nur für ichsüchtige Zwecke nützen will.

Das Märchen vom Fischer und seiner Frau erzählt so eine Geschichte. Die beiden wohnten in einem alten Topf. Eines Tages angelte der Fischer einen großen Butt, ließ ihn jedoch wieder frei, da der Fisch sprechen konnte. Zum Dank versprach der Butt ihm, seine Wünsche zu erfüllen. Von seiner Frau gedrängt wurden die Wünsche immer größer. Der Fisch erfüllte sie alle. Doch nicht einmal als Papst war seine Frau zufrieden. „Nun, was will sie denn" fragte der Butt. „Ach", sagte der Mann, „sie will werden wie der liebe Gott." „Geh' nur hin, sie sitzt schon wieder im alten Topfe." Dort sitzen sie beide bis auf den heutigen Tag.

Bei der Begegnung mit den Bildern der Tiefe und den starken Energien, die damit verbunden sein können, besteht eine große Gefahr darin, dass das Ego sich die transpersonalen Erfahrungen als persönliche Errungenschaften zurechnet oder sich mit einem Archetyp identifiziert. Das Ich ist von einer Begegnung mit dem Selbst überwältigt – oder anders herum: Wenn das Ich überwältigt ist, dann ist es einem Aspekt des Selbst begegnet. Die entscheidende Frage ist dann, was das Ego daraus macht. Wird es demütig und stellt es sich in den Dienst des Ganzen, lässt es sich vom Archetyp des „Heiligen" leiten. Oder bläht es sich in narzistischem Größenwahn auf, rechnet sich das Erlebte als eigenen Verdienst an, überlässt es sich Allmachtsphantasien und wird es zu dem, was Banzhaf Guru-Krankheit oder Jung die Mana-Persönlichkeit nennt. Jung meint, diese Verführungskräfte seien für das Ich so unwiderstehlich, dass eine solche Phase der Ich-Aufblähung auf dem Entwicklungsweg fast unvermeidbar sei. Wichtig ist, im Voraus Bescheid zu wissen oder jemanden zu haben, der auf diesen Irrweg hinweist, um diese Phase im Rahmen zu halten.

Sich selbst oder andere verraten

Griechische Tragödien erzählen, was geschieht, wenn Menschen große Fehler begehen, damit die Zuschauer daraus lernen können. Eine solche Geschichte ist die von Medea.

Jason, der Held der Argonautensage, war aufgebrochen, das Goldene Vlies zu erringen, das Peleas als Bedingung dafür gefordert hatte, ihm sein Königreich zu übergeben. Nachdem er zusammen mit seinen Gefährten zahlreiche Gefahren und Prüfungen überwunden hatte, gelangen sie in das Reich von König Aietes, der das Vlies widerrechtlich in Verwahrung hatte. Mit Hilfe der magischen Kräfte Medeas, der Tochter von Aietes, die sich in Jason verliebt hatte, gelang es ihm, den Schatz zu stehlen. Jason hatte sein Ziel erreicht. Medea floh zusammen mit Jason, da ihr Vater wusste, dass sie ihrem Geliebten beim Raub geholfen hatte. Apsyrtus, Medeas Bruder verfolgte die beiden, um seine Schwester und das Vlies zu seinem Vater zurückzubringen. Bei einem Treffen mit Jasons Kameraden, den Argonauten, erkannte ihm Apsyrtus das goldene Vlies zu, nicht aber seine Schwester. Sie sollte zum Vater zurückkehren. Daraufhin überlisteten Jason und Medea deren Bruder und töteten ihn, um den Vater von der Verfolgung abzuhalten. Mit diesem Mord verrieten sie alle – den Bruder, den Vater und ihre Kameraden. Sie heirateten, damit Aietes kein Recht mehr über seine Tochter hatte und suchten Medeas Tante Circe auf, damit sie ihnen Schutz gebe. Circe wollte ihnen nicht direkt helfen, da sie den Zorn von Göttervater Zeus fürchtete. Sie gab Medea den Rat, eine Königin zu suchen, die keine magischen Mächte besitzt, und sie um Rat zu fragen. Auf einer Insel trafen sie auf Königin Arete. Sie gab Medea den Rat, nie wieder ihre magischen Kräfte zu benützen, um jemandem zu schaden. Medea versprach es. Sie kehrten zurück nach Jolkis, doch Peleas, obwohl schon sehr alt, war nicht bereit, Jason das Königreich zu übertragen. Medea zerstückelte einen alten Widder, warf ihn mit Zauberkräutern in einen Kessel und ein junges Lämmchen sprang heraus. Die Töchter des Peleas, die das sahen, wollten ihren Vater verjüngen, zerstückelten ihn ebenfalls und gaben ihn in den Kessel, doch er kehrte nicht ins Leben zurück. So hatte Medea ihre Kräfte wieder zu einem Mord benützt, wenn sie ihn auch nicht selbst ausführte. Die Strafe ließ eine Weile auf sich warten. Obwohl Peleas tot war, konnte Jason das Königreich zwar nicht erringen, da er es Peleas Sohn überlassen musste. Er ging aber mit seiner Frau nach Korinth, wo sie zehn Jahre zufrieden lebten und zwei Söhne bekamen. Doch Jason hatte den Gedanken, König zu werden, noch nicht aufgegeben und beschloss, Medea zur Trennung zu überreden und Glauke, die schöne junge Tochter von Kreon, dem König von Korinth zu heiraten. Medea war tief verletzt, willigte zum Schein ein, schickte Glauke jedoch vergiftete

Kleider und einen Haarreif, der sie verbrennen sollte. Die junge Königstochter starb grausam. Sie stürzte sich in einen Brunnen, um den Flammen zu entkommen, und ertrank. Medea tötete in ihrem Hass schließlich noch ihre Söhne und fuhr gen Himmel. Jason stürzte sich in sein Schwert.

Jason hatte also sein Ziel erreicht und das goldene Vlies errungen. Doch die Rückkehr gelang ihm nicht. Er überließ sich den dunklen Seiten von Medea, seiner Anima, und beging Verrat und heimtückischen Mord. Schließlich musste noch Glauke, sein jüngerer Anima-Anteil sterben, da er seinen älteren und mächtigeren verriet. Schließlich verlor er alles, was er hatte.

Bei der Rückkehr geht es darum, den Schatz nach Hause zu bringen, den du auf der Reise gewonnen hast, ohne die anderen Menschen und ohne dich selbst zu verraten oder zu betrügen. Was unter Umständen gar nicht so einfach ist.

Es könnte zum Beispiel sein, dass du durch die Heldenreise erkannt hast, wie viel dir in deiner Beziehung fehlt. Vielleicht hast du in der Gruppe, in der du auf Reisen warst, so intensive Emotionen erlebt, so eine Offenheit, Nähe und Vertrautheit, wie du sie vorher noch nie erfahren hast. Da könnte der Gedanke nahe liegen, dich zu trennen, um dich selbst nicht zu verraten. Vor allem den Persönlichkeitsanteil deiner Anima oder deines Animus nicht zu betrügen, der sich danach sehnt, mit seinen Qualitäten in dein Leben integriert zu werden. Würdest du dich trennen, wäre das aber wohl Verrat an deiner Partnerin, deinem Partner.

Wichtig ist, dass du ehrlich bist, dir selbst gegenüber und den anderen Menschen. Konflikte sind manchmal nicht zu vermeiden. Und sie bergen immer ein großes Potential. Wenn du den Konflikt, in dem du stehst, ehrlich, offen und wertschätzend austrägst, ist die Chance groß, dass du und die anderen dabei wachsen. Wie immer er ausgeht.

In folgendem kleinen Ritual, das am besten in einer Gruppe durchgeführt wird, kannst du dich (und dein Unbewusstes) verpflichten, alles zu tun, was du kannst, um Verrat zu vermeiden.

Übung
Ritual gegen den Verrat

Geh in die Natur und suche einen Stein als Symbol für das Versprechen, der inneren Medea, der mythischen, kraftvollen Frau treu zu bleiben und sie nicht zu betrügen, im Andenken an Glauke, die im Feuer verbrannte und im Wasser ertrank.

Wirf den Stein ins Wasser (in einen Teich, einen Bach oder eine Schüssel mit Wasser) mit dem Versprechen an dich selbst: „Ich verspreche, die innere Frau nicht zu verraten."
Dann lege, möglichst mit zwei Zeugen, an einem besonderen Platz in der Natur folgendes öffentliches Versprechen ab: „Ich verspreche, alles zu tun, was ich kann, auf dem Weg meiner Suche ehrlich zu sein und weder meine Familie zu betrügen, noch meine Freunde, noch mich selbst."
Anschließend setze dich mit einem Partner zusammen und bespreche folgendes:
Welche Schritte stehen an?
Wie könnte ich mich selbst verraten? Wie kann ich mich unterstützen, es nicht zu tun?
Wie könnte ich andere verraten? Wie kann ich es vermeiden?

Vergessen oder verlieren

Der Sumerische Held Gilgamesch, König von Uruk, reist in die Unterwelt. Nach vielen Abenteuern gelingt es ihm, eine Pflanze zu finden, die ewiges Leben bringt, und er macht sich auf den Weg zurück in die Heimat, wo er die Wirkung zunächst an einem Greis testen will. Als Gilgamesch an einem Teich rastet, ist er jedoch unvorsichtig, und eine Schlange kann ihm die Pflanze des Lebens stehlen. Betrübt und niedergeschlagen kehrt er in seine Stadt Uruk zurück.

Siegfried, dem Helden der Nibelungensage ging es ähnlich. Er hatte den Drachen Fafnir bezwungen und in seinem Blut gebadet, was ihn unverletzlich machte. Als er von dessen Blut trank, gingen ihm die Ohren auf und er konnte die Sprache der Vögel verstehen. Er traf auf Brünhild, seine Anima, der er die Ehe versprach. Dann aber nahm er den Vergessenheitstrunk zu sich, den man am Hof von König Gunter für ihn gemischt hatte. Er vergaß Brünhild und heiratete Kriemhild. Mit dem Verrat an seiner Anima war er dem Untergang geweiht.

Die Mythen erzählen also, dass die Gefahr besteht, wieder zu verlieren oder zu vergessen, was man auf der Reise gefunden hat. Wie die Bilder eines Traumes, die beim Aufwachen leicht verloren gehen, kann auch die Belohnung der Reise wieder im Unbewussten versinken. Die Heldenreise kann sehr viel Bewusstheit und Energie geben. Die Frage ist jedoch, wie viel davon im Alltag Bestand hat und wie viel wieder verloren geht. Um die Chance zu erhöhen, dass die Erkenntnisse der Reise den Übergang der von der visionären Welt in den Alltag überstehen, bieten wir den

Teilnehmern unserer Seminare meist an, einen Vertrag mit sich selbst zu schließen. Diese Abmachung kann verschiedene Formen haben.

Hier folgt ein Beispiel:

Übung
Vertrag mit mir selbst
(Quelle: Paul Rebillot)

Lese folgenden Vertrag durch und fülle ihn aus. Besprich ihn dann mit einem Partner, der Zeuge deines Vertrages wird, und vereinbare mit ihm, wann und wie er überprüft, ob du deinen Vertrag eingehalten hast. Wichtig ist, sich für einen einfachen, konkreten, überprüfbaren und machbaren ersten Schritt zu entscheiden. „Ich werde ab jetzt mehr auf meine Bedürfnisse achten" ist nicht konkret genug. „Ich werde jeden Morgen meditieren" ist so nicht erfüllbar, da die zeitliche Begrenzung fehlt und du bis in alle Ewigkeit morgens meditieren müsstest, wenn du ihn erfüllen wolltest. „Ich werde nächste Woche jeden Morgen eine halbe Stunde joggen" erfüllt dagegen die Voraussetzungen für einen ersten hilfreichen Schritt. Damit der Schritt überprüft werden kann, muss ein Termin gesetzt werden, an dem oder bis zu dem du ihn unternehmen wirst.

Bevor du den Vertrag formulierst, solltest du dir folgende Fragen stellen:
Wie soll sich die Qualität meines Lebens verändern?
Was müsste konkret verändert werden?
Was will ich tun, um die Veränderung tatsächlich zu erreichen?
Welche Konsequenzen haben die Veränderungen für andere?
Wie kann ich die Verantwortung dafür übernehmen?
Wie könnte ich mich selbst sabotieren?
Was kann ich tun, um die Selbstsabotage zu verhindern?

Das Formular:

Vertrag über einen ersten Schritt

Ich, (mein Name) ____

schließe mit mir selbst heute, den _________ ___, folgenden Vertrag:

Ich werde am/bis zum _________________________________

folgenden Schritt unternehmen: ______________________________

____

Das hat für ______________________ folgende Konsequenzen:

____

Dafür übernehme ich Verantwortung, indem ich _________________

____

Ich könnte mich selbst sabotieren, indem ich _________________

____

Das verhindere ich, indem ich ______________________________

____

Wenn ich Unterstützung brauche, kann ich ____________________

Unterschrift   Unterschrift Zeuge

Das Ende der Heldenreise

Der Kreis der Heldenreise ist geschlossen. Der Held ist nach Hause zurückgekehrt. Ist die Heldenreise tatsächlich zu Ende?

Für dieses Mal schon. Doch der nächste Ruf, die nächsten Aufgaben warten bereits. Das Ende eines Heldenreisezyklus ist der Beginn des nächsten. Nach der Heldenreise ist vor der Heldenreise.

Oft werde ich von Teilnehmern unserer Seminare gefragt, ob irgendwann die Zeit kommt, da die Heldenreise(n) endgültig vorbei sei(en). Damit meinen sie, ob die Aufgaben, die Schwierigkeiten und Hürden eines Tages aufhören, die immer wieder vor ihnen auftauchen und ihnen „das Leben schwer machen“.

Ich stelle dann gerne die Frage, ob sie sich ein Mensch-ärgere-dich-nicht-Spiel vorstellen können, bei dem die Würfel nur Sechser haben, bei dem man die anderen nicht aus dem Spiel wirft und selbst nicht geworfen wird und bei dem man zügig und problemlos seine Figuren ins Ziel bringt. Und wenn es so ein Spiel gäbe, wie gerne und oft würden sie es spielen und wie erfolgreich wäre es wohl?

Bei einem faszinierenden Workshop von Paul Rebillot, dem „Rad des Lebens“, kann man sich eine „Wunschinkarnation“ ausdenken und sie in der Gruppe ausprobieren. Als ich an diesem Seminar teilnahm, vor etwa 15 Jahren, war ich sehr stark indianisch orientiert, und so wollte ich wissen, wie es wäre, wenn ich Lakota-Sioux wäre, zu einer Zeit, bevor die Weißen zum Problem wurden, Sohn eines Chiefs und rundherum wäre alles in Ordnung. Bis zum dreißigsten Lebensjahr fühlte ich mich pudelwohl. Doch dann traf es mich wie ein Schlag. Es gab nichts mehr zu tun, nichts zu erreichen, nichts zu bewältigen. Mein Dasein war sinnlos geworden. Ich konnte nur noch zu den Feinden reiten und mein Leben im Kampf aufs Spiel setzen.

Wir brauchen die Aufgaben, die das Leben uns stellt, um zu lernen, zu wachsen, um uns zu bewähren und zu reifen. Und damit es uns nicht langweilig wird. Wenn wir den Weg der großen Heldenreise gegangen sind, dann sind wir hoffentlich erwachsen geworden und haben gelernt, Verantwortung für unser Leben zu übernehmen. Vielleicht konnten wir uns von einem Teil des lähmenden, zwanghaften oder überaus schmerzhaften Erbes unserer persönlichen Geschichte befreien. Je weiter wir unseren Weg gehen, desto bewusster gehen wir ihn auch. Das macht Vieles leichter. Doch die Aufgaben hören damit nicht auf. Vielleicht wachsen sie sogar mit uns.

„Ich lebe mein Leben in wachsenden Ringen“ sagt Rilke. Das Ende jeder Reise ist der Beginn der nächsten. Betrachten wir die wachsenden Ringe von oben, dann sehen wir nur den Kreis, in dem unser Leben immer wieder abläuft. Doch am Ende jedes Kreises sind wir ein etwas anderer Mensch, und wenn wir den Weg bewusst und in Kontakt gegangen sind, sind wir ein Stück gewachsen und gereift. So brauchen wir die Aufgaben, um weiter und weiter zu gehen. Die letzte, große Aufgabe für dieses Leben wartet sowieso auf uns. Unser eigener physischer Tod. Erst dann geht die Heldenreise zu Ende. Zumindest für dieses Mal.

Der Weg des Helden als Weg durch die Krise

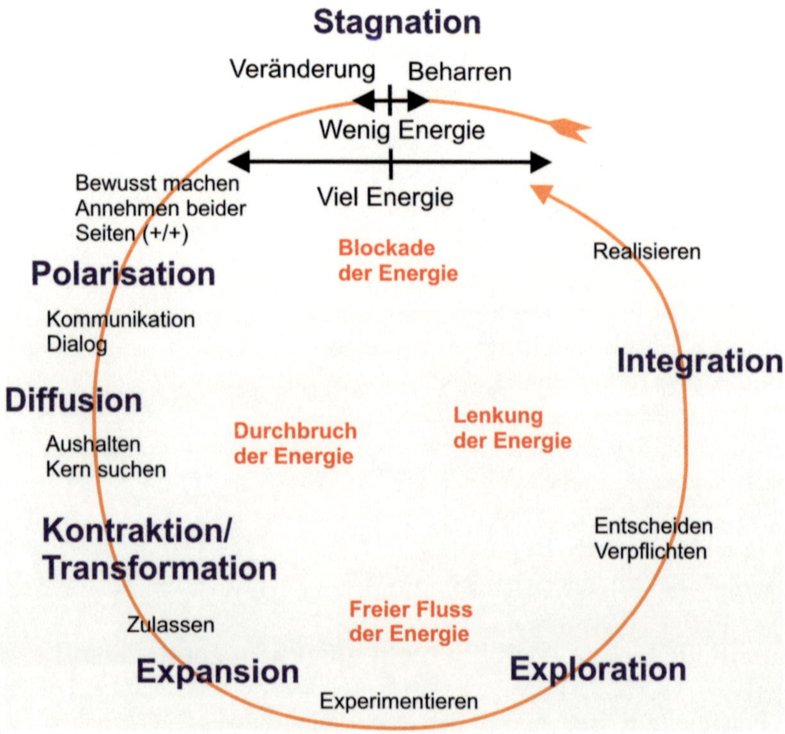

Die Krise ist ein ungemein produktiver Zustand.
Man muss ihm nur den Beigeschmack der Katastrophe nehmen.

Max Frisch

In diesem Kapitel fasse ich den Zyklus der Heldenreise noch einmal theoretisch zusammen. Ich lege dabei den Blickwinkel auf den Weg des Helden als Weg durch schwierige Lebensphase, vor allem durch Übergangskrisen, und entwickle daraus ein allgemeines Krisenmodell. Vor allem für Gestalttherapeuten dürfte der Bezug zum Konzept des *Ganzheitlichen Veränderungsprozesse in der Gestalttherapie* nach Stämmler und Bock[50] interessant sein.

Ich gebe im Folgenden einen Überblick über die einzelnen Phasen auf dem Weg durch die Krise. Ich beziehe mich dabei auf innerpsy-

[50] Stämmler/Bock 1998

chische Krisen. Die einzelnen Phasen treten auch in Beziehungs- oder Organisationskrisen in Erscheinung. Weil es den Rahmen dieses Buches überschreiten würde, gehe ich hier aber nicht näher darauf ein. Die oben abgebildete Grafik bildet das komplette Modell ab.

Stagnation[51]

Die erste, die Ausgangsphase, ist durch einen unbewussten oder bewussten, eingefrorenen oder lebendigen Widerstreit entgegengesetzter Kräfte gekennzeichnet: einer veränderungsbereiten und einer beharrenden Kraft. Eine Krise liegt immer dann vor, wenn ein notwendiger Veränderungsprozess nicht abgeschlossen ist. Ein Teil unserer Psyche will diese Veränderung vervollständigen, will sich zum Beispiel von den Eltern abnabeln und selbstbestimmt werden, ein anderer Teil hat Angst davor, die Liebe zu verlieren, und blockiert.

Je nach Grad der Bewusstheit und Dringlichkeit kann man potentielle, latente und akute Krisen unterscheiden.

Potentielle Krisen – ich bin nicht glücklich, aber was soll´s

Potentielle Krisen sind in der Regel nicht bewusst. Wir haben zwar den anstehenden Entwicklungsschritt nicht bewältigt, sind zum Beispiel nach der Adoleszenz nicht wirklich erwachsen geworden, haben nicht wirklich Verantwortung für unser Leben übernommen, es ist uns aber gelungen, uns damit zu arrangieren und uns in den Alltag einzurichten. Vielleicht ahnen wir, dass da ungestillte Sehnsüchte, ungelebte Träume sind, wir spüren vage, dass etwas fehlt. Uns diesen Bedürfnissen wirklich zu stellen macht aber Unbehagen, vielleicht sogar Angst.

Möglicherweise gehen wir Partnerbeziehungen generell aus dem Weg, weil sie zumindest nach der anfänglichen Verliebtheit unangenehm werden. Vielleicht haben wir es auch geschafft, uns auf einen Partner einzulassen. Wie Partner es in der Regel tun, stellt er uns immer wieder vor Probleme, aber wir sind Meister darin, kritische Themen zu vermeiden und Auseinandersetzungen aus dem Wege zu gehen.

Wir wenden einen Großteil unserer Energie dafür auf, uns selbst ruhig zu stellen, unsere Wünsche, Bedürfnisse, all unsere Gefühle so weit zu unterdrücken, dass

---

[51] Die Begriffe Stagnation, Polarisation, Diffusion, Kontraktion und Expansion stammen aus Frank Stämmler und Werner Bock: Ganzheitliche Veränderung in der Gestalttherapie.

wir sie kaum oder gar nicht mehr wahrnehmen. Um weniger zu fühlen, atmen wir wenig, entwickeln wir chronische Muskelspannungen oder Verhaltensweisen, die uns erlauben, Gefühlen aus dem Weg zu gehen. Eine andere Möglichkeit, sich selbst aus dem Wege zu gehen, besteht in der Flucht in Aktivität. Wir tun und tun, um nicht zu spüren, was wir wirklich brauchen. Dabei ist uns nicht bewusst, was wir mit uns selbst machen, und wir führen unsere Müdigkeit oder Gereiztheit auf äußere Faktoren zurück, greifen zu „Rationalisierungen“: So ist es eben, das Leben.

Da wir in unserer Gesellschaft wenig Unterstützung bei der Bewältigung von Übergangskrisen und der Bearbeitung psychischer Probleme erhalten, tragen so gut wie alle Menschen potentielle Krisen mit sich herum. Dies ist sozusagen der Normalzustand. Entsprechend normal ist, dass die meisten Menschen kleinere oder größere psychische und körperliche Beschwerden haben und dass nur wenige entspannt und „in ihrer Energie“ sind.

Der „Leidensdruck“ ist nicht so hoch, dass wir auf die Idee kommen, eine Krise zu haben und sie zu bearbeiten. Doch unser Körper will unbelastet sein. Unsere Seele will, dass wir wachsen, uns weiterentwickeln. Beide spüren, was nicht stimmt. Und so arbeitet unser Unbewusstes hartnäckig daran, die Krise zu verschärfen, um sie schließlich zu lösen. Effektiver und leichter ist es allerdings, dies freiwillig und bewusst zu tun.

Das Energieniveau ist bei potentiellen Krisen sehr niedrig. Wir haben uns selbst eingefroren, um nicht zu spüren, dass uns etwas fehlt. Schon gar nicht wissen wir, was wir vermissen. Will ich mit potentiellen Krisen arbeiten, ist die richtige Strategie, Öl ins Feuer zu gießen. Oder erst einmal zu zündeln. Alles ist hilfreich, das dazu beiträgt, die Wünsche, Bedürfnisse und Sehnsüchte bewusst zu machen. Genauso wichtig ist es, die beharrenden Kräfte, den „Widerstand“, ernst zu nehmen und zu akzeptieren. Beide Seiten sind gleichwertig und für die Krisenbearbeitung unentbehrlich. Der einzige Weg, aus potentiellen Krisen herauszuführen, ist, sie bewusst zu machen.

Akute Krisen – ich weiß nicht mehr weiter

Akute Krisen sind leichter zu erkennen als potentielle. Das Kind ist bereits in den Brunnen gefallen. Körper oder Psyche zwingen uns mit dem „Holzhammer“ dazu, uns mit ungelösten Dingen auseinanderzusetzen.

Körperliche Krankheit

Häufig wachsen sich die psychischen oder körperlichen Beschwerden, die daraus entstehen, dass wir unsere Gefühle und Bedürfnisse zu stark und dauerhaft unterdrücken, zu einer ernsthaften Krankheit aus. Wir zwingen unseren Körper in die Krise, und der Körper rächt sich. Trotzdem leugnen wir oft weiter, dass wir in einer persönlichen Krise stecken. Wir verstehen uns als Opfer der äußeren Umstände, lehnen unsere Eigenverantwortung ab. Leider werden wir von der Schulmedizin in dieser Sichtweise unterstützt. Sie interessiert sich nur für die Symptome und allenfalls für die „Ursachen" auf der körperlichen Ebene, nicht für den psychischen Hintergrund von Krankheiten. Meiner Erfahrung nach sind so gut wie alle körperlichen Beschwerden psychisch mit verursacht. Ein Beispiel: Wenn ich meine Gefühle, vor allem meinen Ärger ständig „hinunterschlucke", belaste ich damit meinen Magen. Ich setze ihn körperlich unter Dauerstress, da ich mein Zwerchfell und die Muskeln im Bauchbereich chronisch verkrampfe. Blutzufuhr und Versorgung mit Lebensenergie sind herabgesetzt. Bin ich zusätzlich in diesem Bereich aufgrund meiner genetischen Disposition anfällig, entwickle ich mit der Zeit Magengeschwüre oder Krebs.

Bei ernsthaften Erkrankungen steht zuerst einmal die medizinische Behandlung im Vordergrund, um das Schlimmste abzuwenden. Möglichst bereits parallel dazu oder notfalls anschließend ist unsere Aufgabe, den psychischen Hintergrund zu erforschen, die zugrundeliegende seelische Krise bewusst zu machen und zu verarbeiten, die Krankheit als Chance zu begreifen, die nötigen Entwicklungsschritte zu gehen. Die Art der Krankheit gibt interessante Hinweise, welcher Konflikt zugrunde liegt. Bleibt die Krise ungelöst, sind die Chancen für eine dauerhafte Heilung gering.

Unfälle

Unfälle hängen meiner Erfahrung nach häufig mit persönlichen Krisen zusammen. Man kann sie als unbewusste Lösungsversuche verstehen. Wir katapultieren uns aus dem Alltagszusammenhang heraus und geben uns Raum, über unser Leben nachzudenken. Natürlich sind Unfälle nicht gerade wünschenswert. Häufig führen sie zu dauerhaften Schäden. Deshalb ist es auch weitaus besser, potentielle Krisen aktiv zu bearbeiten, damit es gar nicht so weit kommt. Ist der Unfall aber einmal geschehen, können wir ihn als Chance für die Krisenbearbeitung nützen.

Die Zerreißprobe

So nenne ich den Zustand, wenn wir von widersprüchlichen Gedanken und Gefühlen gebeutelt, manchmal schier zerrissen werden. Wir handeln impulsiv und chaotisch, versuchen auszubrechen und werden anschließend von Selbstvorwürfen geplagt. Es scheint, als hätten wir keinen Boden mehr unter den Füssen. Auf einem sehr hohen Energieniveau stehen sich Bedürfnis und Widerstand feindlich gegenüber und führen Krieg miteinander. Ich habe zahlreiche Menschen kennengelernt, bei denen die Zerreißprobe so weit ging, dass sie zu ernsthaften psychischen Erkrankungen führte, die als Depression oder in anderen Fällen als Psychose diagnostiziert wurden.

In diesem Zustand ist wichtig, die psychische Belastung erst einmal zu senken. Rückzug und Ruhe verhelfen dazu, das Energieniveau zu senken und das Ich zu stabilisieren. „Erdung" hilft dabei, überschüssige Energie abzuführen. Dann können wir beginnen, durch die Krise zu gehen und sie zu lösen.

Latente Krisen – ich möchte gerne, aber ...

Latente Krisen sind relativ bewusst. Wir spüren unsere ungestillte Sehnsucht. Wir wünschen uns zum Beispiel dringend Kontakt und Nähe oder befriedigende Sexualität. Wir würden gerne ein ganz anderer Mensch sein, an einem ganz anderen Ort. Wir würden uns gerne völlig frei und ungezwungen fühlen. Wir möchten uns von Abhängigkeiten befreien. Wir wollen gesund sein. Wir wollen spirituell wachsen.

Weniger bewusst ist häufig unser innerer „Bremser", unser Widerstand, durch den wir verhindern, das zu bekommen, was wir uns wünschen. Hinter ihm verstecken sich Glaubenssätze und Ängste, die wir in unserer Kindheit übernommen oder aufgebaut haben.

Eine latente Krise ist ein sehr positiver Zustand. Er ist der optimale Ausgangspunkt, um mit einer Krise zu arbeiten. Unsere Unzufriedenheit ist uns klar genug, um unsere Energien in Richtung der Krise zu lenken. Unsere Kräfte sind nicht durch die Auswirkungen einer akuten Krise gebunden. Wir können es in Ruhe angehen.

Polarisation

Die Polarisation beginnt damit, dass wir uns sowohl unserer Sehnsucht und unserer Bedürfnisse als auch unseres „inneren Bremsers“ so bewusst wie möglich werden. Dass wir beide Seiten gleichermaßen annehmen und wertschätzen.

Das ist gar nicht so einfach, denn je deutlicher uns die entgegengesetzten Kräfte werden, desto mehr erkennen wir auch den erst einmal unlösbar erscheinenden Konflikt zwischen beiden. Auf der Ebene des Verstandes gibt es keine Lösung der Krise zwischen diesen beiden Seiten, denn die Bedürfnisse erscheinen als absolut gegensätzlich. Und unser Verstand tut sich sehr schwer, mit Konflikten zu leben, die er für unlösbar hält.

Häufig schwanken wir hin und her. Eine Weile tendieren wir eher in Richtung Sehnsucht, dann holen uns die Ängste oder unsere Konzepte, wie wir sein sollten, wieder ein und treten in den Vordergrund. Dieses Wechselspiel ist anstrengend und aufreibend. Das Bedürfnis kann sehr groß sein, eine der beiden Seiten zu ignorieren und in die andere Richtung auszubrechen.

Erster Holzweg: die Depression

Ein scheinbarer Ausweg besteht darin, sich voll auf die Seite des „Bremsers“ zu schlagen. Die unerfüllten Bedürfnisse sind eben nicht erfüllbar, die Sehnsucht ist utopisch, Freiheit gibt es unter den bestehenden Bedingungen nicht. Aus, Basta. Menschen, die mit ihrer Krisenbearbeitung begonnen haben, werden oft von ihren Partnern, Kollegen und Freunden zu dieser Pseudolösung gedrängt. Dahinter steht der Wunsch, dass sie doch so schnell wie möglich wieder funktionieren sollen wie vorher. Doch dieser Holzweg wird teuer erkauft: Im Grunde ist er nichts als ein Rückschritt in die Phase der Stagnation mit allen Folgen, die ich bereits skizziert habe. Körper und Seele werden früher oder später zu härteren Mitteln greifen, um zu ihrem Recht zu kommen.

Zweiter Holzweg: der Befreiungsschlag

Die andere Möglichkeit besteht darin, alle Bedenken und Ängste zu ignorieren und in Richtung „Befreiung“ zu gehen. Für viele scheint dies der einzig mögliche Weg aus der Krise zu sein. Anfangs kann dies auch durchaus erfolgreich erscheinen. Da persönliche Krisen häufig nach außen, auf andere Menschen, projiziert werden, geht so ein Befreiungsschlag oft mit Trennungen einher. Wir werfen die Beziehung zu unserem Partner hin, da er an unserer Krise schuld ist, kündigen unsere Arbeitsstelle, weil wir dort nie Erfüllung finden werden usw. Früher oder später kommt dann das kalte Erwachen. Da wir uns selbst nicht verändert haben, inszenieren wir uns die Krise wieder aufs Neue. Der neue Partner ist wie der alte, auch die neue Arbeit ist nicht befriedigender. Und manches sehr Wertvolle ist vielleicht unwiederbringlich verloren.

Erfolgreiche Strategie

Die erfolgreiche Strategie besteht in der Phase der Polarisation darin, die Seite der Bedürfnisse, der Sehnsucht und die Seite der Bedenken, der Ängste möglichst deutlich und bewusst zu machen. Je weiter diese Pole auseinander liegen, je unvereinbarer sie sind, desto besser. Beide sind sehr wertvoll, beide haben uns Wichtiges zu sagen. Und je deutlicher jede Seite sich darstellen kann, ohne von der jeweils anderen beeinträchtigt zu werden, desto intensiver und gründlicher kann die Krise bearbeitet werden.

Der nächste Schritt ist dann, diese beiden Pole in Kontakt miteinander zu bringen. Beide Teile müssen in Konfrontation zueinander treten. Dabei ist wichtig, dass keine ihre Position vorzeitig verlässt und aufgibt. Der Verstand würde gerne eine Lösung auf seiner Ebene finden und sucht nach Kompromissen oder rationalen Entscheidungskriterien. Doch die gibt es in der Regel nicht, sonst gäbe es keine Krise.

Der Kampf darf durchaus hart sein. Wichtig ist, dass die Konfrontation zunehmend den Charakter einer konstruktiven Kommunikation, eines Dialoges bekommt. Das bedeutet, einfacher gesagt, dass sich beide Seiten wirklich zuhören und dass sie ihre Gefühle ins Spiel bringen. Gerade für die weniger bewusste Seite ist es sehr wichtig und heilsam, gehört zu werden. Ein Beispiel: unsere Bedenken und Ängste stammen meist aus der Kindheit. Nehme ich sie nie wirklich ernst, bleiben sie weitgehend unbewusst und können sich nicht weiterentwickeln. Sie bleiben kindlich und eher irrational. Erst wenn ich sie annehme und höre, können sie reifen, und die kindlichen Ängste werden zur Fähigkeit des reifen Erwachsenen, sich zu schützen, wo es nötig ist.

Am Ende der Polaritätsphase sind Bedürfnis und Widerstand bewusst, sie stehen im Dialog, und wir haben keinerlei Lösung. Perfekt für den nächsten Schritt, die Phase der Diffusion.

Diffusion und Kontraktion

Bis hierher ist der Prozess der Krisenbewältigung relativ leicht nachvollziehbar. Mit der Phase der Diffusion oder Auflösung beginnt ein geheimnisvollerer Bereich, der erst einmal nicht so einfach zu fassen ist.

Wird der Kampf zwischen Bedürfnis und Widerstand mit viel Energie geführt und dauert er lange genug, ohne dass eine Lösung gefunden wird, beginnt das alte Konzept sich aufzulösen. Wenn wir feststellen, dass wir unser Problem auf der Ebene des Verstandes nicht lösen können, werden wir dazu gezwungen loszulassen. Erfahren wird dieser Moment häufig als Verzweiflung, als Ohnmacht, als Orientierungsverlust. Dies, weil wir den Sinn dieser Phase nicht verstehen. Die alte Vorstellung, das alte Konzept führt nicht weiter. Wir meinen, vor einer unlösbaren Aufgabe zu stehen. Doch dies ist sie nur scheinbar, da die Lösung auf einer anderen Ebene liegt und erst sichtbar wird, wenn wir diese Ebene erreichen.

Bei persönlichen Krisen können sich, sobald sich der Konflikt auf der Oberfläche des Verstandes, des „Ichs", der „Maschen" totgelaufen hat, tiefere Schichten der Persönlichkeit melden. Zum Vorschein kann einerseits kommen, was die Krise letztlich verursacht hat, eine festgefahrenes Konzept dessen, wer wir sind oder wie wir sein sollten, oder auch eine tief sitzende Angst, die meist von einem frühkindlichen Trauma verursacht wurde.

Andererseits kann sich unser Persönlichkeitskern bemerkbar machen, kann unser „Selbst" in Erscheinung treten, das uns zur Lösung führen kann und will.

Ein Beispiel: Andreas (Name geändert) hat in seiner Kindheit gelernt, dass er nur Aufmerksamkeit erhält, wenn er auffallend wird und andere provoziert. Später wurde er dafür bestraft, und er hat zusätzlich gelernt, sein Bedürfnis zu unterdrücken, andere zu sticheln. Jetzt sitzt er in der Klemme. Gibt er seinem Bedürfnis zu provozieren nach, bekommt er Angst, bestraft zu werden, gibt er dem Bedürfnis nicht nach, bekommt er keine Aufmerksamkeit. Auf dieser Ebene ist das Problem nicht zu lösen. Den Konflikt wirklich lösen kann Andreas, wenn er erkennt, dass er Aufmerksamkeit als Erwachsener in seiner jetzigen Situation auch bekommen kann, indem er offen und positiv auf andere Menschen zugeht. Sein eigentliches, tieferes Bedürfnis ist nicht, andere zu reizen, sondern Aufmerksamkeit zu erhalten. Das alte Konzept, wie Aufmerksamkeit zu bekommen ist, muss zusammenbrechen, damit die Krise gelöst werden kann.

Häufig ist die Phase der Diffusion mit dem verbunden, was Stämmler und Bock „Kontraktion“ nennen. In der Gestalttherapie gibt es dafür auch den Begriff des „Engpasses“. Liegt der Krise letztlich eine unverarbeitete traumatische Erfahrung zugrunde, so kann sich diese zeigen, kann sie deutlich werden, wenn der Widerstand sich in der Konfrontation gegen das Bedürfnis aufgerieben hat. Dies ist der Moment, in dem eine entscheidende Wendung eintreten kann. Erleben wir die schwierige Erfahrung als Erwachsener und mit den Ressourcen eines Erwachsenen neu, so kann sich die Angst vor ihr auflösen. Es ist nicht das Trauma selbst, das uns einschränkt, sondern die Angst vor den Gefühlen, die damit verbunden sind. Erleben wir die Gefühle aufs Neue, ohne dass wir von ihnen überwältigt werden, können wir die Angst abbauen und uns von unseren Einschränkungen befreien.

Unterstützen können wir den Prozess der Krisenbewältigung in der Diffusionsphase, indem wir den Zustand des Orientierungsverlustes aushalten und uns für den Kern unserer Persönlichkeit öffnen. Inmitten des Chaos der unlösbaren Situation still zu werden, lautet die Devise. Hilfreich ist, sich von der Alltagswelt zurückzuziehen, zu meditieren oder zu beten. Bei verschiedenen Indianervölkern gehen Menschen zum Beispiel auf „Visionssuche“, wenn sie eine Krise zu bewältigen haben (vgl. Seite 141 ff). Sie setzen sich ohne jede Abwechslung, ohne Essen und zum Teil ohne Trinken der Natur aus und warten darauf, durch eine Vision zu erfahren, wie die Krise zu bewältigen ist. Ähnliche Dienste leisten Retreats bei östlichen Religionen oder Exerzitien im Christentum. Ohne Verbindung zu unserer „Seele“, unserem „Selbst“ oder wie immer der Kern unseres Wesens genannt wird, sind Krisen nicht wirklich zu bewältigen.

Umwandlung (Transformation) und Expansion

Was wir also in der Diffusionsphase zu tun haben, ist, die Orientierungslosigkeit auszuhalten und immer mehr zu unseren Kerngefühlen fortzuschreiten, die Verbindung mit unserem Wesenskern zu suchen. Es gilt, offen zu sein und zu warten. Dann wird die Chance sehr groß, dass das „Wunder“ der Umwandlung, der Transformation geschieht.

Tatsächlich ist die Transformation kein Wunder. Die Energie, die bisher zwischen Veränderung und Beharren gelähmt war, sucht sich eine neue Bahn. Sie beginnt, frei zu fließen. Und gerade was bisher sehr vermisst wurde, was ungestilltes Bedürfnis war, ob Liebe, Freiheit, Kraft, all das ist plötzlich da. „Alles was ich brauche ist in mir.“ Das ist die wesentliche Erfahrung in dieser Phase. Wir erkennen und erleben plötzlich, dass alles, was not-wendig ist, was nötig ist, um unsere Not zu wenden, tatsächlich in uns ist. Wir müssen es nur zulassen.

Wir haben Liebe, Freiheit, Energie, wir sind Liebe, Freiheit, Energie, und wir können das alles teilen.

Die Phase der Transformation und Expansion ist dem sexuellen Orgasmus ähnlich. Anfangs bauen wir Spannung, Energie auf. Wir steigern sie bis zu einem gewissen Punkt, an dem es entscheidend ist loszulassen. Stimmen Energieniveau und Timing, dann bricht sich die Energie Bahn und überschwemmt uns mit ekstatischem Gefühl. Der Orgasmus ist umso umfassender, je mehr Spannung ich vorher aufbaue und je vollständiger es mir gelingt, im entscheidenden Moment nichts mehr zu wollen und nur noch allem seinen Lauf zu lassen.

Der plötzlich sehr starke Energiefluss macht vielen Menschen Angst. Sie befürchten, die Kontrolle vollständig zu verlieren und sich im Orgasmus aufzulösen. Genauso besteht eine gewisse Gefahr in der Expansionsphase der Krisenbewältigung darin, dass wir Angst vor den starken positiven Gefühlen bekommen, die uns plötzlich überschwemmen. Hier ist sehr wichtig, der Energie wirklich freie Bahn zu lassen und alle Gefühle anzunehmen, wie sie kommen. Die Erfahrung kann absolut ekstatisch sein.

Exploration

Die Energie, die in der Phase der Stagnation auf niedrigem oder hohem Spannungsniveau blockiert war und in der Transformations-/Expansionsphase durchbrach, fließt nun frei. Das, was uns fehlte, haben wir selbst und sind wir selbst. Was wir nie bekommen haben, können wir uns selbst geben.

Damit sind wir frei, auf Entdeckungsreise zu gehen. Es ist jetzt angebracht, auszuprobieren, was wir mit den neuen Möglichkeiten erleben können. Dies kann in Visionen geschehen, in Phantasievorstellungen, in Gedankenspielen, im Ausprobieren in einer Gruppe, vielleicht auch in einem Bereich der Alltagswelt, in dem Experimente möglich sind, weniger jedoch im persönlichen Alltag. Denn die Gefahr ist groß, das, was gefunden wurde, im Alltagszwang wieder zu verlieren, wenn es zu wenig Zeit und Möglichkeit hatte, sich zu festigen.

Mit der Lösung der Energie und dem Erreichen einer neuen „Dimension“ öffnet sich häufig eine neue Welt. Diese Welt ist vielschichtig, gehorcht anderen Gesetzen, hat neue Horizonte. Wenn Andreas aus dem obigen Beispiel entdeckt, dass er auch und noch mehr Zuwendung und Anerkennung erhält, wenn er offen auf andere zugeht, statt sie zu provozieren, steht eine riesige Auswahl an Möglichkeiten offen, wie er dies tun kann. Manche sind erfolgreicher, manche weniger, manche vielleicht auch erfolglos. Die Welt der Möglichkeiten ist weiter geworden, der eigentliche Erfahrungs- und Lernprozess beginnt erst jetzt.

Integration

Jetzt kommt die langwierige und mitunter schwierige Aufgabe, die Ernte nach Hause zu bringen. Dabei gibt es zwei Gefahren: die anderen zu betrügen und sich selbst zu betrügen.

Wichtig sind jetzt zwei Schritte: Entscheiden und sich selbst verpflichten.

Bei der Entscheidung, wie wir in Zukunft handeln, wie wir nach der Krise weiterleben wollen, müssen wir die eigenen Bedürfnisse und die der anderen angemessen berücksichtigen.

Vielleicht steht tatsächlich eine Trennung an, vom Partner oder vom Beruf, fast immer ist es jedoch erst einmal besser, dem Umfeld die Chance zu geben, auf die Veränderung zu reagieren. Sehr häufig spielen wir mit unseren Partnern oder auch mit Arbeitskollegen Spiele auf Gegenseitigkeit, leben wir in gegenseitiger Abhängigkeit. Verändern wir uns, werden wir selbst bestimmter und erwachsener, kann der Partner seinerseits in eine Krise kommen, da sein Spiel nicht mehr funktioniert. Und diese Krise kann für ihn die Chance sein, sich zu verändern.

Ich schlage deshalb vor, sich erst einmal nicht gegen den Partner, die Arbeit zu entscheiden, sondern für sich. Zu versuchen, so weit wie irgend möglich zur Veränderung zu stehen und sie mitzuteilen, zu kommunizieren. Und eine gute Weile abzuwarten, was daraus entsteht.

Groß ist auch die Gefahr, sich selbst untreu zu werden. All die guten Ideen, Vorhaben und Vorsätze aus der Experimentierphase bleiben leicht auf der Strecke. Wir lassen uns wieder in den Alltag ziehen und vergessen unseren Prozess. Mit dem Ergebnis, dass wir nach einer Weile die Krise erneut durchleben müssen.

Ein Vertrag mit sich selbst kann helfen, dieser Gefahr zu begegnen. Je konkreter und überprüfbarer dieses Abkommen ist, desto besser (vgl. Seite 222).

Anhang

Gestalttherapie

Der Name „Gestalttherapie“ kommt nicht vom „Gestalten“, wie man meinen könnte, sondern von der Gestaltpsychologie. Diese psychologische Richtung basiert auf der Feststellung, dass wir Menschen unsere Wahrnehmung in Gestaltform organisieren. Die Figur auf der Abbildung links wird zum Beispiel nicht als Ansammlung von 12 Punkten wahrgenommen, sondern als Kreis. Auch was wir im

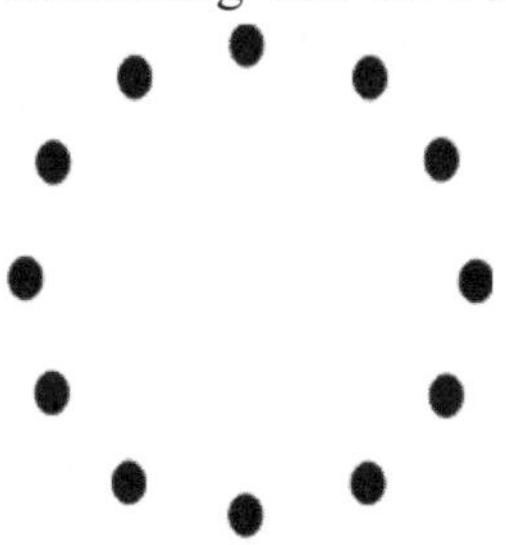

sozialen Kontakt wahrnehmen, organisieren wir in unserem Bewusstsein in Form von Gestalten. Dabei wird zwischen Figur und Grund unterschieden. Vor dem (Hinter-)Grund unserer Wahrnehmung, der durch unsere persönlichen Erfahrungen und Lernprozesse entstanden ist und sich von Mensch zu Mensch mehr oder weniger stark unterscheidet, wird zur Figur, was im Moment den Fokus der Bewusstheit bestimmt. Die Gestalttherapie steht in der Tradition der humanistischen Verfahren und basiert auf einem ganzheitlichen Weltbild, in dem der Mensch als Einheit von Körper, Seele und Geist, eingebunden in ein soziales und ökologisches Umfeld, betrachtet wird.

Die Gestalttherapie wurde in den 40er Jahren von Fritz und Lore Perls, beide zu der Zeit als Psychoanalytiker tätig, sowie dem Soziologen Paul Goodman entwickelt und beschrieben. Zunächst im südafrikanischen Exil, später in der amerikanischen Wahlheimat haben die aus dem Nazi-Deutschland geflohenen Perls nach einer Methode gesucht, die sowohl die Bewusstheit im Hier und Jetzt, als auch Körperlichkeit, Lebensfreude und kreative Kompetenz fördert, die einer mehr ressourcen- und lösungsorientierten als einer krankheits- und leistungsorientierten Vorgehensweise entspricht.

Es folgen einige Schlüsselbegriffe der Gestalttheorie, die als richtungweisende Prinzipien in der Arbeit mit dem Gestaltansatz gelten.

Wachstum

Die Gestalttherapie geht von einem lebenslangen Wachstumsprozess aus, sowie dem Potential und der inneren Motivation von Menschen zu geistig-seelischer Gesundheit, Wachstum und kreativen Lösungen. Die Person und ihr Umfeld werden als ein Feld ständiger Wechselwirkung und gegenseitiger Beeinflussung gesehen. In kreativer Anpassung gestaltet die Person ihre Kontaktprozesse mit der Umwelt.

Anpassungsformen, die in der Vergangenheit sinnhafte Antworten auf defizitäre und destruktive Erziehungs- und Umwelteinflüsse gewesen sein mögen, sind in der Gegenwart sowohl für die Personen, als auch für die Umwelt oft dysfunktional und zerstörerisch. Indem diese Anpassungsformen im Dialog und mit bewusstseinsfördernden, erlebensorientierten Methoden aufgearbeitet werden, können Möglichkeiten zur Neugestaltung erkannt und realisiert werden.

Gegenwart

Die Beschäftigung mit Fragen bzw. Problemen, die in gegenwärtigen Erlebnissen auftauchen, sind meist der Ausgangspunkt für die Erforschung des Selbst und der dabei deutlich werdenden Wachstumshemmnisse. Vergangenes bzw. die Bedeutung und der Umgang damit, können nur beeinflusst werden, indem es im „Hier und Jetzt" dem Erleben zugänglich wird.

Dialog

Entscheidend für die Wirkung der Gestalttherapie ist die dialogische Haltung des Gestalttherapeuten. Er tritt den Klienten nicht als überlegener Experte gegenüber. Er begegnet ihnen vielmehr als persönlich erkennbarer, verständnisvoller Mensch, der sie mit Interesse und Engagement auf ihrer Entdeckungsreise begleitet. Er bietet den Klienten eine heilsame Beziehung an.

Erfahrung

In der Gestalttherapie wird weniger „darüber geredet", interpretiert oder analysiert. Durch den Dialog und die Betonung des Erlebens im Hier und Jetzt wird die Wahrnehmung der Klienten sensibilisiert und die Bewusstwerdung von Empfindungen, Gefühlen, Bedürfnissen und Phantasien gefördert. Körperliches Nachspüren und aus der Situation entwickeltes Experimentieren mit neuen Verhaltensweisen unterstützen einen Veränderungsprozess.

Veränderung

„Veränderung geschieht, wenn jemand wird, was er ist, nicht wenn er versucht, etwas zu werden, das er nicht ist. Veränderung ergibt sich nicht aus einem Versuch des Individuums oder anderer Personen, seine Veränderung zu erzwingen, aber sie findet statt, wenn man sich die Zeit nimmt und die Mühe macht, zu sein, was man ist; und das heißt, sich voll und ganz auf sein gegenwärtiges Sein einzulassen." Zitat von Arnold R. Beisser.

Analytische Psychologie nach C. G. Jung

Die Analytische Psychologie wurde von Carl Gustav Jung Anfang des 20. Jahrhunderts gegründet. Sie geht wie alle tiefenpsychologischen Richtungen (dazu gehören auch Sigmund Freuds Psychoanalyse und Alfred Adlers Entwicklungspsychologie) davon aus, dass unbewusste psychische Vorgänge einen starken Einfluss auf das Erleben und Handeln ausüben.

Eine besondere Rolle spielen in der Analytischen Psychologie die aus der Persönlichkeitstheorie von C. G. Jung abgeleiteten Strukturen der Psyche. Das Ich wird als das Zentrum des Bewusstseins gesehen. Es interagiert mit den oft im Unbewussten liegenden Komplexen. Darunter versteht man Konstellationen, welche die bewusste Einstellung stören können und sich meist um einen bestimmten Kern bilden, z. B. die eigene Minderwertigkeit (Minderwertigkeitskomplex) oder um die Beziehung mit einer prägenden Person, etwa der Mutter (Mutterkomplex).

Für uns besonders interessant ist das Konzept der Archetypen des kollektiven Unbewussten. Die Archetypen oder Urbilder sind vererbte Möglichkeiten der Wahrnehmung, des Denkens und des Fühlens. Die Archetypenlehre geht davon aus, dass es über die Erfahrungen des einzelnen hinaus „Bilder“ im Unbewussten gibt, die vielen Menschen, vielleicht sogar der gesamten Menschheit gemeinsam sind und die in einzelnen Kulturen und Lebensläufen besondere Formen annehmen. Beispiele für Archetypen sind der Held, der Dämon, der Schatten, Anima und Animus usw. Diese Urbilder können durch individuelle Erfahrungen aktiviert werden und nehmen dann spezielle Formen an. Der Held sieht bei jedem Menschen anders aus. Die zentralen Figuren der großen Mythen können alle als Archetypen gedeutet werden.

Es gibt eine begrenzte Anzahl von Archetypen, aber eine unbegrenzte Anzahl von archetypischen Bildern, die als Symbole erscheinen. Ein archetypisches Symbol zeichnet sich dadurch aus, dass es ein mehrdeutiges Gebilde ist, das Assoziationen zu geistigen Ideen auslöst, also z.B. das Kind, die Mutter, der Krieger, der Wanderer, der Beschützer usw. Dabei gibt es Grundassoziationen, die sich in vielen Kulturen stark ähneln. Beispielsweise wird ein Kreis in den meisten Kulturkreisen als Symbol der Geschlossenheit, der Ganzheit und Vollständigkeit gesehen. Ein Kreuz wird mit den vier Himmelsrichtungen oder vier Elementen assoziiert. Da der Kreis mit den Erscheinungen der Himmelskörper verbunden ist, während das

Kreuz mit der Orientierung im Raum zusammenhängt, wird in den meisten Kulturen der Kreis als himmlisch und das Kreuz als irdisch angesehen.

Die Mythologien der unterschiedlichen Kulturkreise weisen immer wieder ähnliche oder gleiche Muster oder symbolische Bilder auf, was dafür spricht, dass es in der menschlichen Psyche archetypische Strukturen gibt. Beispiele sind das weltweite Vorkommen von Heldenmythen, von Mythen über die große Mutter oder große Göttin (Mutterarchetyp), aber auch spezielle Bilder wie der Baum des Lebens (Kabbala, Christentum) oder der Weltenbaum.

In Träumen sah Jung folgende Hauptkategorien von archetypischen Symbolen vorherrschend:

- den *Schatten*, welcher der Ich-Sphäre zuzurechnen ist und unterdrückte oder verdrängte Persönlichkeitsanteile enthält, bzw. den „dunklen Doppelgänger", der die verdrängte Seite der Persönlichkeit symbolisiert und in den Träumen den Helden oder die Heldin verfolgt als Zeichen, dass der unterdrückte Teil der Persönlichkeit integriert werden muss
- *Anima* und *Animus*, die eigenen gegengeschlechtlichen psychischen Anteile der Persönlichkeit, die im Traum zur Ergänzung der jeweils andersgeschlechtlichen Eigenschaften im Leben auffordern
- den *alten Weisen* oder *die alte Weise*, die Weisheitsschicht der Psyche
- und den Archetyp des *Selbst*, der sowohl Ich als auch Unbewusstes umfasst, Zentrum und Umfang der Gesamtpsyche darstellt und die zentrale Selbststeuerungs- und Entwicklungsinstanz der Psyche ist.

Alle diese Archetypen finden sich in den verschiedenen Abschnitten der „großen Heldenreise" wieder, wie ich sie in diesem Buch beschreibe.

Empirische Untersuchung zur Wirkung der Heldenreise

In den vielen Jahren, in denen ich Heldenreise-Seminare durchführte, bekam ich zwar immer wieder die Rückmeldung von Teilnehmern, dass sie sich nach dem Kurs weitaus besser fühlten als vorher. Mir war aber wichtig, in wissenschaftlichen Untersuchungen den Effekt der Seminare genauer zu untersuchen und empirisch zu belegen. Die letzte Untersuchung führte ich zusammen mit Dr. Susanne Singer von der Universität Leipzig, Abteilung Sozialmedizin, durch. Sie wurde in der Zeitschrift Musik-, Tanz- und Kunsttherapie, Heft 2008 (2) veröffentlicht[52]. Ich möchte hier die Ergebnisse kurz und in für Nichtwissenschaftler lesbarer Form darstellen.

Die Untersuchung wurde an insgesamt 124 Teilnehmern von 11 Seminaren durchgeführt, die vom Mai 2002 bis Januar 2004 stattfanden. Geleitet wurden 9 Seminare von mir zusammen mit Kollegen, 2 von ehemaligen Ausbildungsteilnehmern unseres Instituts. 57% der Teilnehmer waren 18 bis 40 Jahre alt, 40% 41 bis 60 Jahre, 3% älter. 40% waren Männer, 60% Frauen. 60 % waren ledig, 29% verheiratet, 11% geschieden oder verwitwet. 3% hatten Hauptschulabschluss, 21% mittlere Reife, 76% hatten (Fach-)Abitur, 54% einen Fachhochschul- oder Hochschulabschluss. Die Berufe waren sehr breit verteilt. Die meisten Teilnehmer kamen aus Wirtschafts- und Finanzberufen sowie aus pädagogischen Berufen.

Gemessen wurde mittels mehrerer etablierter, standardisierter Fragebögen das Kohärenzgefühl[53], der psychische Beschwerdedruck und die Depressivität. Daneben wurden die soziografischen Daten erhoben und eine allgemeine Selbsteinschätzung abgefragt. Die Fragebögen wurden vor dem Seminar, etwa eine Woche nach dem Kurs und ein Jahr später ausgefüllt und durch ein von uns unabhängiges Institut der Universität Leipzig ausgewertet.

Alle in der Folge aufgeführten Ergebnisse waren statistisch hoch signifikant.

Psychischer Beschwerdedruck

Vor dem Seminar hatten die Teilnehmer einen wesentlich höheren Beschwerdedruck (im Durchschnitt 1,18) als die Gesamtbevölkerung (0,41). Das weist darauf

---

[52] Mittermair/Singer 2008

[53] Der Arzt Aaron Antonovsky ging davon aus, dass es bestimmte Einstellungen gibt, welche dazu führen, dass Menschen unter identischen Stressbedingungen eher gesund bleiben als andere, und versuchte herauszufinden, welche dies sind. Er drehte damit die gängige Praxis um, zu untersuchen, was krank macht. Antonovsky arbeitete drei Faktoren heraus, die seiner Meinung nach dafür verantwortlich sind, dass Menschen eher gesund bleiben als andere:
- das Gefühl der **Verstehbarkeit** (comprehensibility)
- das Gefühl der **Handhabbarkeit** (manageability)
- und das Gefühl der **Sinnhaftigkeit** (meaningfulness)

des eigenen Lebens. Diese drei Faktoren ergeben zusammen das **Kohärenzgefühl** (sense of coherence), das Gefühl einer "Stimmigkeit".
In vielen Untersuchungen wurde nachgewiesen, dass ein höheres Kohärenzgefühl mit besserer psychischer Gesundheit einher geht.

hin, dass viele Teilnehmer die Heldenreise besuchen, weil sie psychische Schwierigkeiten haben. Nach dem Kurs war der Wert sehr viel geringer (0,70). Nach einem Jahr waren die Werte wieder etwas erhöht (0,83), aber immer noch sehr viel niedriger als der Ausgangswert. Der Besserungseffekt war bei Frauen höher als bei Männern.

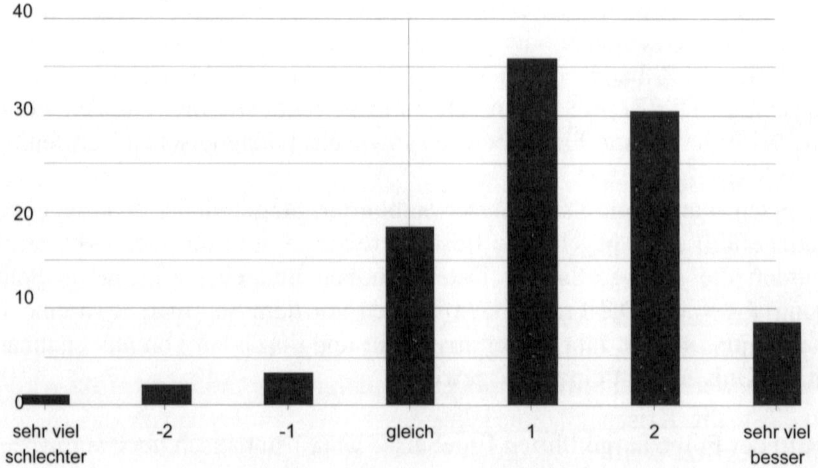

Ergebnisse der nach einem Jahr gestellten Frage:
„Mir geht es insgesamt gegenüber der Zeit vor der Heldenreise…" (in %)

Kohärenzsinn

Das Kohärenzgefühl, also das Gefühl, die Welt sei verstehbar, geordnet und handhabbar und die eigenen Bemühungen im Leben seien sinnvoll, war vor dem Seminar niedriger als das der Gesamtbevölkerung. Der Wert lag im Durchschnitt bei 42,8, in der Bevölkerung bei 47,5. Nach der Heldenreise war der Schnitt der Teilnehmer 47,6. Er blieb auch nach einem Jahr stabil, wobei das Kohärenzgefühl der Frauen noch zugenommen, das der Männer wieder eher abgenommen hatte.

Depressivität

Vor dem Seminar waren nach den Kriterien der Allgemeinen Depressivitätsskala, mit der wir gemessen hatten, 29,6% der Teilnehmer als depressiv einzuschätzen, direkt nach dem Seminar waren es nur noch 12,7% und nach einem Jahr 10,3%.

Auch hier war die Verbesserung bei den Frauen höher als bei den Männern. Nach einem Jahr war die Depressivität bei Frauen noch geringer als direkt nach dem Seminar, bei Männern wieder etwas höher.

Fazit

Das Heldenreise-Seminar kann und will zwar keine medizinische Heilbehandlung ersetzen, falls eine solche notwendig ist. Ihr Ziel ist vorrangig die persönliche Entwicklung. Sie hat aber erhebliche „gesundheitliche Nebenwirkungen", die in diesem Fall sehr erwünscht sind.

Die Reise des Helden führt durch eine aktuelle oder latente persönliche Krise - das psychische Befinden der Teilnehmer war zu Beginn schlechter als in der Allgemeinbevölkerung. Die Teilnehmer können sich mit dem Helden identifizieren und dadurch bisher unüberwindbar erscheinende Hürden im Selbstreifungsprozess leichter angehen. So können „verschleppte" Übergangskrisen und aktuelle psychische Konflikte bearbeitet werden. Das Heldenreisemotiv setzt am Konflikt an zwischen den Bedürfnissen und Sehnsüchten einerseits, verbildlicht im „Helden", und den Ängsten, verbildlicht im „Dämonen", andererseits. Dieser Konflikt wird in der Regel gelöst, die Krisensituation kann besser verstanden und in das Selbst- und Weltbild integriert werden, wodurch ein stärkeres Gefühl von Kohärenz entsteht. Die vielfältigen eingesetzten Methoden scheinen diesen Reifungsprozess zu befördern.

Eine (wissenschaftliche) Einschränkung der Studie besteht darin, dass eine Kontrollgruppe fehlte. Wir suchen Kooperationspartner, mit denen wir weitere Untersuchungen durchführen und die Eignung der Heldenreise als psychosomatische Kurzzeittherapie überprüfen können.

Übungs-Anleitung zum Gestalt-Drama für therapeutisch ausgebildete Gruppenleiter

Wie bereits gesagt, hat es sich bewährt, das Gestalt-Drama in Dreiergruppen durchzuführen. Sie bestehen aus dem Akteur, aus einem Unterstützer, der möglichst therapeutisch ausgebildet ist oder der, wenn nötig, seinerseits vom therapeutisch ausgebildeten Gruppenleiter unterstützt wird, und dem Stellvertreter. Bei Paaren fällt die Rolle des Stellvertreters weg. Der Unterstützer hilft dem Akteur dabei, möglichst sicher, klar und tief durch seinen Prozess zu gehen. Der Stellvertreter übernimmt jeweils die Rolle, die der Akteur gerade nicht innehat.

Zur Vorbereitung des Gestalt-Dramas ist hilfreich, für die einzelnen Figuren Körperhaltungen zu entwickeln, welche die Qualität und die innere Haltung ausdrücken. Der Held hat zum Beispiel sicher eine ganz andere Haltung als der Dämon. Im Verlauf der Auseinandersetzung sind mehr oder weniger starre Haltungen eher hinderlich. Hier kann der Akteur die verschiedenen Qualitäten der Figuren eher durch bestimmte Bewegungen und die Stimme ausdrücken. Wenn er sich aber irgendwann nicht mehr zurechtfindet und nicht mehr weiß, was jetzt Held und was Dämon ist, kann es hilfreich sein, wieder in die Körperhaltungen zu gehen.

Zu Beginn werden in der Zweier- oder Dreiergruppe die Rollen verteilt und entsprechende Verträge geschlossen: „Ich bitte dich, die Rolle meines Unterstützers zu übernehmen". „Ich übernehme die Rolle des Unterstützers." Und zum dritten: „Ich bitte dich, die Rolle meines Stellvertreters zu übernehmen". „Ich übernehme die Rolle deines Stellvertreters."

Der Akteur trägt in der Intensivform des Gestalt-Dramas in der Regel eine Augenbinde oder hat die Augen geschlossen, damit er ganz in seine innere Bilderwelt eintauchen kann. Eine der Aufgaben des Unterstützers ist, dem Akteur die notwendige Orientierung im Raum zu geben. Wenn der Akteur von einer Rolle zur anderen wechselt, dann verändert er auch seine Position im Raum. Wenn sich die beiden Figuren gegenüberstehen, dann geht er beim Wechsel an den Platz der anderen Figur und wendet sich der ersten zu.

Bei Konflikten zwischen Menschen geht nicht viel voran, so lange die Beteiligten nur übereinander reden und nicht in direkten Kontakt miteinander treten. Genauso verhält es sich beim Gestalt-Drama. Wenn sich also der Akteur in der Rolle des Helden nur denkt oder er vor sich hin murmelt: „Der Dämon ist so hässlich, so eklig", bewegt sich noch gar nichts. Er muss es dem Dämon direkt sagen: „He,

Dämon, du bist so hässlich! Du ekelst mich!“ Dann geht der Prozess weiter. Eine Aufgabe des Unterstützers ist, den Akteur immer wieder daran zu erinnern, alles laut auszudrücken und dem jeweiligen Gegenüber direkt zu sagen.

Nach einiger Zeit wechselt der Akteur die Rolle. Es ist schwer zu sagen, wann dies sinnvoll ist. Meist erfolgen die Wechsel alle paar Minuten, manchmal ist es aber besser, sehr lange oder nur ganz kurz in einer Figur zu bleiben. Ziel ist, das Erleben und den Ausdruck möglichst intensiv werden zu lassen. Manchmal ist dafür hilfreich, länger in einer Rolle zu bleiben, um sie tief zu erfahren. Ein anderes Mal kommt die Szene richtig in Bewegung, wenn sehr schnell gewechselt wird. Hier hilft nur ausprobieren. Der Rollenwechsel ist auf alle Fälle dann sinnvoll, wenn in einer Rolle alles gesagt oder ausgedrückt wurde, was im Moment zu sagen war, und dann, wenn die eine Figur eine Frage an die andere stellt. Wenn der Held den Dämon fragt „Warum quälst du mich?“, dann wechselt er und antwortet als Dämon. Es ist ein sehr großer Unterschied, ob sich der Akteur als Held denkt, was der Dämon wohl antworten würde, oder ob er als Dämon antwortet.

Manche Akteure haben Schwierigkeiten damit, nach einem Wechsel den Anschluss zu finden. Hier kann hilfreich sein, wenn der Stellvertreter die letzten Sätze der Figur wiederholt, die der Akteur gerade verlassen hat, damit er in der neuen Rolle darauf reagieren kann. Der Tonfall sollte möglichst passen, sonst wirkt die Wiederholung eher störend. Wichtig ist dabei, nur die letzten Sätze zu wiederholen und keine eigenen Dinge einzubringen. Unterstützer und Stellvertreter sollten darauf achten, dass nach dem Rollenwechsel die Szene in etwa stimmt. Wenn zum Beispiel vor dem Wechsel der Akteur als Dämon auf dem Helden sitzt, dann braucht er nach dem Rollentausch als Held in irgendeiner Weise Druck von oben, zum Beispiel über ein Kissen oder eine Matratze. Dabei ist aber darauf zu achten, dass der Druck nicht zu heftig wird. Sonst besteht die Gefahr einer Retraumatisierung.

Entscheidend ist beim Gestalt-Drama, dass der Akteur alle auftauchenden Emotionen ausdrückt. Es fällt vielen Leuten nicht leicht, ins Gefühl, vor allem in die Aggression zu gehen. „Das muss man doch vernünftig regeln können“, sagen sie. Paul Rebillot meint dazu, dass es nicht viel Sinn macht, „einen Haufen Scheiße mit einer süßen Kirsche zu garnieren“. Erst muss der Haufen weg, bevor eine andere Ebene der Kommunikation möglich wird. Auf unser Verständnis von Aggression als positiver Kraft im Gegensatz zur Destruktivität komme ich an anderer Stelle ausführlich zu sprechen (vergleiche S. 151). Es ist also im Gestalt-Drama sehr wichtig, der Aggression Raum zu geben. Bewährt hat sich dafür ein Schaumgummiwürfel oder eine leichte Matratze, die der Stellvertreter hält und an der sich der Akteur ausagieren kann. Noch ein paar Tipps dazu für den Stellvertreter: Es ist sehr wichtig, wach und konzentriert zu sein. Sonst kann sich der Akteur verletzen, wenn er statt der Matratze die Wand trifft oder den Boden. Und auch der Stellvertreter könnte durch einen Schlag verletzt werden. Normalerweise hält der Stellvertreter die Matratze vor den Akteur. Ist der Akteur aber voll und ganz in seiner Energie, ist er kaum mehr zu halten. Dann muss die Aktion (über die Matratze) an die Wand oder auf den Boden geleitet werden. Ist die Situation nicht mehr voll und ganz kontrollierbar, dann spricht der Unterstützer den Akteur auf der Realitätsebene an und setzt einen klaren Rahmen.

Sind all die „negativen" Gefühle ausgelebt (häufig ist das erst dann der Fall, wenn sich die Kontrahenten müde gekämpft haben bzw. der Akteur am Ende seiner Kräfte ist), kommt eine Phase, in der sich die wirklichen, die tieferen Gefühle und Bedürfnisse zeigen. Der Unterstützer kann diesen Prozess fördern, indem er Fragen stellt, wie „Welche Gefühle hast du wirklich gegenüber … (dem Helden bzw. dem Dämon)?" „Worum geht es dir in der Tiefe?" Auch hier ist natürlich wichtig, das dem Gegenüber direkt zu sagen. In dieser Phase kann der Unterstützer auch darauf achten, dass beide Seiten beginnen, sich zuzuhören. Das ist nicht selbstverständlich. Lange Zeit kann die Konfrontation überspitzt so ausschauen: „Du bist blöd!" „Nein, du bist blöd!" „Ich hasse dich!" „Du bist ein Idiot!" usw. usw. So lange es darum geht, die Aggressionen loszulassen, ist das in Ordnung. Doch in der zweiten Phase muss sich die Kommunikation entscheidend verändern. Der Unterstützer kann zum Beispiel fragen: „Worum geht es dir wirklich?" und dann das Gegenüber: „Hast du gehört, was dein Gegenüber gesagt hat? Was hast du verstanden? Wie geht es dir damit?"

In der dritten Phase finden die beiden Persönlichkeitsanteile möglichst eine Lösung. Vielleicht arbeiten sie eine Art Vertrag heraus, der für beide zufriedenstellend ist. Wenn der Prozess auf hohem Energieniveau abläuft, ist jedoch wahrscheinlich, dass es zu einer Transformation kommt. Plötzlich entdecken beide Teile ganz andere, positive Gefühle zueinander. Sie haben auf einmal Verständnis oder tiefe Liebe füreinander. Im Fall von Held und Dämon kann dies geschehen, wenn beide Seiten erkennen, dass sie dasselbe wollen – dass es dem Akteur gut geht, dass er geschützt und glücklich oder wenigstens zufrieden ist. Ein Erkennen auf der Gedankenebene ist dafür nicht genug. Emotionen und der Körper müssen beteiligt sein. Auch in dieser Phase ist hilfreich, wenn der Stellvertreter für körperliche Aktionen zur Verfügung steht, für einen Händedruck oder eine Umarmung.

Hilfreich ist, zum Abschluss einen Satz zu formulieren, der das Ergebnis der Konfrontation kurz und möglichst elementar wiedergibt. Dieser Satz ist die Brücke von der inneren Welt in die äußere, da er später der Gruppe mitgeteilt wird.

Während des Gestalt-Dramas kann es geschehen, dass sich Rollen verändern. Aus dem Dämon wird zum Beispiel häufig ein Elternteil, wenn hauptsächlich dessen Repräsentanz hinter der Energie des Dämons steht. Dann wird der Konflikt mit Vater oder Mutter in derselben Art und Weise bearbeitet. Ist das Thema mit der Elternfigur abgeschlossen, kehrt der Akteur zu Held und Dämon zurück. Oft ist dann auch der Konflikt zwischen diesen beiden Persönlichkeitsanteilen geklärt, da die Probleme mit dem Elternteil die tiefere Ursache waren.

Allerdings sind die Probleme mit den Elternrepräsentanzen oft nicht einfach zu lösen. Die Überzeugung, dass die Eltern sich nie ändern werden, sitzt bei vielen Menschen so tief, dass sie auch nicht zulassen, dass sich die Elternrepräsentanzen, also die inneren Abbilder von Vater und Mutter verändern. Dann läuft die Arbeit lange Zeit sozusagen im Kreis. In diesem Fall kann der Unterstützer vorschlagen, dass der Akteur in der Rolle des betreffenden Elternteils nachfühlt, welche Emotion er in der Tiefe für sein Gegenüber, also sein Kind hat. Häufig kommt dann ein „Ich liebe ihn (oder sie) natürlich. Aber ich kann das nicht zeigen.“ Wenn der Unterstützer dann insistiert: „Dann zeige es ihr doch jetzt!“ ist die Lösung oft nicht mehr fern. Bleibt die Elternrepräsentanz bei ihren ablehnenden Gefühlen gegenüber dem Kind, besteht eine Möglichkeit, mit „Reparenting“ zu arbeiten, das ich an anderer Stelle beschrieben habe (vgl. S. 122).

Am Ende des Gestalt-Dramas werden die Verträge wieder gelöst und die Rollen zurückgegeben.

Danksagung

Zuerst möchte ich meinem Lehrer und Mentor Paul Rebillot danken. Von ihm stammt die grundlegende Idee des modernen heilenden Theaters auf der Basis von Mythen und Archetypen, der Gestalttherapie und anderer humanistischer Therapieansätze. Er war ein hervorragender Lehrer, ein wunderbarer Erzähler, ein einfühlsamer und klarer Therapeut und ein sehr kreativer Künstler. Ich verdanke ihm nicht nur wesentliche Inhalte dieses Buches. Er hat meinen persönlichen Entwicklungsweg durch seine Person und seine Arbeit entscheidend geprägt.

Dann danke ich meiner Frau Sonja. Bei zahlreichen Ideen in diesem Buch kann ich nicht sagen, ob sie von mir oder von ihr stammen, denn sie entstanden an unseren vielen wunderbaren Gesprächsabenden am Küchentisch. Wir arbeiten seit vielen Jahren hervorragend zusammen, und ich bewundere ihre Einfühlsamkeit und Kreativität. Auch für Verständnis und Geduld, wenn ich wieder mal in der Arbeit an diesem Buch versunken war, und für die kritische Korrektur des Manuskriptes bin ich ihr sehr dankbar.

Auch meinem langjährigen Kollegen Torsten Zilcher bin ich sehr zu Dank verpflichtet. Wir gründeten 1994 gemeinsam das Institut für Gestalt und Erfahrung, entwickelten unsere Ausbildungen in der Arbeit mit der Heldenreise und in Gestalttherapie und leiteten zusammen hunderte von Seminaren. Er ist ständig daran interessiert, die Arbeit zu verbessern, und so stammen auch von ihm zahlreiche Ideen, die in dieses Buch Eingang gefunden haben.

Dann danke ich Spak Kreutzer, der mich in die Tradition der Lakota-Indianer einführte, viele Jahre zusammen mit mir Seminare und Studienreisen nach Süddakota leitete und mich mit dem Medizinmann Martin High Bear zusammenbrachte.

Schließlich möchte ich den mittlerweile weit mehr als tausend Teilnehmern unserer Seminare von Herzen danken. Hätten sie nicht den Mut gehabt, sich auf ihre Heldenreise und den Weg ihrer persönlichen Entwicklung einzulassen, hätte ich meine Erfahrungen nicht sammeln können und wäre dieses Buch nie entstanden.

Ausgewählte Literatur

Abrams, Jeremiah/Zweig, Connie: Die Schattenseite der Seele. Wie man die dunklen Bereiche der Psyche in die Persönlichkeit integriert, München (dtv) 1997

Banzhaf, Hajo: Tarot und die Reise des Helden. Der mythologische Schlüssel zu den Großen Arkana, München (Hugendubel) 1997

Beisser, Arnold R.: Wozu brauche ich Flügel? Ein Gestalttherapeut betrachtet sein Leben als Gelähmter, Wuppertal (Hammer) 1997

Blankertz, Stefan / Doubrawa, Erhard: Lexikon der Gestalttherapie, Wuppertal (Peter Hammer) 2005

Brinton Perera, Sylvia: Der Weg zur Göttin der Tiefe. Die Erlösung der dunklen Schwester: eine Initiation für Frauen, Interlaken (Ansatz) 1993

Campbell, Joseph: Der Heros in tausend Gestalten, Frankfurt (Suhrkamp) 1978

Canacakis, Jorgos: Ich sehe deine Tränen, Stuttgart/Zürich (Kreuz) 2002 (17)

Foster, Steven/Little, Meredith: Vision Quest. Sinnsuche und Selbstheilung in der Wildnis, Braunschweig (Aurum) 1991

Gibran, Kahlil: Der Prophet, Düsseldorf (Patmos) 2006

Grof, Stanislav: Topographie des Unbewussten: LSD im Dienst der tiefenpsychologischen Forschung, Stuttgart (Klett-Cotta) 2007

Grof, Stanislav (Hrsg.): Spirituelle Krisen: Chancen der Selbstfindung, Darmstadt (Schirner) 2008

Grof, Stanislav/Halifax, Joan: Die Begegnung mit dem Tod, Stuttgart (Klett-Cotta) 2000

Johnson, Robert A.: Der Mann – die Frau, München (Droemer Knaur) 1987

Jung, Carl Gustav: Archetypen, München (dtv) 2001

Jung, Carl Gustav: Bewusstes und Unbewusstes, Frankfurt (Fischer) 1977

Jung, Carl Gustav: Erinnerungen, Träume, Gedanken, Olten (Walter) 1988 (6)

Kos, Kala/Selby, John: Die Huna-Lehre. Der Schlüssel zum hawaiianischen Geheimwissen für Erfolg im Leben, München (Goldmann) 1999

Maul, Stefan: Gilgamesch: Die großen Geschichten der Menschheit, München (Beck) 2007

Mittermair, Franz: Körpererfahrung und Körperkontakt. Spiele, Übungen und Experimente für Gruppen, Einzelne und Paare, Salzhausen (Iskopress) 2006

Mittermair, Franz/Singer, Susanne: Veränderung von Beschwerdedruck, Kohärenzsinn und Depressivität nach dem gestaltpädagogischen Seminar „Die Heldenreise", Musik-, Tanz- und Kunsttherapie (Hogrefe) 2008/2, S. 62 - 69

Moore, Robert/Gillette, Douglas: Der Magier im Mann. Wege zum inneren Schamanen, Solothurn und Düsseldorf (Walter) 1995

Pearson, Carol S.: Die Geburt des Helden in uns. Transformation durch die zwölf Archetypen, München (Knaur) 1993

Roth, Gabrielle: Leben ist Bewegung: Tanz als Weg der Selbstbefreiung, Ullstein Taschenbuch 2007

Rebillot, Paul/Kay, Melissa: Die Heldenreise. Ein Abenteuer der kreativen Selbsterfahrung, Wasserburg am Inn(Eagle Books) 2011

Rebillot, Paul: Beziehungen: Von Fantasie zur Fülle, in: Frankfurter Ring Magazin 1995/2

Rinpoche, Sogyal: Das Tibetische Buch vom Leben und vom Sterben, Bern/München/Wien (O.W.Barth) 1994(9)

Sanford, John A.: Evil. The Shadow Side of Reality, New York (Crossroad) 1981

Sanford, John A.: Unsere unsichtbaren Partner. Von den verborgenen Quellen des Verliebtseins und der Liebe, Interlaken (Ansata) 1987 (2)

Schwab, Gustav: Sagen des klassischen Altertums, Wien (Ueberreuter) 1974

Staemmler, Frank: Der „leere Stuhl". Ein Beitrag zur Technik der Gestalttherapie, München (Pfeiffer) 1995

Staemmler, Frank/Bock, Werner: Ganzheitliche Veränderung in der Gestalttherapie. Wuppertal (Hammer) 1998

Stewart, Ian/Joines, Vann: Die Transaktionsanalyse, Freiburg/Basel/Wien (Herder) 2000

Storm, Hyemeyohsts: Die Weisheit der Medizinräder. Lightningbolt: Geschichte einer Einweihung; München (Heyne) 2000

Storm, Hyemeyohsts: Sieben Pfeile. Indianische Initiation in unserer Zeit, München (Heyne) 1997

van der Kroon, Ton: Die Rückkehr des Löwen. Von Liebe, Lust und Herzenspower, Feiburg im Breisgau (Bauer) 1999 (2)

Vogler, Christopher: Die Odyssee des Drehbuchschreibers. Über die mythologischen Grundmuster des amerikanischen Erfolgskinos, Frankfurt (Zweitausendeins) 1999 (3)

Warnke, Ulrich: Gehirn-Magie, Saarbrücken (Popular Academic Verlagsgesellschaft) 1998 (2)

Watzlawick, Paul: Anleitung zum Unglücklichsein, München (Piper) 2007 (7)

Weiss, Martin: Quest. Die Sehnsucht nach dem Wesentlichen, Paderborn (Junfermann) 2004

Wilber, Ken: Eros, Kosmos, Logos. Eine Vision an der Schwelle zum nächsten Jahrtausend, Frankfurt am Main (Krüger) 1996 (2)

Wilber, Ken: Einfach „Das“, Tagebuch eines ereignisreichen Jahres, Frankfurt am Main (Fischer) 2002 (2)

Wildt, Andreas: Sterbenlernen in Philosophie und Psychotherapie, in: Angehrn, Emil (Hrsg.): Der Sinn der Zeit, Weilerswist (Velbrück) 2002

Wolinski, Stephen: Die dunkle Seite des inneren Kindes. Die Vergangenheit loslassen, die Gegenwart leben, Stuttgart (Lüchow) 1995

Wolkstein, Diana/Kramer, Samuel Noah: Inanna. Queen of Heaven and Earth. Her Stories and Hymns from Sumer, New York (Harper and Row) 1983

Es gibt nichts Gutes außer man tut es.

Volksweisheit

Das

Institut für Gestalt und Erfahrung

in Wasserburg am Inn, 1994 von Franz Mittermair und Torsten Zilcher gegründet, bietet laufend Seminare und Ausbildungen in Ritueller Gestaltarbeit, in Systemischem Gestalt-Coaching und in Gestalttherapie an.

- Die **Heldenreise** und weitere Selbsterfahrungsseminare wie „Family Circles", „The Lover's Journey", „Der Schatten", „Tod und Auferstehung" oder „Der Weg der Inanna" ermöglichen wichtige Schritte in der persönlichen Entwicklung.
- **Dreijahresgruppen** zur „großen Heldenreise" unterstützen einen längerfristigen Entwicklungsprozess in allen in diesem Buch beschriebenen Themenbereichen in einer stabilen Gruppe.
- **Ausbildungen** in der Arbeit mit kreativen Gruppenprozessen, in Ritueller Gestaltarbeit, in Systemischem Gestalt-Coaching und in Gestalttherapie verhelfen zu beruflicher Kompetenz.

Informationen unter www.heldenreise.de oder über

Institut für Gestalt und Erfahrung
Kormoranweg 23
D-83512 Wasserburg
Tel. 0049-(0)8071-103489
info@heldenreise.de

Ich empfehle dieses Buch allen ernsthaften Bewusstseinsforschern und auch den Menschen, die an ihrer eigenen Heilung, ihrem persönlichen Wachstum und ihrer Wandlung interessiert sind.
Stanislav Grof

Paul Rebillot beschreibt in seinem Klassiker detailliert Hintergrund und Ablauf seiner berühmten Seminarstruktur „Die Heldenreise".

Er schreibt sehr persönlich, herzlich und klar. Selten macht es so viel Vergnügen, ein Arbeitsbuch zu lesen. Auch deshalb ist das Buch empfehlenswert.

Mit einem Vorwort von Stanislav Grof und einem Überblick über das Leben von Paul Rebillot.

Paul Rebillot mit Melissa Kay: Die Heldenreise. Das Abenteuer der kreativen Selbsterfahrung, Eagle Books Franz Mittermair, Wasserburg am Inn, überarbeitete Ausgabe, 1. Auflage 2011, 272 Seiten, gebunden, 29,80 €, ISBN 978-3-9813672-0-1